①　鬼ケ城山頂から室津湾を望む（→２章）

②　長登銅山製錬所跡（→３章）

③　小月・行者尊の銅坑跡（→３章）

④　日田彦山線・香春駅からみた香春一の岳の現況（→３章）

金属伝説で日本を読む

井上孝夫

東信堂

金属伝説で日本を読む／目次

第Ⅱ部　事例分析

図一覧

写真一覧

金属伝説で日本を読む

序章

■伝説と日本的なもの

一説に、日本人ほど日本にこだわっている民族はいない、という。日本的なものは何か、とあれこれ探究しても、簡単に答えはみつからないからだろう。そもそも日本国家はいつ頃成立したのかもはっきりとしない。始原にさかのぼって日本的なものを探ったとしても、結局のところは、タマネギの皮をむくように、むいてもむいても核になるものはみつからない[1]。古代に限定していえば、縄文、弥生、古墳、…という各時代に、さまざまな部族集団が混在し、それが次第に同化して、一応「民族」や「国家」というかたちを整えた、ということなのだろう。もっとも、縄文とか弥生とか一口でくくっているが、それとても単一の部族集団から構成されていたというわけではないだろう。

日本的なもの、という場合、日本列島という場所に定着することになった集団とその子孫の集合体のことであり、基層部分に縄文文化があり、そのうえに弥生、古墳、…といった文化が地層のように積み重なった姿が想像できる。そして肝心なのは、古い層は捨て去られ、新しいものが生き残る、というわけでもないということである。

例えば、栃餅をつくるために栃の実をアク抜きする、という手法は縄文文化に由来する、とされる。同じアク抜きといっても、ワラビやゼンマイのようには簡単にいかないので、栃の実のアク抜き法は今日に至るまで、試行錯誤を重ねながら改良を加えて受け継がれてきたのだろう[2]。

犬をペットとしてかわいがるのも縄文。狩猟、採集の生活をしていた縄文人にとってみれば、犬は狩に出るときのパートナーでもあった[3]。ところが、弥生時代になると犬は食用動物になった。現代の日本では犬を食べる人はそうはいない。しかしわたしが子供の頃、その種の文化の担い手らしき人に出会ったことがあった。昼間から酒酔いして道を歩いている風体の悪い男を犬が吠えたのだった。いきなり吠えられれば、びっくりして怒鳴り返してやりたい気にもなるだろう。犬からすれば、「怪しい奴」を吠えるのは本能である。ただそのとき、男は犬に向かってこういったのだ。「そんなに吠えると食っちまうぞ。赤犬の肉は温まるからな。」幸いなことに、酔っ払いに元気に飛び回る犬など捕まえられるわけもなく、その場はそれで収まったが、家に帰ってから親に聞いた。

「赤犬の肉は温まるって本当？」

「まあ、そんなことをいうけれどね。」

実際に食べたことがないので、はっきりとしないのだ。しかし赤犬（毛並みが赤茶色の犬）の肉を食べるとからだが温まる、というのは明らかに一つの文化を反映しているではないか。それはおそらく弥生時代に起源をもち、江戸時代、「生類憐みの令」が出てからは大っぴらにすることなく細々とつづいた食文化なのかもしれない。

このように、積み重なった文化の地層のなかから、ひょいと過去の遺物が飛び出して現代に問いかけてくる。民衆の間で語り伝えられてきた「伝説」もそういった類のものなのではないか。もちろん、伝説のなかには継続的に語り伝えられてきたものもあるし、積もった文化のある層のなかから、突然顔を出すものもある。あるいは地中のなかで、掘り起こされるのをじっと待っている場合もあるだろう。ここでは、過去の時代からのメッセージが思い込められている伝説に光を当てて、改めて、日本的なものを探索していきたいと考えている。

■カタリゴトとしての伝説

ところで、伝説とは何か。「制限なしに自由に語られる」昔話との対比でいえば、伝説の特徴は「具体的な場所、時代、人物を足場として、これを人に信じせしめようとして報告する」ところにある（関、一九五五、四頁）。一言でいえば、具体的で信頼性のありそうな話ということだろう。とはいえ、伝説という用語はさほど古いものではない。柳田国男によると、二十世紀初頭、高木敏雄らが“Legend”の翻訳語としてこの言葉を使ってから広まったという[4]。もとは、「イヒツタヘ」、「カタリツタヘ」であり、「カタリゴト」はもう少し広い意味合いになり、「イハレ」が妥当かもしれない、としている（柳田、一九四〇、一一九頁）。伝説に関して、一つ注意すべきは、その種の話にはいろいろな尾ヒレがつくということである。この点はすでに、兼好法師によって鋭く指摘されていた。

「世に語り伝ふる事、まことはあいなきにや、多くは皆そらごとなり。あるにも過ぎて、人はものをいひなすに、まして年月過ぎ、境も隔たりぬれば、言ひたきままに語りなして、筆にも書きとどめぬれば、やがてまた定まりぬ」（『徒然草』七三段）。

伝説のすべてが虚言というわけではないだろう。しかしそれが語り伝えられていく過程で、さまざまな脚色が行なわれ、文章に書きとどめられれば、その虚飾の部分も真実として受け止められてしまう、というのはそのとおりである。

だから今日、伝説を集成した著作のなかに、「ここに収録した伝説は脚色を含んでいるので他に転載しないでください」と注意書きがあるのはむしろ誠実なところとみるべきである。伝説を扱う場合、まずは元の姿を見極めるところから出発し、そこに込められたイハレの真の意味を解き明かしていかなければならないだろう。

■金属伝説と国家

では、イハレとしての伝説が何を語っているのか、その一例として、『日本書紀』のイワレ(磐余)の話を取り上げてみよう。磐余とは日本国初代の天皇・神武の名前である。神武は四五歳のとき、九州から東征に向かい、大和の地を平定したという。その諱は神大和磐余彦というのだが、磐余とは磐の間にある粒状の砂鉄、すなわち山砂鉄のことだという解釈がある。神武にはいくつかの呼び名があって、『日本書紀』では「狭野命」、「磐余命火火出見尊」、『古事記』では「若御毛沼命」、「豊毛沼命」ともいわれている。部族の伝承によってそれぞれ名称が異なっているからだろうというわけだが、狭野《サノ》は砂鉄、火火出見《ホホデミ》は「溶鉱炉によって得られた鋳鉄」、毛沼《ケヌ》は「溶鉱用に精撰された砂鉄」というように、鉄にかかわる名称であることで共通している。このように解釈してみると、「神武天皇は砂鉄であった」ということになる(吉野、一九七二、二八七、三一〇頁)。神武は九州にいた若き日に一度結婚しているのだが、東征が成功して初代天皇として即位ののち、正妃・媛蹈五十鈴媛を娶る。ここでいう蹈(タタラ)とは、金属を溶解させる際に、火の温度を上げるために使う送風器を指す。つまり、神武の婚姻譚は砂鉄と蹈の結びつきとして語られているのである(図A)。

ちなみに、鉄をつくるためには、砂鉄(鉄鉱石)と木炭を混ぜて、フイゴで風を送って木炭を燃焼させ、鉱石を還元して、錬鉄を得る。この錬鉄を赤熱のまま堅い台のうえで打ち叩いて鍛えるか、あるいは炭に包んで熱するかすると、鋼を得る、というわけである(重松、二〇〇〇、一七〇頁)。砂鉄とフイゴによって初代の天皇家を語るこの話はおそらく、国家の成立に鉄をはじめとする金属を支配することが大前提だったことを語っているのだろう。弥生時代や古墳時代は稲作

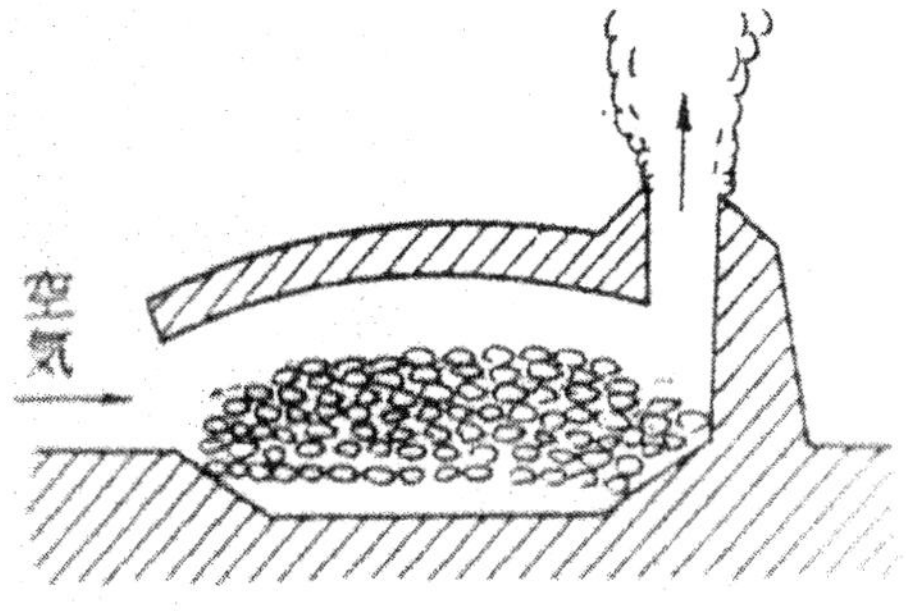

図A　たたら製鉄の原理
出典：重松（二〇〇〇、一七〇頁）。

農耕の時代だが、生産を支えるには金属製の道具が必要不可欠であり、また生産力の向上は部族間の対立や衝突を引き起こすもとになり、武器の必要性を高める。このように考えれば、稲作農耕の支配者は実は金属の支配者でもあったとみるのが自然である。そしてそのような諸部族が固有にもっていた金属にかかわる伝説を統合して、日本国家の成立を語ったのが『古事記』や『日本書紀』だったということなのだろう。

■古代の再現

イワレ（磐余）のイハレ（伝説）は国家の成立の始原を語るものだったわけだが、時代の経過とともにこのような金属的要素は姿を消していくことになる。ところが明治時代になって、おそらく無意識のうちにそれが復活する。「国歌」君が代の歌詞は『古今和歌集』に収められている次の歌に基づいている、とされるが、そこには金属的性格がまとわりついていたのだった。

我が君は 千代に八千代に さざれ石の 巌となりて 苔のむすまで

「君が代」の歌詞は、冒頭の「我が君」が「君が代」に変わっただけだ。難解なのは、さざれ石（小石）がどうして岩になるのか、という点である。小石がいくら集まっても岩になることはない。そこには何らかの化学的変化が要求される。そこにはつまり、（図A）に示されるような工程によって、小石が溶融し大きな塊を得る、という変化が反映されているのではないか、ということだ。沢史生はいう。「ただ、製鉄の一工程（一代）においてのみ、砂鉄（細石）が鉄塊（巌）となりうる。その貴重な鉄塊が有り余って、使い切れず、苔が生えるほど蓄積されている」という状態を読んだのがこの歌なのだ、と（沢、二〇〇三、一五一頁）。小石は鉱石であり、それを炉で溶かして岩のような塊を得る、というわけだ。古代国家が鉄の支配によって成立したのと同様に、その復古形態をめざした明治政府もまた無意識のうちに国家成立の物語を表現していたのかもしれない。

だが国家の成立にかかわる伝説の背景には、「これだけは信じてほしい」として語られる「カタリゴト」としてしか伝えられない、直接的な表現ではなく、ぼかしたかたちでの意味が込められているのではないか。それはいわば表の世界の背後にある真の姿とでもいうべき内容である。伝説の始原の姿を探り当てることによって、その点に耳を傾けてみよう、というのが、ここでの主題である。

■本書の構成

このように日本という国家を語るためには鉄をはじめとする金属の視点が不可欠である。そしてこの問題は決して直接的な表現で示されることはない。もっぱら、伝説というかたちで語られるのだ。

俗界で暮らすわたしたちからすれば、それはふだん意識することもない「闇」の世界からのメッセージなのであり、その謎解きには独自の方法や視点が必要となる。この金属にかかわると思われる伝説を解き明かす方法的視点の検討については、この領域の先駆者、若尾五雄が残した論稿の検討をつうじて明確にしていこう（1章）。つづいて、闇の世界の代表、鬼にかかわる伝説を取り上げる。鬼伝説の構造を解き明かすことで、金属の生産の場における支配・被支配の物語を浮かび上がらせてみることにしよう（2章）。

さらに、「息長《オキナガ》」、「伊吹《イブキ》」、あるいはもっと一般的に「福《フク》」といった名称を手がかりにして、古代から近世にかけて、移動しながら金属探査に従事した集団の姿に光を当ててみよう（3章）。次に視点を少し転換し、中世・鎌倉幕府の成立を背後から支えた武将・畠山重忠に焦点を当てて、妙見（北極星）信仰と金属のかかわりを考えてみたい（4章）。この畠山重忠は日蓮とも結びつき、日蓮はその当時のみならず、近代日本においても影響力をもった。その一端を宮沢賢治とかかわらせながら補論的に検討してみよう（5章）。それにつづいて、上総の白山信仰を奥州舞草や鎌倉鍛冶などとの関連で取り上げる。ここには貴種流離譚がまとわりついてはいるが、問題はむしろ村の開創と金属伝説とのかかわりという点である（6章）。そして、金属伝説にかかわる闇から逆転する世界の一つとして、「逆川」（サカサガワ）の由来を解き明かしてみよう（7章）。

以上で、日本国家にかかわる謎は解けるだろうか。最後に、部族、集団の伝説を国家の神話から解き放ち（8章）、郷土の伝説の意味を明確にして結びとしよう（9章）。

【注】

1　この点は、丸山真男が「外来文化の影響を排除して日本的なものを求めるのは、ラッキョウの皮を剥くのと同じ操作にならざるをえない」（丸山、一九八四、一三七—一三八頁、傍点原文）といっているのとほぼ同様と考えられる。ただし決定的な違いは、たとえとして出しているタマネギとラッキョウにある、といえなくもない。

2　考古学界では栃の実のアク抜きは「木灰を用いない限り不可能というのが定説」とされる。それに対して、民俗事例からは木灰を使わない多様な方法を確認することができる。大別すると、「剥き実取り出し」型と「粉砕」型に分類できるのだが、縄文遺跡から出土する栃の破片からも同様のアク抜き法が行なわれていたことを確認できる、という。つまり、「トチの実を毎年利用してきた人々は、……［中略—引用者］……現代まで一万年を超えて受け継いできたのではないか」と推定できるのである（名久井、二〇一二、四四—六五頁）。

3　例えば、埼玉県富士見市の水子貝塚の下層から竪穴住居の柱の下から埋葬された犬の骨が見出されているように、縄文時代には人間と犬は親しい関係であったと考えられている。ただその一方で、宮城県里浜貝塚では縄文人が犬を食べていた痕跡もあり（岩田、一九九二、六四—六五頁）、地域差や部族の違いなども考慮しておかなければならない。なお、犬と日本人のかかわりについて概観した研究として、谷口（二〇〇〇）、がある。

4　高木敏雄は一八七六年に熊本県に生まれ、東京帝国大学でドイツ文学を専攻したのち、第五高等学校、東京高等師範学校、松山高校、大阪外国語学校などでドイツ語の教師を務めていたが、一九二二年に病気のため大阪市内の病院で亡くなっている。本来、ドイツ文学の研究者だが、在学中より日本の神話や伝説の研究を行ない、特に、朝日新聞社が民間に伝わる昔話や伝説を募集した際に、応募された報告のなかから二五〇編を整理、分類して出版したことで知られている（高木、一九一三＝二〇一〇）。主要な研究は、高木（一九七三—七四）、にまとめられている。

【文献】


岩田一平、一九九二、『縄文人は飲んべえだった』朝日新聞社。

丸山真男、一九八四、「原型、古層、執拗低音」武田清子編『日本文化のかくれ形』岩波書店、八七—一五二頁。

名久井文明、二〇一二、『伝承された縄紋技術—木の実・樹皮・木製品』吉川弘文館。

沢史生、二〇〇三、『常陸国河童風土記』彩流社。

関敬吾、一九五五、『民話』岩波新書。

重松栄一、二〇〇〇、『化学——物質の世界を正しく理解するために』（改訂版）民衆社。

高木敏雄、一九一三＝二〇一〇、『日本伝説集』ちくま学芸文庫。

高木敏雄、一九七三—四、『増補　日本神話伝説の研究』1・2、平凡社東洋文庫。

谷口研語、二〇〇〇、『犬の日本史——人間とともに歩んだ一万年の物語』ＰＨＰ新書。

柳田國男、一九四〇、『伝説』岩波新書。

吉野裕、一九七二、『風土記世界と鉄王神話』三一書房。

第Ⅰ部　方法論

――河童と鬼――

第1章　本質への視点
――若尾民俗学の検討をつうじて――

1　はじめに

物質的生産は文化の形成（精神の生産）と分かちがたく結びついている。そこからいえば、金属の生産もまた、独自の文化を形成し、発展させてきた、とみることができる。のちにみるように、鬼や河童の伝説は金属の生産に関わる文化の代表とみなすことができる。

この点も含めて、ここではまず、民俗事象を物質的生産とのかかわりで捉える物質民俗学を明示的に定式化した若尾五雄という在野の研究者に注目したい。とはいっても、彼の残した独創的な研究のすべてを取り上げるわけにはいかないので、主として若尾民俗学の根底にある方法論の周辺を、民俗事象の本質を探究する視点と対峙させていくかたちで検討していくことにしたい。いわば若尾の胸を借りて、一つの方法的視点をある程度までまとめておこう、というわけである。

以下では、若尾民俗学の核心に鬼伝説、製鉄民としての修験者の問題があることを確認し、その独創性ゆえに波紋を投げかけることとなった河童論を検討し、金属にかかわる伝説の本質を解明するための方法論を探究する。

2　山伏と鉱山をめぐって

■若尾民俗学の概要

若尾五雄は一九〇七年に甲州に生まれ、岡山医大に学んだ。本業は産婦人科の開業医である。仕事の傍ら、鉱山にかかわる伝説や宗教あるいは地名由来について調査をつづけ、その成果を発表してきたが、一九九四年に亡くなった。現在まで、若尾の単独名で公刊された著書（単著）を挙げると、次のようになる。

[A]『鬼伝説の研究―金工史の視点から』一九八一年。
[B]『金属・鬼・人柱その他―物質と技術のフォークロア』一九八五年。
[C]『物質民俗学の視点①』一九八八年。
[D]『物質民俗学の視点②』一九八九年。
[E]『河童の荒魂―河童は渦巻である』一九八九年。
[F]『物質民俗学の視点③』一九九一年。
[G]『黄金と百足―鉱山民俗学への道』一九九四年。

これらの著作のうち、純粋に若尾の単著と呼べるのは[A]のみである。それ以外は、若尾が永年にわたって書きためてきた比較的短い論稿を編集者がテーマごとに再編成して成立したものであり、その際にはいくぶんリライトされたものもある、とのことである。それはともかく、若尾の研究を概観してみると、河童伝説と鬼伝説という二つの大きな柱があることに気づく。そうなのである。河童と鬼こそ、金属にかかわる二大伝説とも呼ぶべき位置を占めているのである。ところが、若尾の場合、このうち金属や鉱山と特にかかわるのは鬼伝説の研究であって、河童伝説の研究では別の観点が採用されているかにみえる。そこで以下では、鬼と河童それぞれの伝説に対する若尾の分析視点の違いを明らかにしつつ、両者を統合する道筋を探ってみたい。

■修験道と金属生産との関連性

『鬼伝説の研究』はその第一章「鬼と金工」において鬼伝説の鬼が金工にかかわることを主張し、第二章「修験と鬼」では熊野修験と金工とのかかわりを検討している。そこから浮かび上がってくる若尾の主張の核心に、修験道と金属生産とが密接にかかわっているという論点があることは明白だと思われる。つまり、鬼とは製鉄民たる修験者(山伏)ということである。だが若尾によれば、この両者の関係は必ずしも明確ではない。若尾の次の文章に注目したい。

「『この頃他人の書いたもの、とくに新聞雑誌に出したものを自己のものとして出版するものがふえたから、若尾君も泉州情報や和泉民俗などの発行はやめ給え』と教えてくれたのは鶴岡市の戸川安章氏である。実は一九七六年十月発行の小田格著『山伏は鉱山技術者』という本も彼が五来博士の紹介で私の所へ来たので、修験と鉱山の密接な関係や、鬼、百足、蛇、妙見、虚空蔵尊などは、昔の金工と関連があると、二年ばかり私の研究を公開して教えたところ、それらを自分の説として勝手に出版したものである。多くの友人から、そのことを忠告してきたので、驚いて小田に抗議の手紙を出したところ、謝罪文を送ってきたが、今日こうした不真面目な事件がおこるのは、学問のためにもおしまれてならない」(若尾、一九八一、一五五頁)[1]。

この文章には若干の補足が必要である。まず、文中にある『泉州情報』や『和泉民俗』というのは若尾が自説を発表していたミニコミ紙で、若尾は一九五〇年代から七〇年代にかけて、それらのメディアに物質民俗学にかかわる小論を発表していた。また、そういった発表方法はよろしくない、と忠告してきた戸川安章とは、出羽三山のなかの羽黒山の山伏で、修験道の研究家でもある。戸川はのちに、この忠告のいきさつについて一文を書いている。それによれば、戸川は「山伏即鉱山師」とする見方に批判的であり、そのような説が世間に流布する切っかけをつくったのが『泉州情報』や『和泉民俗』に掲載された若尾の論稿であることから、これ以上の誤解を避けるためにもこれらのミニコミ紙に自説を展開するのは止めた方がいい、と若尾に書き送ったというのである。その際、戸川の忠告の背景にあった基本的な主張は、修験道の聖地とされる山は確かに鉱山地帯ではあるが、「それだからと言って、修験者はそれを採掘するために山に入ったとみるのは、人間は物欲のみによって行動するものだときめつける、あまりに単純すぎる考えである」というものである(以上、戸川、一九八八)。

この戸川の批判に若尾がどのように対応したのかはのちに検討することにして、若尾に名指しで批判されている「山伏即鉱山師」説の提唱者の一人とされる小田治の著書についても触れておくことにしたい。小田の著作は正確には、『黄金秘説　山伏は鉱山の技術者』(小田、一九七六)という書名である。小田はここで、自分の血統をさかのぼっていったところ先祖が山伏であることに気づいて、修験道やさらには鉱山とのかかわりについて考察をめぐらしている。わたしが読んだかぎりでは、この著作が若尾説の「盗用」であるとただちに断定することは難しい。その最大の理由は、小田が本文中で若尾とのかかわりを次のように言及しているからである。

「〔五来重教授は〕『修験道と金は密接な絡がりがある』といって、『山伏と金』について造詣の深い一郷土史家を紹介せられた。大阪府岸和田市の医師、若尾五雄氏である。氏は小田家の歴史こそ修験道史だと喜ばれ、時の経つのも忘れて滔々と研究を語られた。私は、眼の前に邪魔をしていた大きな岩に、急速に穴が開いて向うから光が差し込んで来るように感じた。若尾さんの研究は底が知れない。だが私はあえて全部を聞かずに、己の覚るところを突き詰めて考えようと思った。ここに、二回に渉って教えられた話をまとめ、それを基礎として考察を進める」(小田、一九七六、九四頁、なおこれ以外に、同書一一一頁と一一九頁に若尾説と断り書きのある言及がある)2。

学問は既存の学説とのかかわりのうえに展開されていくものである。このような前提にたてば、小田が若尾の論のうえに自説を展開しても、一向に差し支えはない。もし若尾が小田の説に疑問があるのならば、その箇所を具体的に指摘すればそれで事は済む。だが若尾は、このような研究上の暗黙の了解を是としていないかのようである。その理由は、一体どこにあるのだろうか。

■若尾民俗学の基本的視点

若尾の『物質民俗学の視点』の編集者である森栗茂一は「某氏の『山伏は鉱山師か』などの出版物のように若尾の説の結果のみが無断盗用されることも少なくなく、若尾が困惑した時期もあった」という(森栗、一九八八、二二〇頁)。文中の某氏が小田であることは自明であるが、ここでもその著書名は間違ったまま引用されている。また「無断盗用」という表現も不適切というほかない。先に触れているように、小田は自分自身と若尾の関係について明確に述べており、無断で若尾の文章を引用しているわけではないからである。

ただ、この一文は、若尾が「山伏即鉱山師」説に困惑していることを示している。若尾の困惑はまた、戸川の「若尾さんは、ほかの人のように修験者即鉱山師と結論づけることには、きわめて慎重である」との指摘ともかかわっている。そしてこれこそが、若尾の小田批判の真意とみるべきである。つまり、若尾の憤りは議論の単純化に起因しているということである。

では、若尾は山伏と鉱山とのかかわりについて、どのように考えていたのだろうか。

若尾は『金属・鬼・人柱その他』のなかで、自己の方法論を物質面からの民俗の探求だとして、「心の裏には物があり、物の裏には心がある」、「物的証拠から人間の行為をとらえようとする」といった方法論にかかわる一文を書き記している。そして自己の中心的研究課題を「民俗学と鉱山の関連性から過去の事実をとらえ」ることだ、というのである（若尾、一九八五、四頁）。そのうえで、若尾は次のように述べる。

「吉野の金峯山もなんらかの金属と関係があり、ここに起った修験道も、これまでの単に精神道場的な解釈では、……［中略―引用者］…本質には至り得ない」（若尾、一九八五、六頁）。

このように述べて、若尾は「山伏は山人の探鉱、採鉱の職業技術を伝承している」（五来、一九六五）という命題を自己の学説に理解を示すものと位置づけている（若尾、一九八五、七頁）。その意味で、若尾は「山伏即鉱山師」説を全否定しているわけではない。ただその一方で若尾は、古代のある時期、朝廷によって水銀含有量の多い丹薬の製造が禁止されたことを一つの契機として、修験道は物質離れしていった、とも述べている（若尾、一九八五、二四頁）。この指摘は、本来永遠の生命を求めて山中に鉱物資源を探索していた修験道が観念化していく切っかけを明示的に述べたものとして興味深い。そればかりか、戸川による批判に対する反論としても十分な意味をもっている。

このように、「山伏即鉱山師」説というのは、物質民俗学の視点にたって修験道の本質を表現しているのである。この定式化にあたって、若尾の果たした役割は極めて大きなものがあり、その功績は正当に評価されなければならない。

■修験道の本質論―真弓常忠との一致点

若尾民俗学と出会って以来、わたしは若尾による小田批判に対してそれほど気に止めることもなかった。その一つの理由は、戸川による若尾批判を意識してこなかった点にある。もう一つの大きな理由は、率直にいうと、それほど熱心に若尾を読んでいなかったからである。物質民俗学と大きく括ってもよいような領域のなかで、わたしが熱心に読んでいたのはむしろ、真弓常忠の論稿の方である。真弓常忠は神職にある人で、神道学を担当する皇学館大学教授でもあった。わたしが真弓の論稿に興味をもったのは、彼が宗教の本質を物質とのかかわりから捉えようとしている点にある。その方法論的視点は、若尾のものと見事に一致する。例えば真弓は、「修験道と鉄」と題する論稿のなかで、修験道には現実的功利的動機がある、としたうえで、その原初の姿をおよそ次のようにいう。すなわち、吉野・熊野の山中には豊富な鉱物資源が埋蔵しており、その鉱床を求めて、山伏は山中を歩き回った。彼らが法螺貝を吹き鳴らし、三鈷杵を振り鳴らすのも、もとはといえば鉱脈を探りあてるための呪術から発生したものである、と（真弓、一九八五、一九一頁）。

このように述べて、真弓は修験道を採鉱者集団の宗教だというのである。この考え方は、飯島吉晴が若尾説について「山岳宗教の場合、宗教者が山に登るのは精神的肉体的な修行のためというよりも、むしろ山に産出する貴重な鉱物を求めるためであったと説く」（飯島、一九八五、二八七頁）といっているのと同一といってよい。若尾と真弓の関係について、森栗は、若尾が「真弓常忠が大阪市の住吉大社の禰宜であったとき接触がある。若尾が住吉を炭、すなわち鍛冶神と考え、鉱山で理解しようとして住吉の上筒男、中筒男、下筒男の問題を調査にいったとき、真弓が社務所で対応している。そのとき、真弓は、鈴を隕石との関係でとらえる科学的な議論を若尾としており、後に若尾が『泉州情報』を送り続けたことはいうまでもない」（森栗、一九九四、二三八―二三九頁）と指摘している3。しかし、真弓は若尾を盗作したなどと論難されていないし、真弓の「修験道即採鉱者集団の宗教」説は若尾ほどの批判を受けているとも思えない。ではなぜ若尾説だけが、という疑問が残るが、その理由の一端は、観念論に傾斜する民俗学のなかで若尾説が極めて異質なものと認識されてきた、という事情にあるのだと思われる。つまり、若尾説への批判は過度の偏見のなかで行なわれた、ということである。

　では、そのような偏見を取り払ったうえで、若尾説に対する批判はどのようにあるべきなのだろうか。わたしにいわせれば、「すべての山伏が鉱山師であるはずはない」という一点に尽きる。「山伏即鉱山師」という命題は「すべての山伏は…」という全称命題としては成立しない。そしてこの種の批判は、若尾、五来、真弓の学説にはあたらない、といってよいだろう。なぜなら、彼らの議論は修験道の本質論として語られているからである。

3　河童論の方法をめぐって

■河童論の問題設定

　つづいて、若尾五雄の独自の方法論について検討してみたい。検討の素材として取り上げるのは、先ほど金属にかかわる二大伝説の一つと位置づけた河童論である。

　若尾の物質民俗学の基本的な関心は、「水もの」に向けられていた。確かに、「水」は生物としての人間にとって欠かすことのできない必要物である。だから、安定した生活をつづけていくうえでの基本条件の一つは「水」をいかに人間に都合よく管理していくのか、ということにあると考えて間違いない。そして、このような問題関心のなかから浮かび上がってくる一つの課題が、「河童伝説」の解明なのであった。

　若尾による河童伝説分析の結論は、「河童とは渦巻きである」と簡潔にまとめることができる。この結論は全く意外なものといってよく、多くの人たちにとって、ただちに納得できるものではないだろう。だが、その結論に至る若尾の研究方法論は斬新なものがあり、その方法論を踏まえてこそ、結論を正当に評価することができるのだと思われる。以下では、このような観点から、若尾の科学論、人間論を含めた方法論について検討してみることにしたい。

■河童渦巻き論

若尾の河童伝説研究の基本的な関心は、河童の本質を解明しようとするところにある。若尾は「今までの河童に関する一般の民俗研究は、あだかも河童の表面を撫でるが如く、形態上の分類ばかりに終始し、河童譚そのものの本質＝内容については論じておらぬ」という(若尾、一九八九b、六一頁)。では、若尾はどのように河童伝説の本質に迫っていくのだろうか。以下は、その方法論の実質についてのわたしなりの要約である。

若尾はまず、河童に尻子玉(肛門の蓋)を抜かれる、といういい伝えについて、肛門の括約筋が緩んでぽっかりと穴の開いた状態のことを指すものと解釈し、それは水死者に典型的にみられるものだという。伝説によると、河童は特に川の淵に現れるが、そこは両岸の間に水がグルグルと回っている。そのような場所で子供が水遊びなどしていると、流れの勢いで溺れる危険性もある。それを戒めるために、「そんなところで泳いでいると、河童に尻子玉を抜かれるぞ」といったというのである。若尾はこのような解釈に基づいて、「河童とは淵に巻く渦そのものである」という命題を提示し、自然現象(これを若尾は「荒魂」という)としての「渦」が擬人化されたもの(和魂)こそ河童である、とする。これが、若尾の基本仮説である(若尾、一九八九b、六―九頁)。

若尾はここから、様々な河童伝説にみられる基本的な要素を取り出して、それを解釈してみせる(言葉にこだわる若尾は、構成要素を「構成要語」と呼んでいる)。

河童の頭にある「皿」とは一体何か。皿とは、すなわち「渦」のことである(若尾、一九八九、九頁)。
河童はなぜ胡瓜を好むのか。胡瓜のなかには尻がねじれて渦巻き状になったものがあり(カッパキュウリ、といわれる)、それが渦としての河童につうじるからだ(若尾、一九八九b、九八頁)。

人間が水辺に連れて行った「馬」を河童が水の中に引き込むのはなぜか。馬とは「駒」で、「独楽」であり、回転するところが渦としての河童へとつうじるからである（若尾、一九八九b、一四一頁ほか）。

河童はなぜ金気を嫌うのか。川の渦巻きが流水中に含まれる金気を沈澱させるからである（若尾、一九八九、二二九頁）。

以上にみられるように、河童伝説の基本的な構成要素はみな「渦」で解くことができる。よって、「河童とは淵に巻く渦そのものである」という基本命題は論証されたことになる。

若尾の河童伝説分析論はおよそこのようなものである。その強引とも思える論のすすめ方に、納得がいかない人がいるかもしれない。また、半信半疑の状態という人もいるかもしれない。しかし、若尾の分析が既存の河童論を一歩も二歩も超えていることは、間違いない。そこに、これまでの議論を超えて、とにもかくにも河童の本質に迫ろうとする若尾の意気込みを感じることができるはずである。

■型の理論

河童の本質は渦巻きである、という若尾の結論について、わたし自身ただちに納得できるものではない。ただし、その方法的手順については示唆されるところがある。若尾の手順を全体としてみると、河童伝説のなかから重要と判断される構成要素を抽出してきて、その構成要素間に共通する型を発見する、というものである。その意味で、若尾の方法は現象の背後にある基本的な「型」を発見する、あるいは直観的にみてとった「型」を様々な事例をつうじて検証する、というものである。このような方法論をもう少し大きな文脈のなかで、検討してみることにしよう。

池田清彦『構造主義科学論の冒険』（池田、一九九〇）は、科学について次のように規定する。すなわち科学とは、まず、研究対象となる現象を構成する基本要素の抽出、確定であり、次に、その基本要素相互の関係性の解明である、と。池田によれば、科学とはこの二点に尽きるのである。

わたしはこの記述に出会ったとき、その単純明快さに賛同するとともに、社会学の文脈でいえば、タルコット・パーソンズ(Talcott Parsons, 1902-79)の社会学こそ、このような科学論に基づくものに相違ないと確信したのであった。パーソンズはアメリカの社会学者であり、抽象的な分析理論家として知られている。その初期の代表作が『社会的行為の構造』(Parsons, 1937)で、パーソンズが試みたことを簡単にいうと、次のようになる。

「社会」というものをさしあたり人間の「行為」という観点から考えてみよう。この社会的行為は行為者がある目的を追求していく過程といってよく、その基本的な構成要素は価値、規範(目的と手段を結びつける基準)、目的、状況(条件と手段)である。価値、規範は観念的要因といってよく、それに対して状況は物質的要因であり、行為者は観念的要因と物質的要因の双方に規定されながら目的を追求していく、と捉えることができる。以上が社会的行為の基本的要素である。

この点をおさえたうえで、これらの要素の結びつき具合で、行為に関する理論は次のように分類することができる。まず、社会的行為を扱ううえで、もっぱら観念的要因のみを重視し、物質的要因の制約性にあまり注意を払わない理論、これを理想主義的行為理論と呼ぼう。次に、これとは対照的に、一定の物質的制約性のもとでもっぱら経済合理性のみを重視する実証主義的行為理論がある。ここでは観念的要因は経済合理性の規範に限定されてしまう。これら二系統の理論に対して、観念的要因の多様性を認め、なおかつ物質的要因の制約性にも注意を払う行為理論があり、これを主意主義的行為理論と呼ぶ。主意主義的行為理論は理想主義的行為理論に物質的要因を付加したものといってよいし、また実証主義的行為理論における経済合理性の規範の至高性を緩和し、そこに多様性を導入したもの、といってもよい。

ここではこれ以上の詳論は省くが、パーソンズは基本的には社会的行為の構成要素を抽出、確定し、そのうえで、それらの要素の結びつき方によって社会的行為理論を三つに類型化したのである。この手順は池田清彦のいう構造主義科学論と同一の発想にたったものであり、また河童伝説を分析するうえで若尾五雄が採用した方法論とも同一といってよいのではないかと思われる。わたしのみるところでは、この三人はそれぞれ異なった学問的背景から研究に着手しているように見受けられるのだが、彼らが実際に採用した方法論やその背後にもっている科学論は共通していると考えられるのである。その意味で、若尾の方法論は民俗学の世界では特異なものであったかもしれないが、より広い学問の領域に照らしてみれば一定の普遍性をもっている、ということができるのである。

■本質への視点

だがそれにもかかわらず、若尾の河童論には相変わらず、違和感がつきまとう。その理由の一つは、本質論というときの本質の理解にかかわっているはずである。若尾の議論に基づいていえば、本質とは一定の「型」の抽出といってよい。パーソンズの場合もまたしかり。池田も同様。だが本質論とはそういうものなのだろうか。河童伝説が形成されるまさにそのときの現実性を探ること、それが本質論ではないのだろうか。若尾はいうかもしれない。「そうだ。まさにその通り。河童伝説を生むことになった現実性とはまさしくわたしのいうように、川の渦巻きなのだ」と。だがわたしにいわせれば、若尾のいう現実性は時間と空間を超越した自然科学的なものであり、社会科学の世界からみれば、超現実的なのである。そうではなくて、河童伝説が生み出された歴史的現実とは一体何であるのか。本質論とは時空を超えた「型」の問題ではなく、歴史的現実の解明なのである。だが、若尾の河童論の問題意識は、そのような方向にはない。実はこの点に関しては、飯島吉晴が中島河太郎の河童論（中島、一九七七）にも言及しつつ、次のように述べている。

「若尾氏の『河童論』は、私のようなファンからみると、確かに魅力に富んだ論考である。しかし、歴史的な観点からの分析は、若干弱いようだ。氏は地形や地名などの地理的現象に関しては、現地調査をふくめて、注意深く考察しているが、河童の歴史的な分析はあまり得意ではないようだ。河童の本質を論ずる場合、河童が歴史の中でもつ意味についても、十分に述べる必要があるだろう」（飯島、一九八九、二四三頁）。

飯島はこのように述べて、河童の「時代あるいは地方ごとの相違やその歴史的な意味について」検討することが課題として残されている、と指摘している。この指摘そのものに問題はない。だが、河童の本質論として第一に取り組むべきことは、河童伝説の原初の姿をそれが生み出された歴史の現実のなかから解明することにある、といわなければならない。

■伝説における作為性

では、河童伝説の基本的な構成要素の形成を促していくことになった歴史的現実性とは、どのようなものなのだろうか。実は、この点を解明しようとした河童論はすでに存在する。沢史生の『閨の日本史—河童鎮魂』(沢、一九八七)である。沢の基本的な視点は次のようなものである。

「河童は当初から河川や湖沼を栖み処としていたのではない。彼らは遠い昔、海の彼方からやってきて、わが国の開発に貢献したワダツミである。すなわち海霊・海神と崇められる倭人であった。

だが、どうしたわけかワダツミは、その老若男女を問わず、海童と表現されるようになった。その海童たちを、ことさら『小童』と表記して、ワダツミと訓ませたのは、七二〇年に成立した『日本書紀』である」(沢、一九八七、三—四頁)。

河童とは大和政権成立以前に存在していた倭の海人だというのである。彼らは原始的な製鉄民だった。その製鉄民を後発の製鉄民が支配した。この後発の製鉄民が大和政権の基礎をつくった、というわけである。服属させられた製鉄民は、鉄を奪われて零落させられた。そして「小童」と呼ばれ、ここに今日伝えられる河童伝説の基本型が成立することになった。駒曳きをし、女陰を狙っていたずらし、尻子玉を抜く河童伝説の基本的な構成要素はいずれも、鉄を奪われた海人が「火処（製鉄炉）を奪わうと企んだものであった」（沢、一九八七、一〇三頁）。ここで、「駒曳き」の駒とは文字どおり馬のことであり、馬は「真処」（女陰）の騙り言を秘めている、というのが沢説である。また、河童と胡瓜との関係については、胡瓜がもともと「癩瓜」などと呼ばれ、穢れ性をもつものとして扱われてきたところから両者が結びつけられた、と解釈している（沢、一九八七、一〇六頁）。さらに、河童が金気を嫌うのはむしろ逆説的な言辞なのだ、というのが沢説である。

このように沢史生の解釈は伝説に込められた騙り言の世界を解き明かし、大和王権による先住製鉄民に対する支配という歴史的現実性を浮かび上がらせている。そしてここでは、伝説を語る「主体」の問題や、伝説発生の「作為性」が浮き彫りにされている。その意味で、伝説は「騙られる」ものであり、支配―被支配の社会関係と無関係ではあり得ない。このような視点は、若尾民俗学とは全く異なる一つの世界を形づくっている、といってよい。

■若尾河童論の還元論的性格

それに対して、若尾の河童論は、河童伝説の内容を抽象していって「渦巻き」という型を取り出し、それをもって河童の本質だと結論づける。すでに述べたように、そこには歴史的な視点はない。方法論の次元で歴史性は捨象されている。

このような方法論に基づく河童論は、若尾の初期の研究に属する。そして鬼伝説を金属で読み解くのちの若尾の研究を知る者にとって、若尾の河童論は物足りない側面もある。それは、鬼伝説の分析視点を河童論にも使えなかったのだろうか、ということである。あるいは、初期の河童論はそれ自体で完結してしまっていて、鬼伝説の研究を経たのちも再考の余地なしと判断されたのだろうか。

わたしは鬼伝説の研究を経たあとで、若尾に初期の河童伝説の研究を再検討する必要があったのではないかと考える。その際には、改めて方法論の検討が求められていたはずである。その点ともかかわって、若尾の方法論やその背景にある人間論について、飯島吉晴が次のように述べていることは、大いに注目される。

「河童の中に、物質と精神の両世界を貫く原理のようなものを探り出そうとしたのが、氏の河童論の一つの特徴なのである」（飯島、一九八九、二三六―二三七頁）。

「若尾氏は、人間をある種の自然史の過程の中でつねに捉えている。すなわち、氏は人間というものを、何ものかに強いられ、生きていく上ではそうせざるを得ないような受動的な存在として捉えているのである」（飯島、一九八九、二三八頁）。

この指摘をそのまま受け止めると、若尾の方法論は一種の還元論なのではないか、と思えてくるのである。簡単にいえば、人間の歴史は自然史に還元される、ということである。だが、人間の歴史というのは自然に規定され、その意味で受動的ではあっても、社会の形態如何によって多様な姿を取り得るものなのではないのか。その意味で、自然をめぐる人間と人間の相互関係は、自然史に還元されることのない独自性をもっている。だから人間の歴史は、ひとまず主意主義的で非決定論的なものだといわなければならない。

とはいえ、若尾の還元論的歴史観は人間の歴史を消し去り、時間と空間を超えた「型」の問題に関心を注ぐことによって、その河童論に方法論上の正当性を与えている。

4　型の理論と本質論をめぐって

■統合への可能性

金属の視点から鬼伝説を解明していった若尾五雄は、河童伝説の分析では「金属」の視点を採らずに、「渦巻き」という型の問題にとどまってしまった。それに対して、沢史生の河童論は金属の視点を一貫して保持し、独自の河童論を展開していった。これをもって、若尾の欠落は沢によって乗り超えられた、ということもできる。だがその一方で、型の理論をさらに展開させていく可能性はないのだろうか、とも思われるのである。ここでは、このような観点にたって、沢の視点と若尾の方法論とを高次において統合していく一つの可能性について考えてみたい。

■渦巻きのリアリティ

「渦巻き」という型にたどり着いた結論づけを超えるためには、まずその「渦巻き」を歴史の文脈に再度戻してみる必要があるはずである。

若尾にとって「渦巻き」とは、原初的には川の淵の水流として把握されていた。そこは泳いでいる人間の足がすくわれ、また金属物質がよどんでいる場所であり、人間にとっては、恐れるべきところであった。では、その「恐れ」を抱いたのは、一体何者だったのか。問いはまず、このように発せられるべきである。それは海人だった、とわたしは考える。だから正確にいえば、「渦巻き」の渦とは川の渦というよりも海の渦だったのだ。海人にとって、海の渦ほど危険なものはないだろう。彼らは航海に際して、何よりもそれを恐れた。タブー視した。そして渦は神聖なものになった。つまり神格化された。そのとき、渦を仰ぐ海人族「ウズヒコ」が誕生したのではなかったのか。このウズヒコについて、わたしは安房の相浜神社（写真1―1）の来歴にかかわって少し書いたことがある。それを引用しておくことにしよう。

「［相浜神社の前身である香取明神の祭神］ウズヒコは… ［中略――引用者］ …神武紀で倭の国造とされた珍彦のことだと思われる。神武紀では、神武東征の際に速吸門から天皇の水先案内人を務めた漁師が珍彦である。山田宗睦訳（一九九二、一一五頁）のいうように、神武の東征の出発地である日向を福岡市の今津湾にとれば、この速

写真1-1　館山市・相浜神社

吸門は関門海峡に比定できる。そしてこの地に根を張る珍彦とは紛れもなく海人であり、それは住吉神社とつながりのある人物に相違ない。筆者は藤井三男氏（山口県考古学協会）から、この住吉神社の歴代宮司は中村姓で名前には珍の一字を使うと聞いたことがある。このことは神武紀の記述を意識してのものだろう。そうだとすると、やはりここでもウズヒコという祭神は住吉神社を奉祀した阿曇氏の海人と結びつくものと考えることができる」（井上、一九九八、二一頁）。

要するに、「渦巻き」にかかわるウズヒコとは阿曇の海人だということである。このように、型の理論によって抽出された「渦巻き」をもう一度歴史的現実の「場」に戻してみると、そこからは渦巻きという型と密接にかかわる主体（海人）がみえてくることになる。そこで次に、この具体的な場における河童伝説の内容を検討してみることにしよう。

■河童伝説の始原

先の引用文中にある住吉神社（長門一宮、**写真1―2**）は山口県下関市にある。主祭神は筒之男三神で、その祭神は阿曇氏と深く結びついている。阿曇氏は北部九州から関門海峡あたりを本拠地とする海人族で

写真1-2　長門一宮・住吉神社（左・拝殿、右・九間社流造りの本殿）

ある（博多にも筑前一宮の住吉神社がある）。そして神武紀に出てくるウズヒコは阿曇氏の一派だろう、ということが読み取れる。阿曇氏と下関の住吉神社周辺とのかかわりについて、わたしは別のところで次のようにまとめているので、これも引用しておくことにしたい。

> 「阿曇氏は倭的世界の海人であるとともに、『金』を名にもつ『宇津志日金折命』の子孫とされることから、製鉄民とみることができる。実際、下関市の住吉神社を含む一帯は古代における『額田部』に比定されるが、『額』とは砂鉄の意味にほかならない。そしてこの神社の北方には砂子多川という砂鉄ないし砂金の採取地をうかがわせる川もある」（井上、一九九二b、八四頁）。

ここにあるように、わたしは阿曇氏と住吉神社周辺とのかかわりについて、鉄や金といった金属との関連で捉えているわけである。そして引用文中にある砂子多川（旧勝山村を流れる）には、次のような河童伝説が残されている。

> 「…ある夏の夕方、吾作さんが砂子多川で牛をあろうていると、いつもはおとなしい牛が、妙に落ち着きがない。目をキョロキョロうごかして、しっぽをふり、いっときもじっとしておらんそうな。
> 『こりゃ、どねえしたか。おかしいど、おまえは』

吾作さんが、牛のしっぽの方へまわってみると、なんと、牛の尻にエンコウがぴたっとひっついておる。

『しもうた、鋤金をあてることを忘れておった』

エンコウのきらうものは、お仏飯と金物じゃった。こどもが川へいくときは、

『エンコウに、しりこだまぬかれるな』というて、お仏飯を食べさせたし、牛や馬を川へつれていくときには、尻に鋤金をあててつれていったもんじゃ。吾作さんは、そうっと牛の尻にちかづいて、エンコウの首すじを、ぐいとつかんだ。

『この、くそたれが』

あばれるエンコウをこわきにかかえて、頭の皿の水をかき出した。頭の皿の水がのうなったエンコウは、だんだん力がのうなって、ぐったりしてきた。

吾作さんは、しめたとばかり、エンコウの手足を縄でしばり、納屋へとじこめた。

しばらくすると納屋の中から、

『水をくれ、水をくれ、……。苦しいて死にそうじゃあ。二度と悪さをせんけい、たすけてくれえ』と、エンコウのしわがれた声がきこえてきた。

吾作さんは、そろそろ、たすけちゃろうとおもうとったけ、だいぶこりたようじゃと、納屋へはいっていった。

『よしかんべんしちゃろ。そのかわり、わしの田んぼの草をとってくれえ』

と、エンコウにいいつけた。

手足の縄をほどき、頭の皿に水をいれてやると、エンコウは、たちまち元気になった。

吾作さんは、エンコウの首に、縄をむすびかえて、田んぼへつれていった。縄の端をにぎって、畦の上でエンコウの田の草取りを見張っていると、なんと、そのはやいことはやいこと。吾作さんが、一日かかってもとりきれん

ほどの田の草を、みるまにとってしもうた。吾作さんは、たいそうよろこんで、エンコウの縄をといてやると、どこからか大きな石をかついできた。

『いままでは、人間や牛や馬に悪さをしておったが、これからは、この石が土になるまで、エンコウ一族は、けっして悪さをいたしません』と、いうて、それきり、勝山の沼や池や川にエンコウがでてこんようになったそうな。

ふしぎなことに、エンコウが草とりをしてくれた田んぼには、二度と草がはえてこんじゃったと」（黒瀬監修、一九八九、一〇―一一頁）。

河童のことを中国地方ではエンコウ（猿猴）ということが多い。例えば、広島市の中心部には猿猴川が流れ、そこに猿猴橋がかかっていて、市電の停留所の名称にもなっている。否、正確にはエンコウと「猿」のイメージで語られてきたものが全国規模では河童へと統一されていった、ということである。

それはともかく、砂子多川のエンコウ伝説は河童伝説の典型的なものといってもよさそうで、大変に興味深い（**写真1―3、4**）。わたしはこの伝説について、かつて次のように考えていた。すなわち、エンコウ伝説の基本は「鉄」と「石」の対立図式であり、前者の担い手は弥生人、後者の担い手は縄文人である。このような観点からみると、エンコウ伝説は先住縄文人が弥生人の砂鉄採取と水田開発とによって駆逐されていった歴史的現実が反映したものである（井上、一九九二a）、と。

だがいまとなっては、このような解釈は少々甘い。沢史生説のみならず、若尾河童論の「渦巻き」説を知り、渦がウズヒコ（珍彦）につうじることを知った以上、このような解釈は修正しなければならなくなった。一言でいえば、沢説は基本的に妥当なものと考えられる。要するにこの伝説は、後発のより優れた技術をもつ製鉄民族に鉄の採取権を奪われた先住製鉄民の姿を語っているのである。

写真1-3　エンコウ伝説に基づいて設置された砂子多川の「かっぱ石」

写真1-4　下関市伊倉に鎮座するエンコウ地蔵

伝説の内容をときほぐしながら、そのことを確認していくことにしよう。まず、「金物を嫌う」というのは先住製鉄民の屈服を象徴的にいい表すものだろう。また「お仏飯を嫌う」というのは、仏教に帰依しない彼らの素性をいい表していると受け止めることができる。石をもってきて「この石が土になるまで…」というのも、鉄を奪われて石の文化に逆戻りした彼らの誓いの言葉なのだ。さらに「田んぼの草取り」も奴隷的存在へと貶められて強制労働をさせられている姿の表現にほかならない。ただし、ここで田んぼの草取りとは、産鉄場において砂鉄あるいは砂金を採取する行為を指すものだろう。また、二度と草がはえてこない田んぼとは、金属資源採取後の荒れ地で、農作物の栽培には不向きになった土地を指しているのではないかと考えられる。

以上のように、型の理論から導かれてくる論点を改めて具体的な場に即して検討することによって、河童伝説の始原の姿を見通していくことは十分に可能なのである。

■型の理論の突破

具体的な事象から型を抽出することは、一般化することによって具体的なものだけからはみえてこないものをみる、という意義をもっている。たが型の抽出にとどまっていると、みえていたものがみえなくなる、という逆の場合も考えられる。この点にかかわって、森栗茂一が若尾の方法に関して、次のように述べているのはどこか示唆的である。

「…若尾の生い立ちと学問交流を概括してみると、シュルリアリズム的な意味で科学的であり、科学の論理にこだわりすぎ、それに固執するがために、見えない部分が見える。反面、誰でも見えるものが見えない所もないわけではない」(森栗、一九九四、二四〇頁)。

　これまで述べてきた文脈でいえば、若尾のシュルリアリズム性は型への過剰なこだわりに発している。問題は型の抽出にあるのではなく、抽出した型をもう一度具体的な場へと回帰させていくことなのである。もし型の抽出をもって結論ということになれば、そのような学問に対しては、そこからどこへいくのか、という疑問がつきまとうことになる（「若尾学は行き着く先が不明である」――森栗、一九九四、二四〇頁）。そうではなくて、型から具体性へ、それも根源にある具体性を見抜いていくことが本来的な課題というべきである。この根源性、すなわち伝説という「語りごと」の世界の原初にある歴史的現実の解明こそ、民俗探求の究極の目的なのである。

　わたしは基本的な型を抽出しようとする型の理論とは異なる本質論について、およそこのように捉えている。ここでいう本質とは根源にある歴史の現実であり、そのような現実は一定の社会関係が反映したものである（あるいはより広く、対自然および人間相互の関係の反映、といってもよい）。ここに、騙られた伝説の表層を抉り分け、また伝説の構成要素から抽出された基本型をも突き抜けていくような、民俗事象の本質を解明する地平が成立する可能性がある。それは、河童論にかかわる若尾と沢のそれぞれの視点を統合するものといってよいはずである。

5　結　語

■ 観念と物質のその先

　若尾の視点を再度具体的にいうと、「民俗学と鉱山の連関性から過去の事実をとらえ」る、ということになる（若尾、一九八五、四頁）。これをより一般的にいえば、観念的要因と物質的要因とを総合的に把握することであり、言葉の本来の意味での唯物論といってよい。また、わたしの使っている用語法では、主意主義的視点そのものである。

　このような方法論のもと、例えば鬼伝説の背景にある核心に迫ろうとする本質論の局面において、若尾はそこに功利主義的な動機づけが存在することを見逃しはしない。これは金剛蔵王菩薩論における真弓常忠の立論と同一である。その一方で、河童論における型の抽出は社会科学の視点としては不十分といわざるを得ない。その場合の型は、具体性を欠いた一般論にとどまるからである。この点と関連して、和田司による次のような指摘は事態の核心を衝くものとして、大いに注目される。

「たとえば、構造主義の先駆者であるソシュールが、語の意味は本質的に恣意的であり、言語の構造を言語学の対象とするためにはパロール［発話］を排除しなければならない、という前提から出発したという事実は、語の指示機能は言語外の所与に依存する（なぜなら語の意味は恣意的だから）という意味で社会的・歴史的所産であるほかなく、それらを捨象したとき初めて構造分析は体系化されうるということ、言葉を換えれば、この限定を忘れて構造分析を自立させるのは恣意的でしかないということを示唆するものである」（和田、二〇〇〇、一八七―一八八頁）。

この文章は二百数十字で一文を構成しているため、若干わかりにくい面があるかもしれない。わたしが注目するのは、構造論というものは社会的、歴史的文脈を捨象したときにようやく成り立つものだという点である。その意味で、構造論には最初から自己限定が伴っていることをはっきりと意識しておかなければならない、ということである。もちろん、構造論として大きく括られるような型の理論や一般理論はあっても一向にかまわない。ただし、議論を展開させようとするならば、そこにとどまらずに、もう一度、具体的な場に戻ってみることが必要だということなのである。そのようにするとき、ある具体的な場における人間の社会関係が浮かび上がってくることになる。それはつまり、語りごとの世界を解明することによって浮かび出る人間関係の問題である。そこでは、「語る」主体と「語り」の内容が問題となる。

■語る主体とは

「語る」主体はもちろん、民衆である。しかしそのときの民衆は「独立した」主体として語っているわけではない。当人が意識せずとも、民衆は支配者の観念を自己(民衆)の言語で語っているのである。つまり、民衆の「語り」は支配者の「騙り」といってよいのである。この支配者の騙りを民衆へと媒介していく主体が存在する。そのような媒介者とは、修験者やあるいは金属生産者の一団である。彼らは資源を求めて各地を移動する漂泊民であり、彼らの移動経路上に似たような地名や伝説が残されていく。もちろん修験者の場合、宗教的な教義を布教することが第一の目的であることはいうまでもない。それに対して、漂泊の金属生産集団の場合、その基本的なイメージは、次のように捉えておいてそれほどのずれはないはずである。

「…歴史時代に入って地方豪族が各地に拠居して居たとき、諸国を巡業する鍛冶の群があり、彼等は一族又は一団のグループを引連れ、央商業を兼ねたりして各地の産物を牛に付けて来る。それは主として須恵器(朝鮮式土器とも)の水瓶、提瓶などで、其他品々の鉄製家具類があったらしい。この群には男も女も老も若きも居り、壮年の者は主に砂鉄を掘り、炭を焼いて之を製錬して先ず銑(アラガネ)を造る。これで色々の家具農具武器などを仕上げて土地の人に供する。いわば商と工を兼ねたような商売だ。これには何といっても先ず其土地の豪族を目当てにして来るのである。

一団のうち老人共は祈祷や占いをやり、老女はカタリベのように色々の物語をなし、若い女達は遊芸を以って本職とし又売春もするという。村もなければ家もない彼等は各地の領主から一定の場所を一時供せられ、何ケ月か何年か居て、さて又他に移動するという生活だ。世に之を〝金屋〟とか〝銅屋〟とか〝鍛冶屋〟などと呼ばれたという。鉄を造るのが本職だから荒金(コガネ)をウンと持つというので俗に〝長者〟とも呼んだという」(森内編、

一九五八、一〇頁）。

この文章は、青森県旧尾上町（現・平川市）に属する「金屋」の地名由来を解明するにあたって記されたものである[4]。そしてそれは同時に、全国各地の〝金屋〟や〝長者〟にまつわる地名や伝説の由来を解明していく手がかりを与えている。彼ら移動民は、地名や伝説の媒介者としての位置を占めていたのである。

■語りの内容

次に、語りの内容である。そこには、支配―被支配という社会関係が反映されている。鬼伝説でいえば、鬼は畏怖すべき存在であるとともに、王権勢力に従属させられ、歴史の「闇」のなかに封じ込められた存在でもあった。また河童伝説における河童も、零落した製鉄民を表現するものであった。語る主体としての民衆がこれらの社会関係を表現する場合、基本的には支配者の側に立っている。民衆はあくまでも「光」の側にいるのである。鬼や河童そのものの立場に立っているわけではない。民衆の語りは民衆意識の反映ではあるが、そこには支配者の騙りが塗り込められている。そうであるからこそ、民衆の語りは支配者の騙りのもつ始原性、つまり原初にある歴史的現実を解き明かしていくための手がかりを与えているのである。

このようにして、民俗事象の記述的段階から、一定の方法論に基づいて、歴史的、具体的な場における人間の社会関係を解明していくための道筋が開かれていく。そしてここに、伝説の本質を解明する地平が紛れもなく存在するはずである。

【注】

1　この引用文中に「小田格」とあるのは「小田治」の誤りである。

2　先の引用で若尾は「二年ばかり私の研究を公開し…」と記しているが、ここにあるように、「二回ばかり…」の誤植の可能性がある。

3　住吉三神は『古事記』では、底筒男、中筒男、上筒男、と表記され、『日本書紀』では、底筒之男、中筒之男、表筒之男、と表記されている。したがって、引用文中にある「下筒男」という表記は適切でない。

4　ちなみに、松田弘洲は、尾上町・金屋の由来を「カナヤは『金物屋敷』で鍛冶屋の居た所」としている（松田、一九八六、三七頁）。

【文献】


五来重、一九六五、『山の宗教』淡交社。

飯島吉晴、一九八五、「鬼と河童（若尾民俗学の世界）」『金属・鬼・人柱その他―物質と技術のフォークロア』堺屋図書、二八四―二九五頁。

飯島吉晴、一九八九、「解説 河童の博物学」若尾五雄『河童の荒魂―河童は渦巻きである』堺屋図書、二三五―二四五頁。

池田清彦、一九九〇、『構造主義科学論の冒険』毎日新聞社。

井上孝夫、一九九二a、「下関地域の基層文化―地名と伝説を手がかりに―」『下関市立大学産業文化研究所所報』二、一七―三三頁。

井上孝夫、一九九二b、「古代採鉱民族の構成―長門・周防・豊前を中心に―」『下関市立大学論集』三六巻一・二号、六七―八七頁。

井上孝夫、一九九八、「安房地域の基層文化―海人と修験道を中心に―」『千葉大学教育学部研究紀要』四六（Ⅱ）、一九―二七頁。

黒瀬圭子監修、一九八九、『勝山あれこれ』下関市・勝山村合併五〇周年記念実行委員会。

松田弘洲、一九八六、『青森県地名の謎』（津軽共和国文庫）あすなろ舎。

真弓常忠、一九八五、「修験道と鉄」『古代の鉄と神々』学生社、一八二―一九三頁。

森栗茂一、一九八八、「物質民俗学の視点」『物質民俗学の視点①』現代創造社、二一八―二二三頁。

森栗茂一、一九九四、「若尾五雄の学問」若尾五雄『黄金と百足』人文書院、二三一―二四四頁。

森内茂一編、一九五八、『金屋郷土史』金屋文化会・金屋郷土史編纂委員会。

中島河太郎、一九七七、「解説」柳田國男『妖怪談義』講談社学術文庫、二一七―二二六頁。

小田治、一九七六、『黄金秘説　山伏は鉱山の技術者』馬六舎。

Parsons, Talcott, 1937, The Structure of Social Action, Free Press.

沢史生、一九八七、『闇の日本史―河童鎮魂』彩流社。

戸川安章、一九八八、「若尾さんの視点」『物質民俗学の視点①』現代創造社、ⅰ―ⅳ頁。

和田司、二〇〇〇、『変貌する演奏神話―三三回転の精神史―』春秋社。

若尾五雄、一九八一、『鬼伝説の研究―金工史の視点から』大和書房。

若尾五雄、一九八五、『金属・鬼・人柱その他―物質と技術のフォークロア』堺屋図書。

若尾五雄、一九八八、『物質民俗学の視点①』現代創造社。

若尾五雄、一九八九ａ、『物質民俗学の視点②』現代創造社。

若尾五雄、一九八九ｂ、『河童の荒魂―河童は渦巻きである』堺屋図書。

若尾五雄、一九九一、『物質民俗学の視点③』現代創造社。

若尾五雄、一九九四、『黄金と百足―鉱山民俗学への道』人文書院。

山田宗睦訳、一九九二、『日本書紀（上）』教育社新書。

第2章　鬼伝説の構造

1　河童伝説から鬼伝説へ

■河童論の再出発

若尾五雄は河童の本質を渦巻きにみた（若尾、一九八九）。そのような観点から、曲がった胡瓜のかたちが渦巻き、すなわち河童を連想させるのだ、としていた。それに対して、沢史生はいたずらをして人間の邪魔をする河童はある意味では嫌われものであり、苦みのある胡瓜も同様に嫌われものであったから、両者には「忌みもの」としての共通性があるのだ、としていた（沢、一九八七）。この両説を対比させて、若尾の議論が歴史性を捨象した論理的な分析に傾きすぎていることに疑問を提起したのだった。そしてその関連で取り上げたのが若尾の「河童・渦巻き」論で、渦巻きという形式に河童を封じ込める議論には納得できない部分が多々あったわけである。その一方、沢史生の議論も胡瓜に関する歴史的な視点に基づいてはいるものの、単に「嫌われもの」ということで胡瓜と河童が結びついている、というのは、説得力が乏しいように思えるのである。

そこで、もう少し別な観点から、河童と胡瓜の関係性について考えてみたい。

■胡瓜の意味合い

河童と胡瓜の関係については若尾説、沢説以外にもいくつかの説がある。そのなかで、特に重要ではないか、と思えたのが、次のような記述である。

「天王様の夏祭りは水神祭りも含まれていると解されるが、その水神様の化身が竜王とされていることは、『八大竜王天やめさせ給え』という実朝の歌でも知ることができる。その竜王の使いが河童であることもよく知られている。河童といえば胡瓜であろう。竜王の使いに初なりの胡瓜を供えて、水害や干害も無く平穏な水界の采配を竜王に取りついで貰う伝承であろう」(四街道市教育委員会編、一九九五、一七八頁)。

文中の天王様とは牛頭天王のことで、八坂神社の祭神であり、インドでは祇園精舎の守り神とされる。その系統の伝承によると、水界をつかさどるのが竜王で、河童はその「使い」だとされ、水界の安定のために河童に胡瓜を供える、というのである。

似たような伝説が埼玉県飯能市中沢を流れる名栗川にも伝わっている。名栗川には河童の一族が棲んでいて、この地域の名門として勢力を張っていた。旧暦六月の満月の夜にはこの一族が姿を現わすのだが、ちょうどその頃、水の災いを避けるために、胡瓜を川に流すのが慣例になっている、という(荒井、一九五八)。ここには竜王は出てこないが、胡瓜で水難除けを念じる、という点は共通している。

おそらく問題の核心にあるのは、胡瓜とは何か、ということだろう。これらの伝説から考えると、それは河童が仕えている竜王を象徴するものにほかならない。竜とは蛇の化身である。蛇が巨大化したものが竜王だといってもよい。そうだとすると、胡瓜と蛇の共通項を探ればいい。それは何か。もうお気づきだろう。両者ともに、「長いもの」である。

このように、河童と胡瓜の関係はその背後に、「河童は竜王に仕えている」という伝承と、「胡瓜は竜王ないし蛇を象徴するもの」という観念が隠されている、とみることができる。これを前提として、改めて柳田国男の「河童駒引」を読んでみると、そこには、河童の愛するものは胡瓜、という記述につづいて、河童は祇園の神（八坂神社の牛頭天王のことだろう）に関係するとして、祇園の夏祭りには胡瓜を川に流して祇園の神に捧げ、その後は「中に蛇がいる」などと称して決して胡瓜を食べなかった、という当地の習慣が紹介されている。つまり、細長い胡瓜は蛇を連想させるものであり、祇園の神を信仰している人々にとっては、恐れ多いものだったということなのだろう。

■河童と鉄・再論

以上の点を踏まえて、改めて考えてみると、河童はある時期に牛頭天王信仰に組み入れられ、竜王あるいは蛇に仕える生き物とされるようになった、とみることができる。それゆえ、竜王や蛇の象徴として胡瓜が登場するのは、このような宗教的観念が確立してのちのことである。実際のところ、胡瓜はもともと苦くて食用にされることはなかったという。本格的に栽培されるのは江戸時代に入ってからのことといわれるので、河童と胡瓜にかかわる伝説はさほど古いものではないだろう。

だがその一方で、河童と竜や蛇といった「長いもの」とのかかわりはさらに過去を遡ることができるに違いない。この「長いもの」は鉄との関係では武器としての「刀」につうじるものだが、より一般的には生・死・再生の循環、つまり輪廻を示す図形と解釈される（竹内、一九七七）。特に、鉱物にかかわっていえば、鉱石から金属が取り出され、それが腐食して土に戻り、再び鉱石として蘇る過程を示している。蛇がとぐろを巻いたような図形は、この「長いもの」の循環（輪廻）を示しているわけである。この点については、次節で再度触れることにしたい。

このように考えると、若尾五雄の「河童・渦巻き」論にも一定の妥当性がみえてくる。若尾は確かに、河童伝説のなかに渦巻きという共通の型を発見したのだが、その渦巻きが人間の観念のなかで何を意味するものであったのかを把握できなかったのである。だから、金属の民俗学を主要な研究テーマとしていたにもかかわらず、河童と鉄とのかかわりについて、ついに考えが及ばなかった。もし若尾の方法を継承するとすれば、さまざまな伝説のなかからある共通の型を発見したならば、それが具体的な人間文化のなかで何を意味するものであったかを再度検討する作業が必要だ、ということになるだろう。

最後に、牛頭天王信仰において、河童が竜王に組み入れられる、とはどういうことなのだろうか。それはいい換えれば、始原において河童が牛頭天王を信仰する一族に服属したということではないのか。牛頭天王とは、朝鮮半島の古代新羅の牛頭山にゆかりの製鉄神・スサノオのことである。河童を先住の製鉄集団、例えば褐鉄鉱を原料として製鉄を行なっていた原始的な鍛冶集団だとすれば、スサノオとは砂鉄製鉄の技術をもった後発の渡来集団ということになる。両者がある時代に日本列島で出くわしたとき、そこに鉄をめぐって支配・従属関係が成立した、ということではないのか。

牛頭天王は一説に、牛の頭のように大きな頭をした巨人（大人）とされる。それに対する河童は子供、つまり小人につうじる。両者の関係は胡瓜を媒介にして製鉄原料の採取にまつわる巨人と小人の関係を示している、とみることもできるだろう。

ところで、河童は本当に胡瓜が好物なのだろうか。確かに河童を竜王に仕えるものとすれば、河童は竜王を象徴する胡瓜と深くかかわっている。しかし河童は被征服民なのだ。そして胡瓜は竜王への捧げものであって、第一義的に河童にかかわるわけではない。そのように考えれば、河童が本当に胡瓜を好んでいたのかについては、疑問をもたざるを得ない。

■修験道とのかかわり

スサノオや牛頭天王信仰をみても、また胡瓜と蛇が輪廻、あるいは生命の循環思想を表現するものだ、という点を踏まえてみても、河童にまつわる伝説は修験道が持ち歩き流布させたもののように考えられる。その意味でいえば、すでに述べたように河童伝説と鬼伝説はいわば兄弟関係にある「金属にかかわる二大伝説」である。

そこで改めて、後者の鬼伝説について、本州の東と西から一つずつ事例を取り上げて、その基本的な特徴について考えていくことにしたい。

2　津軽の鬼伝説

最初は、青森県津軽地方の鬼伝説である。名山・岩木山の周辺からは平安時代の製鉄遺跡が発掘され、それに関連するかのように鬼伝説が語り伝えられている。ここではそのなかから、西津軽郡鰺ヶ沢町の杢沢《もくさわ》遺跡、弘前市十腰内《とこしない》の鬼神太夫の伝説、赤石川流域の鬼伝説に関係する山と沢、それに旧車力村の鬼神社について検討していきたい。

■杢沢遺跡

弘前市と鰺ヶ沢町にまたがる岩木山北麓地域からは、これまでにも古代の製鉄遺跡が数々発掘されている。大館森山遺跡や大平原Ⅲ号遺跡はその代表的なものだが、これらはいずれも平安時代にまで遡るとされる。中央権力がいまだ津軽にまで及ばなかった時代に、この地域で比較的大規模な製鉄が行なわれていたことはそれ自体、興味深いところである。

杢沢遺跡もこれらの遺跡と同系統の平安時代の製鉄遺跡である。所在地は鰺ヶ沢町湯舟字七尾で、湯舟川と湯沢川の合流地点の東南のリンゴ畑の一角に位置し、二地点に及んでいる。発掘は青森県埋蔵文化財調査センターによって行なわれ、一九八八年一二月に三四ほどの製鉄炉をはじめとして、木炭窯、鍛冶場、住居、井戸などが確認されたが、調査終了後埋め戻された（写真2—1）。

湯舟という地名は「熔解状態の鉧（湯）を冷やす池（舟）」に由来し、製鉄に関連する地名の一つである。そしてこの湯舟の小字「杢沢」については、源朝臣姓対馬政和の『神社式』に、「猛房刀匠」と題して、次のように記されている。

「則湯舟村鎮座本尊は古義家郷前九年奥州攻のとき陣中に在り太刀の労将有之、帰陣の節暇を乞い此地に住居したる猛房という鍛冶の名人なり、山居を好み此地に一生を送る。其の先は西国にては宗近と同時也、又異朝より来る共言ふ。故に此所を中古までは猛房と号す。一女子を産て鍛冶の業を楽しむ時に一人の男子来て鍛冶の業を伝えん事を乞ふ。試之又上匠也、故に是を聟（婿）とし、星霜を経て猛房世を去る。此聟を鬼神太夫と言ふ。生国不知後十腰の刀を作り去る。此猛房持来る処の刃かね、鬼神太夫去りし後、多験有りて一邑の氏神と唱、後又多験夢有て、千手観音と祈奉るといへり、鬼神太夫刀柄まの内銘を不見、手形の跡を記す、又猛房と二代共奥州に住し皆手形を以って銘とす」（西津軽郡史編集委員会、一九五四＝一九七五、七三四—七三五頁）。

写真2-1　杢沢遺跡、周辺はリンゴ畑だった

ここには猛房とその娘婿・鬼神太夫という二人の刀匠が登場する。刀匠の一人は「鬼」であり、鬼と鉄の関係を示している。そして猛房という人名は天文年間（一五三二―五五年）に成立した「津軽中名字」に鼻和郡猛房村とあって、村名として伝えられた。そしてこの猛房村が現在の杢沢であり、「舞草」とも書き記されていた。舞草という名称は、最古の日本刀といわれる舞草刀との関連を思い起こさせる。『西津軽郡史』もこの点に注目して、次のように指摘している。

「奥州平泉の藤原氏が舞草にのみ刀を鍛せし他は禁止せることあるを見る、然りとせば平泉頃の跡なりや、又舞草鍛治の内に森房、猛房、望房、森戸等あり湯舟のもうくさ、舞戸、床舞等の村々の名称に関係あるやに思はれる」（西津軽郡史編集委員会、一九五四＝一九七五、七三五頁）。

平泉（一関市の舞草）と鯵ヶ沢の舞草（猛房）とを結びつけるのはここに指摘されているとおり、奥州藤原氏の存在だろう。古代末期、津軽地方に進出した中央からの勢力は修験道を主体とした寺社勢力であった。彼らはこの地で津軽三千坊（十三、中山、阿闍羅）といわれる多数の寺社を築き、奥州藤原氏の統括下にあった（松田、一九八八、七一―一二頁）。このような経緯を考えるとき、津軽地方の古代製鉄遺跡はこの津軽三千坊と深くかかわっており、当然平泉の製鉄技術者との交流もあったと推測できる。つまり津軽の砂鉄資源を背景に、この地域に進出した修験者が刀剣などの武器を生産するとともに、農地の開拓をすすめるための農具の生産を行なっていたのではないかと考えることができるのである。考古学の研究成果によると、津軽平野における農地開拓は平安時代に始まっている。例えば旧木造町の石神神社遺跡からはイネワラ、農具、土師器、須恵器が出土し、平安時代後期に稲作を目的に開拓が行なわれたことを示すという（鈴木、一九八六、一七九―一八〇頁）。それは奥州藤原氏の支配下にある寺社勢力と結びついていたのではなかったか。

また一関市舞草の製鉄については、現地「吉祥山案内板」に次のように記されている。

「延暦二〇年（八〇二）坂上田村麻呂東征の砌、乗馬を葬り、附近に勧請したと云い伝えられる棄馬寺の観音を舞草に合祀して、吉祥山東城寺と称する修験道の寺にしたが、此処に集まる修験も世間の例に漏れず、修験の収入だけでは食えなかった。

幸い北上川の対岸には、武器を何程作っても足りない安倍氏や藤原氏が控えて居り、寺の周辺鉄落山からは刀の原料として優秀な鉄鉱を産出するので作刀を始めたが、今から九百年前安倍氏の末期に今の刀相、即日本刀を創作した。之が大和鍛冶に先立事百年だという」（柴田、一九八七、一七一―一八頁）。

このように、舞草における製鉄や刀剣の生産は修験者によるものといわれる。彼らは奥州藤原氏に武器を供給する役割も担っていたのだろう。そして中央の政治権力がいまだ及ばぬ時代における津軽の製鉄も修験道を中心とするものと考えられ、その背景に奥州藤原氏の存在が浮かび上がってくるのである。

なお、杢沢遺跡のある湯舟には高倉神社が祀られている（写真2―2）。

写真2-2　湯舟の高倉神社

祭神は高皇産霊神で、創建年代は不明というが、神社の御神体が錫であることを考えると、この地域における鉄の生産と関連があるようにも見受けられる。

■十腰内の鬼伝説

この杢沢遺跡から六キロほど東の鯵ヶ沢街道沿いに十腰内という集落がある。この十腰内地名の由来について、製鉄に関連して次のような伝説が残されている。

○伝説1「鬼神太夫の刀」伝説

伝ニ日往古西郊に剛力の刀鍛冶あり。鬼神太夫と呼り。（中略―引用者）或時十振の名剣を打出せり。自ら慢して名剣也といへり。右の内一振飛んで一樹の杉の上に輝く。里俗神と尊敬す。今の十腰内邑此所也と言。

○伝説2「竜神の刀」伝説

昔さ、今だば十腰内だばて、たいしたええ大き鍛冶屋があったんだど。そしてその娘さんがあったんだどさ。そしてその娘さん綺麗だどこで、村の人でもみな聟に行きて人もあったんだど。

ある時、たいした器量の好男の人が来たんだての。そして、その娘さんごと、

「嫁に欲し」

てしたんだとさ。そしたけぁこんだ、

「鍛冶屋の経験があるが」

て聞いたんだど。したけぁ、

「ある」

ってての。

「したら、十日間の中に刀十腰拵えれば、その娘ど一緒にしてやる」

ってしたんだどの。

「そしたら、十日間の間に十本作ってやるはで、絶対仕事場さ顔現わさねでけれ」

てしたんだど。

九日作って九本、たいした好刀毎日一本ずつ作って、九日目になったんだど。して明日でもう済むどいう時、そごのお父様こんだすの、こんだ娘さんごと嫁に遣らねばまいねし、困ってしまって、仕事場さ覗ぐね行ったんだって。したけぁ、そのたいした器量の好人が竜になって口から火吐いて、刀造っていたんだってねさ。困ったど思って九日目の番にこんだ、土台の下がら穴掘って入っていったんだっての。そして、その男の人やすんでいるうぢに、一本盗んで来て、隠しておいだんだってねさ。したどごでその次の日、その男の人が仕事場さ行ったんだってねは。そして造っている中に『何本になったけ』と思って、調べだけぁ、そごで九本よりなくなてあったんだっての。その日十日目で、一本造っても九本よりないどごろで、『十腰無い』ど思って泣ぎながら、岩木山さ登って行った所が十腰内になったんだって。俺だぢそやって聞いだの。それでとっちばれだいの。」

（以上、宮田編、一九八五、二〇七―二〇九頁）

これらの伝説は、いずれも湯舟の鬼神太夫伝説との関連性をうかがわせるものがある。しかしおそらく、江戸時代以降につくられた伝説のように思われる。というのは、天文年間の「津軽郡中名字」では「遠寺内」と書いて「トコシナイ」と呼んでおり、「十腰の刀」にちなむ伝説が生まれてくる背景がないからである。したがって、対馬政和が記しているように鬼神太夫の伝説は杢沢に由来するものであり、その伝説が十腰内に転用されて「鬼神太夫の刀」や「竜神の刀」の話になったのだろう。

十腰内は遠寺内であり、さらに古くは「長」ないし「永」と書いて「トコシナイ」と呼んでいたようである（村越編、一九六八、一二頁）。「長」や「永」は「ナガ」であり、それがなぜ「トコシナイ」になるのだろうか。実はここに「トコシナイ」の由来を解く鍵がある。「トコシナイ」はアイヌ語系地名で、「蛇の出る川」の意味があるという（村越編、一九六八、二一八頁）。また台密系修験道の蛇信仰では、蛇のことを「ナーガ」と呼ぶ。先にも触れたように、「人は死んで骨となり、骨は砕けて砂となり、この砂から再び金属がつくられ、人は堅石となって蘇生する」、「このような永劫の循環を古代では『ナーガ』と呼び、蛇の象形で現わした」のである（竹内、一九七七、一〇八頁）。このことから判断すれば、十腰内地名の由来は蛇にあったとみるべきだろう。つまり修験者にとっては「長」や「永」で蛇を表し、同じ意味を持つアイヌ語系地名「トコシナイ」が音として伝えられたのである。このような地名由来を考えるとき、この地で先住のアイヌ人と蛇信仰をもった製鉄民である修験者との文化複合があったとみることができるのである。いずれにしても、十腰内地名の由来は原初的には修験道で信仰される蛇に関連したものであった。それがのちに、湯舟の鬼神太夫の伝説と結びつけられて独特の十腰内伝説が形づくられたのだろう。

なお、この地には、巌鬼山神社が祀られている。この神社の創建は大同年間（八〇六―八一〇年）に坂上田村麻呂が観音を勧請したことによるとされる（平凡社地方資料センター編、一九八二、五三八頁）。しかし巌鬼山神社とは百沢の岩木山神社の旧名であり、神社の由緒ではその創建は宝亀三年（七七二年）とされ、その後寛治五年（一〇九一年）に十腰内から百沢に移転したという。これは登拝の際に鬼の妨げが多かったためとも伝えられている（村越編、一九六八、一二頁）。

神社縁起を考慮に入れてみると、すでに八世紀にはこの地に修験道勢力が入り、寺社を建立していたことになるが、このあたりの年代については定かではない。いずれにしても、その寺社の建立に関連して、田村麻呂伝説や鬼伝説が登場してくるわけである。

このような経緯から判断して、十腰内は修験道と先住アイヌ人とのあいだの文化複合の地であり、現在につづく岩木山信仰の原点となった場所だと捉えることができるだろう。

■赤石川流域の鬼伝説

鰺ヶ沢町の赤石川流域には、金沢、種里、鬼袋といった製鉄や鬼伝説に関連した地名が点在している。そもそも赤石川という名称も製鉄に用いられる赤石、つまり褐鉄鉱を思わせる。ここではまず、『青森の伝説』(森山・北編、一九七七)に基づいて、赤石川の枝沢に語り伝えられている鬼伝説についてみておこう(沢の位置関係については、**図2―1**を参照)。

○赤沢

赤石川の上流で、赤沢というところで鬼があまた住み、村人を苦しめていた。津軽藩の遠祖光信は鬼を討つため、家来に大焚火をさせたり、山伏を集めてホラ貝を吹かせるなどして鬼をおびき出し、とうとうこれを滅ぼした。

○戻らずの沢

この川の上流に、戻らずの沢というのがあって、ここに鬼神が住み、沢にはいって来た人をとって食うのだという。

○人食い沢

さらに上流の一ツ森部落に、人食い沢というのがあって、この沢に入った者で生きて帰ったためしはなかったという。沢に鬼神がいて、人をとって食うからだという。

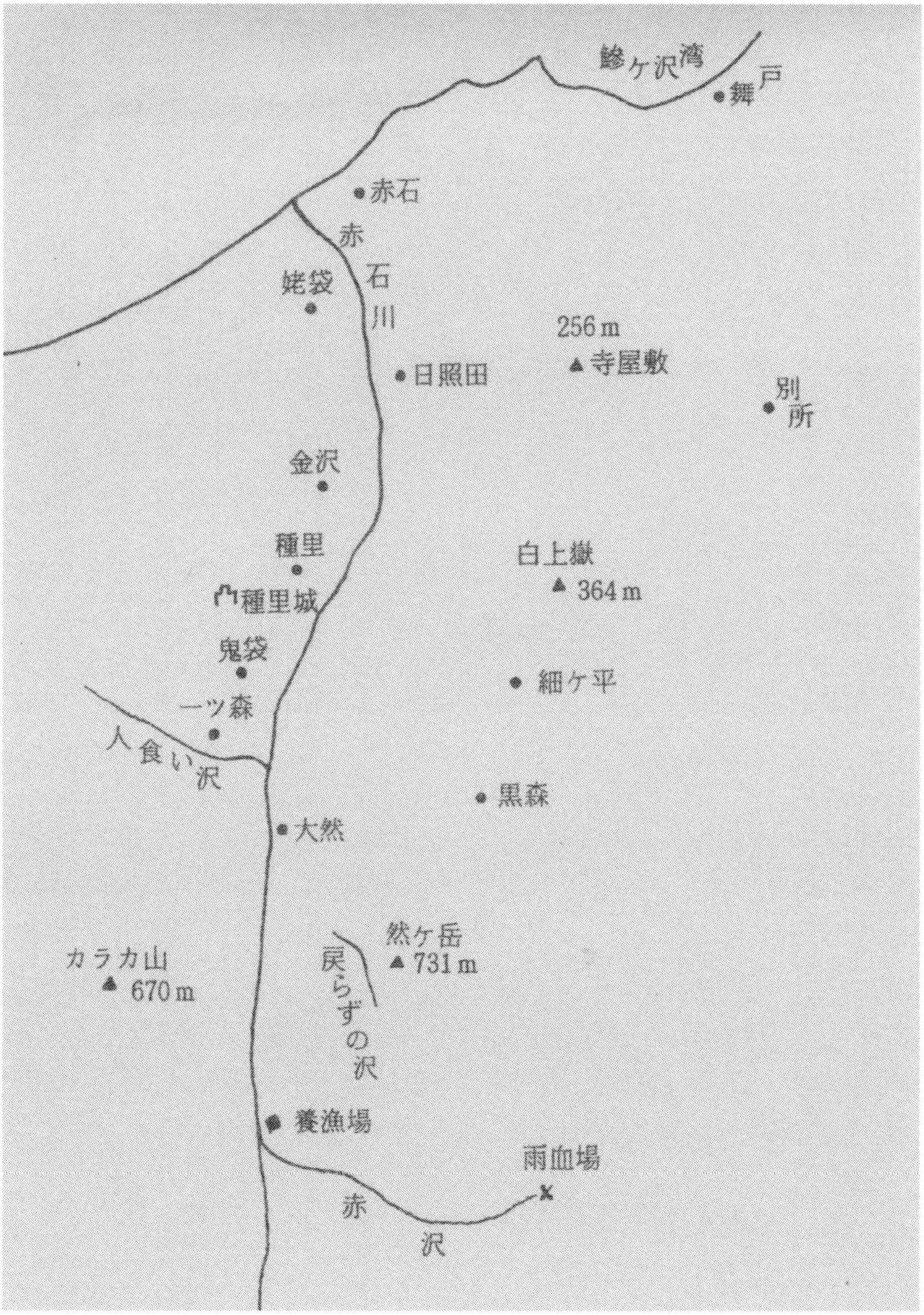
鯵ケ沢湾
舞戸
赤石
赤
石
川
姥袋
256 m
寺屋敷
日照田
別
所
金沢
種里
白上嶽
364 m
種里城
鬼袋
細ケ平
一ツ森
人食い沢
黒森
大然
然ケ岳
731 m
戻らずの沢
カラカ山
670 m
養漁場
雨血場
赤
沢

図2-1　赤石川流域の沢

現地に実際に行ってみて、沢のおおよその位置を確かめることはできたが、すっきりとしない。そこで嶋祐三氏をつうじて郷土史家の桜井冬樹氏や鰺ヶ沢町役場に照会したところ、沢の位置関係と伝説について、より明確に把握することができるようになった。

伝説の概要は次のようなものであり、沢の位置関係も（図2―1）のようになることがわかった。

○赤沢

赤石川上流の支流。もとは「赤さま」ともいわれた。赤沢に赤鬼の大群がいて、里におりて来ては人々を苦しめていた、津軽光信は赤鬼を退治するために家来を集めて旧大然《おおじかり》あたりの金山にこげるくらいの大焚火をし、鬼を集め一斉に打ちとった。その決戦場を「雨血場」と呼ぶようになった。焚火をしたところを「大光」といったが、殿様の名前が光信であったため、光を然に直して「大然」というようになった。

○戻らずの沢

赤石川上流、然ケ岳の西面にある沢。

○人食い沢

一ツ森裏側に脇の沢があり、人食い沢、中沢、下の沢の三つの沢から成っている。特に人食い沢は絶壁になっていて、ジヘイ穴といわれる洞穴がある。人食い沢という気味の悪い名がついたのはこの沢に入って生きて帰った人がないからで、やはり鬼神がいて人をとって食べたといい伝えられている。この沢は危険なところが多く、迷ったり絶壁から落ちて行方不明になったりする人があったので、そのような名がついたのだろう。

　ここでは各沢の由来が生々しく伝えられているように思われる。しかも、雨血場のみならず、大然の由来までもが津軽光信と赤鬼との戦いから説明されていることは大変に興味深い。これらの伝説は、赤石川流域に製鉄民たる赤鬼が先住者として住み、それを光信が平定したということを伝えているのだろう。したがって赤石川流域の開拓者はまずもって鬼と呼ばれる製鉄民であり、彼らを平定した大浦（津軽）光信が種里城を築いたという歴史的経緯を推測することができる。

　以上をおさえたうえで、種里八幡宮の古文書「末代坂下国信孝記」について触れておくことにしたい。この古文書は天長元年（八二四年）に、種里宮司の藤原氏が書いたものとされているが、『鰺ヶ沢町史』（鰺ケ沢町史編纂委員会、一九八四）では、伝説として語り継がれた内容をのちに写本したのではないか、と解釈されている。およそ次のような話である。

――赤石川と中村川のあいだの奥沢白上嶽に手長足長という鬼神が住んでいて、その鬼神の平定のために坂上田村麻呂がこの地にやって来て、黒森山に陣をとって、大滝亦まで攻め込んだ。その際、数人の修験者が田村麻呂のために祈祷した――

　ここにいう白上嶽は、赤石川と中村川のあいだに位置する山だとすると、八景森のことではないか、というのが、嶋祐三氏の考えである。ただ、書いている当事者の地理的感覚のこともあって、白神山地の主峰、白神岳を指している可能性もある。そこに住む手長足長は中国の『山海経』に記載があるが、要するにオオヒトとかダイダラボッチなどといわれる巨人のことだろう。そして嶋氏からの手紙によると、この鬼神は赤沢の鬼神のことであり、内容は田村麻呂の伝説と神社の縁起が一緒になったような話になっている、と指摘されている。『鰺ヶ沢町史』の指摘と総合すると、赤石川流域は修験者が開拓していった集落であり、その開拓の経緯を観音の霊力によって蝦夷を平定した坂上田村麻呂の話に付会して、こうした伝説が語り伝えられることになったと考えられる。

■車力村の鬼神社

鬼は修験者によって平定される立場にあることが多いのだが、鬼そのものを祀る神社もある。弘前市鬼沢の鬼神社が有名だが、ここの鬼は「逆さ水」を引いて水田を開いたといわれ、地域の開拓者として祀られている。津軽の鬼神社にはもう一つ、西津軽郡旧車力村（現つがる市）にも同名の神社が祀られている。しかしわたしが訪ねた時には土地の人からもほとんど忘れ去られたかのようで、屋根は潰れ、床板も抜けているような状態だった。ただこの神社は竹内健によって紹介されていた。それによると、祭神は「荒神」で、土地の人はその神を「大人」だとか「鬼神様」と呼んでおり、附近には「鬼の角力取場」という円形の土地があり、さらに「山の御人」は荒れ地を拓く神（特に灌漑工事）として考えられているという（竹内、一九七七、七〇―七一頁）。鬼神社の周辺は日本海と十三湖にはさまれた砂地と泥湿地であり、農地の開拓には多大な労力を必要としたはずである。その開拓に大きな貢献をしたというので、この地では鬼が尊敬され神として祀られたのだろう。なおここでも鬼は大人につうじ、製鉄民たる修験者につうじる存在である。そうだとすると、「鬼の角力取場」というのは鍛冶屋の跡地のような製鉄にかかわる場所だった可能性もある。

■津軽鬼伝説の構造

津軽の鬼伝説には、鬼、田村麻呂、修験者の三者が登場する。その内容は、田村麻呂が鬼を討ち、修験者が田村麻呂を支援するという構造になっている。もちろん史実として田村麻呂が津軽までやって来たとは考えられないので、田村麻呂というのは修験者の仮託なのだろう。では鬼とは何者か。鬼が住んでいる場所を考えると、製鉄に関連する地名が目につく。また鬼神太夫は刀鍛冶の名人とされる。さらに鬼は地域の開拓者でもある。このように捉えてみると、鬼は修験者そのものの姿にほかならない。そうだとすると、鬼伝説とは修験者の自作自演の物語ということになる。

だがそこには、修験者をめぐる過去にあった支配と被支配の物語が投影されているのではないか。そうでもなければ、鬼や田村麻呂をあえて登場させるまでもないからである。その物語とは、修験者が王権側に包摂される過程をめぐるものである。かつてＮＨＫ―ＴＶで「鬼伝説――まつろわぬ民の系譜」という番組が放送されたことがある（一九八九年三月二一日）。そのなかで、鬼と修験者の関係について、「王権の弾圧下において、自らを鬼と呼んでまで山の宗教を守りとおそうとした人々」として、修験者のことを位置づけていた。それは、「役行者が金峯山で修行するうちに蔵王権現に出会う」という話に象徴的に示されているように、原始修験道が仏教に組み込まれていく過程における修験道の姿を示している。つまり修験者は仏教を受け入れることで田村麻呂と自称することができ、かつての修験者の姿を鬼と呼ぶことができた、というわけである。しかしこの鬼は物語を語り伝えた民衆と同族であり、忌避されるべき対象ではなかった。「しなやかな心、心やさしい人、それゆえに体制からはずれる人」こそ鬼なのである。

このように、津軽の鬼伝説は先住者を後続者が討つという構造になっている。そして討ち負かされた側は鬼として、民衆意識の深層のなかで生きつづけたのである。その意味で、修験者は鬼として生きつづけた、といってよいのだろう。

3　長門・鬼ケ城伝説

つづいて場所は本州の西端に飛んで、山口県の鬼ケ城にまつわる鬼伝説を取り上げてみたい。津軽鬼伝説との類似点と相違点はどのようなものとなるのだろうか。

■鬼ケ城伝説のあらまし

山口県は東側が周防国、西側が長門国であった。ここで取り上げるのは旧長門国、下関市と旧豊浦町との境界に位置する鬼ケ城という山である（**写真2―3**、なお豊浦町は現在、下関市と合併している）。これまた、伝説や遺跡などにいわれのある場所である。鬼ケ城の鬼の実相に迫ってみることにしよう。

『ふるさとの伝説』第四巻（宮田編、一九九〇）によると、この鬼ケ城にまつわる伝説には次のようなものがある。

○『豊浦郡郷土史』（一九二六年）に採録された伝説

丹波大江山の酒呑童子の第一の手下だった霞隠鬼[1]は源頼光の征伐にも屈せず、不思議な術を使って西国に逃れた。黒井村の白橋山[2]にこもった霞隠鬼は山中に石を積んで城を構え、里人にも危害を加えた。そこで、この土地の郡司安濃津三郎平貞衡は鬼退治に向かった。貞衡は川棚の三恵寺に祈願し、観音の光明を受け、三千余騎の大軍を率いて白橋山に攻めのぼり、ようやくにして霞隠鬼を討ち取ることができた。白橋山は霞隠鬼にちなんで鬼ケ城と呼ばれるようになった。

○大歳神社（豊浦郡厚母村）の社記に伝わる伝説

村上天皇の時代（九四七―九六九年）、白羅の牛鬼がこの山に砦を築き、山を降りては里を荒らしていた。天徳二年（九五八年）十月一四日の夜、大歳神社の大宮司上部甚左衛門が蟇目の矢を射ると、牛鬼の左目に当たり、牛鬼は死んでしまった。しかし牛鬼の怨霊は片目のハエ[3]になって、山頂の鬼の墓のまわりを飛び回った。

写真2-3　鬼ケ城（右）と狩音山（左）

なお、この伝説と同じ話は『地下上申』厚母村「牛鬼森」の項にも収録されている。

○同じく大歳神社に伝わる伝説

大歳神社の宮司の美しい娘登葉《とわ》は鬼ケ城の鬼に見初められた。鬼は毎夜登葉の部屋の前までやって来て、戸の隙間から中をのぞき込んだ。鬼にみつめられた登葉は動くことも声を立てることもできなくなって、やがて病気になってしまった。事情を知った宮司は、この鬼を待ち構えて矢を放った。その翌朝、鬼の残した血の跡をたどると、鬼ケ城の頂上近くで片目を射抜かれた鬼が息絶えていた。

なお、この伝説と同じ話は『地下上申』厚母村「古墓所」の項にも収録されている。

○登葉伝説の異伝

若者に化けた鬼が厚母の太夫の美人の妻の部屋を夜毎のぞき込んでいた。太夫がその若者を弓で討ったところ、若者は逃げ去ったが、血の跡をたどると山中で鬼が死んでいた。太夫は祟りがおさまるように墓をつくり、神として祀った。

この伝説は、『地下上申』「中畑村」(のちの吉見上村)「鬼か城山」の項に記された伝説と同一である。

○郷土史研究家・西山勇の説

弘安四年(一二八一年)に室津湾に来襲した蒙古軍の生き残りが白橋山に隠れ、鬼と呼ばれた4。

以上が鬼ケ城にまつわる伝説のあらましである。これ以外にも、『よしみ史誌編纂委員会』には、『長門記』(巻二)「川棚合戦のこと」として厚東武道が逆心を起こして鬼ケ城に立て篭もった伝説と、『長門記』(巻三)によるものとして黒井判官盛朝が謀反を起こして鬼ケ城に立て篭もった伝説が採録されている（よしみ史誌編纂委員会、一九八五）。しかしこの二つの伝説は鬼ケ城の名称由来とは直接的なかかわりがないので、ここでは除外することにしたい。また、「蒙古生き残り説」も蒙古が鬼の城と結びつくとは考えられないので、同様に除外したい。さらに、大蔵神社にかかわる二つの登葉伝説は同じ神社に伝わる伝説の異説とみなすことができるので、二番目に挙げた社記の伝説に集約しておきたい。ということで、以下では最初の二つの伝説を中心に検討していくことにしよう。ここから、鬼に関してどのような意味合いを導き出すことができるだろうか。

■鬼ケ城伝説と銅生産

ここでは、この鬼ケ城伝説から次の二つのメッセージを読み取ってみよう。

まず山に城を築いて立て籠もった鬼を退治するにあたって、土地の郡司が川棚の三恵寺の観音に祈願し、観音の加護で鬼退治に成功するという点、そして大蔵神社の宮司が鬼（牛鬼）に矢を放つと矢は片目に命中して鬼は死に、その怨霊が片目のハエになって飛びまわるという点である。前者の「山に籠もった鬼を観音の力で退治する」という話は、先にみた津軽地方に伝わる「坂上田村麻呂が観音の力によって鬼を征伐した」という話とも共通する。強調されるのは、観音の力である。ここから考えて、鬼ケ城伝説も修験者がこの地域に観音信仰を広めるために持ち歩いたのではないか、とみることができるのではないか。

また後者の、鬼が退治されてその怨霊が片目のハエになってとびまわるという話も、「片目」伝説として類型的なものである。一ツ目小僧伝説に代表される「片目」伝説は製鉄伝承の一つであり、それは片目で溶鉱炉の火を見て温度を調節し、それを長年つづけていると目が潰れるという職業病に由来している。片目を射抜かれて片目のハエになった鬼ケ城伝説の鬼は金属精錬とかかわっていたとみることができるのではないだろうか。

このように鬼ケ城伝説における「観音信仰」と「片目のハエ」という二つのメッセージから、修験者の姿と金属精錬技術者の姿とを読み取ることができる。そして実際のところ、鬼ケ城については、「この山は全山が草で覆われ、ところどころに岩石が突き出す、奇妙な景色の山である。山麓には松、竹などが茂り、材木や薪炭を出しているが、途中に銅の鉱石を採掘した廃坑があり、かつて鬼ケ城は銅の産出地でもあったらしい」（宮田編、一九九〇、一二六頁）と指摘されていて、鬼ケ城伝説が銅の生産主体とかかわることが濃厚となる。山岳宗教者である修験者が医学、薬学、天文学、採鉱、冶金などに関する総合的な知識の持ち主であり、金属精錬技術者（佐藤、一九八三）であったことを考慮に入れるとすれば、鬼ケ城伝説の背後に山伏の存在があることはより一層明白になるだろう。

■鬼ケ城周辺地域の観音信仰

しかし山野を駆けめぐって移動する修験者の足取りを確かめることはなかなか困難である。そこで彼らが持ち歩いて布教していたと思われる観音信仰に由来する寺院を手がかりに、おおよその足跡を把握してみることにしたい。

鬼ケ城伝説にも登場する川棚の三恵寺（飛処寺）は観音信仰寺院として代表的な位置を占めている。この寺は大和国森郷（奈良県高取町）出身の金実中（実忠）が開いたという伝承をもっているが、そのほかに飛木寺（旧豊浦町八ケ浜）、石印（関印）寺（旧黒井村）、竹生寺（下関市有富）、円福寺（下関市内日）というように、鬼ケ城を取り巻くように実中開山伝承をもつ観音信仰に由来する寺院が点在している（**図2―2**）。

各寺院の縁起を総合してみると、実中とこの地域の寺院とのかかわりはおよそ次のようになる。

――金実中は天平宝宇元年（七五七年）八月一八日に大和国森郷に生まれ、八歳より読み書きを習い、二八歳より長谷寺に参詣した。延暦五年（七八六年）一二月一八日の夜に霊告を受け、長州豊西郡に下向し、黒井郷木の村

図2-2　鬼ケ城を中心とする観音寺院

白浜において修行し、翌年の正月一八日大安寺において出家受戒し、再び西海についた。そして三月一八日に長州豊西に下向して木の浜白浜に一庵を構え、修行に励んだ。延暦八年（七八九年）八月一八日午後、西海より和歌を詠ずる声が響き、神幡が翻り、光り輝いた。そして浮木が西海より流れ寄り、着岸後飛騰し、天から今の竹生寺のある高山に落ちて来た。神幡は宝鈴を響かせ「南無阿弥陀仏、南無大悲観世音」と唱えて天地を七日七夜上り下りし、幡は石印寺に、幡脚は三恵寺に、幡竿は竹生寺にそれぞれ落ちた。実中は栴檀六角の幡竿の本木で六観音を、中木で十一面観音を、末木で聖観音を彫った。六観音は竹生寺に、十一面観音は三恵寺に、聖観音は円福寺に安置されている。また実中が一庵を構えたのが八ケ浜の飛木寺である――

以上が実中という人物と飛木寺、竹生寺、三恵寺、石印寺、円福寺との関係である。またこの縁起は承和九年（八四二年）三月一八日に実中の弟子実恵の記すところとして伝えられている。だが縁起の内容をそのまま受け止めるわけにはいかないだろう。いくつかの問題点について検討しておきたい。

まず、各寺院の創建年代に関する疑問である。縁起文中には「長州豊西郡」とあるが、この名称が使われ始めたのは平安時代末期のことであるから、各寺院の創建年代が八世紀後半ということはあり得ないことになる。各寺院の本尊とされる観音像は平安時代後期の作とみられており、「長州豊西郡」の記述と併せて考えてみても、各寺院の創建は平安時代末期とみるべきだと思われる。

次に、金実中なる人物の把握の仕方である。この実中については東大寺二月堂の「十一面悔過」を創始した実忠と同一人物とみる説もあるが、東大寺の実忠は神亀三年（七二六年）の生まれだから金実中とは別人と考えなければならない。また縁起の作者で実中の弟子とされる実恵なる人物についても、空海の弟子でのち東寺二世となった人物につうじる名前である。このようなことから考えて、縁起は実中、実恵といった高名な僧侶の名を騙って書かれたものとみるべきだろう。

さらに、西海より浮木が流れ着きその木で観音像を彫るという記述も、観音説話として類型的なものである。同様の話は『今昔物語集』巻十一「徳道聖人始建長谷寺語第三一」にも登場する。それは、大洪水の際に近江国高島郡の岬に流れ寄せた霊木で十一面観音を彫ったという話だが、いずれも史実というよりは観音説話というべき話のように思われる。なお長谷寺は真言宗の寺院であるが、平安時代末期に真言密教は観音信仰を取り込んでいた関係でこのような説話がつくり上げられたのだろう。竹生寺の縁起にもその点は反映されており、竹生寺のある双峰（観音山と千束焚）を縁起は「胎金両部」と表現して、その密教的な性格を示すところとなっている。

このように検討してみると、一つの歴史的な状況が浮かび上がってくる。それは、平安時代末期、鬼ケ城の周辺地域に観音信仰を携えた真言密教系の修験者がやって来て、実中、実恵といった高僧の名を騙りながら布教活動を行なっていた、といった状況である。しかしこれはいわば表の側面である。彼らはその裏で山野を探索して鉱物資源を採掘し、仏具や農耕具を鍛え上げ、里人たちに鬼ケ城の伝説を広めていったのではないだろうか。
しかし採鉱、精錬の主体が修験者であり、伝説中にも観音の霊力を示す内容が登場することを考えれば、鬼伝説とは修験者が里人に語り伝えた話だと捉えた方がより説得的である。修験者は鬼退治の話を使って観音信仰の功徳を説き、「あの山には鬼が棲む」と語って里人を意図的に鉱山地帯から切り離してきたのではないか。鬼伝説の背後には山中に銅鉱石を掘り、里人に鬼を語る修験者がいたとみるべきだろう。

■鬼ケ城と長門城

ところで鬼ケ城の一帯からは一九七四年に朝鮮式山城とも考えられる土塁や石塁が発見されている。石塁はほぼ標高三〇〇メートルの等高線に沿って、鬼ケ城北方の狩音山（唐櫃山）、千把焚山に至る直線にして三五〇〇メートルの範囲に及んでいる（図2—3、写真2—4）。この発見に基づいて、鬼ケ城は倭軍が白村江の戦いで唐・新羅連合軍に敗れた翌年（六六四年）に築かれた山城の一つ（長門城）だったのではないか、とみられるようになった。

従来、長門城の所在については下関市長府の大唐櫃山に比定する説が有力だった。しかし『日本書紀』の記述では、まず天智四年（六六四年）八月条に「達率答㶱春初を遣わし城を長門国に築かせる。達率憶禮福留・達率四比福夫を筑紫国に遣わして、大野及び椽、二城を築かせる」旨の記述があり、さらに天智九年（六六九年）二月の条に「又築く長門城一、筑紫城二」とあって、長門城が二つ築かれたようになっており、鬼ケ城もそのうちの一つだと考えることもできる。そうすると、鬼ケ城の北方に位置する狩音山こそ「韓人山」であり、この山城を築いた百済からの亡命技術者たちにふさわしい命名だということがわかる。その一方、長府の大唐櫃山も「韓人」につうじるわけで、下関市周辺には「韓人」にかかわる山が二つあることが改めて確認されなければならない。

もちろん鬼ケ城の名称が朝鮮式山城に由来すると考える余地もある。しかし鬼ケ城の由来が大和朝廷側のつくった長

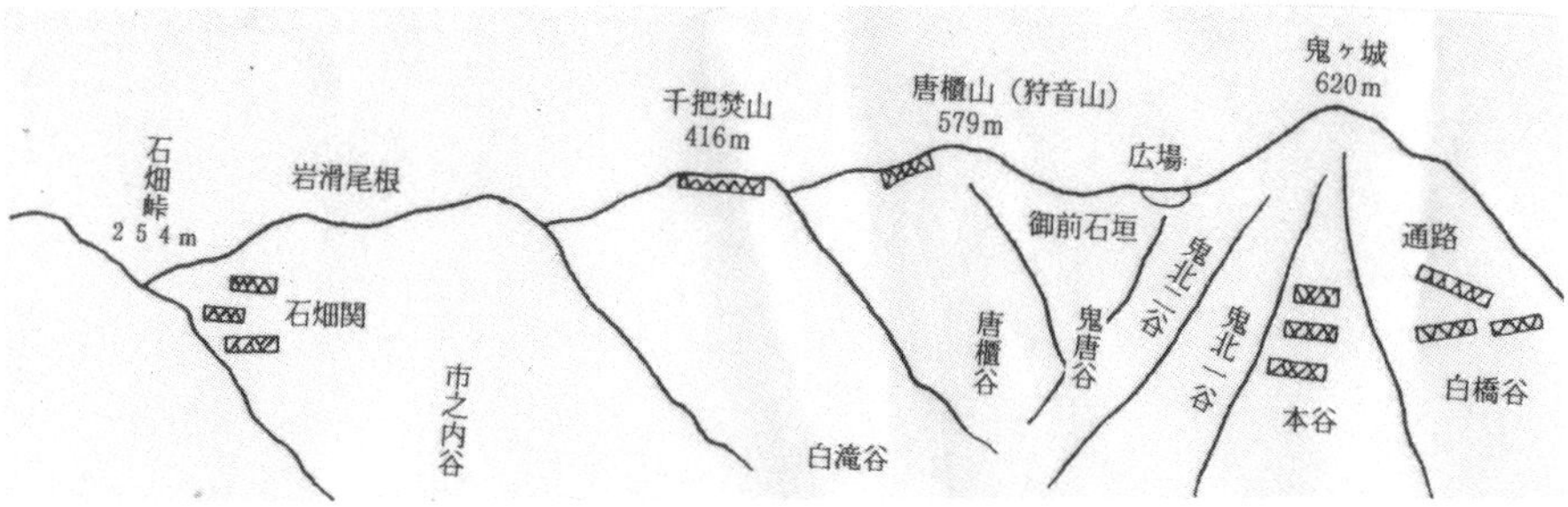

図2-3　鬼ケ城の石塁分布

出典：『広報とようら』一七四号、一九七四年

写真2-4　鬼ケ城の石塁（旧豊浦町教育委員会提供）

門城にあるとするならば、この体制側の城に「鬼」の名を冠する理由ははっきりとしなくなる。それゆえ、長門城と鬼ケ城という名称とは直接的には結びつくことはない。ただし次のように考えることはできるだろう。修験者たちがこの山に入り込んだとき、すでに築かれていた山城を発見し、「韓人」につうじる狩音山の地名と伝説が残されていた。修験者たちは銅鉱の採掘を行なっていく過程でこの山城を鬼がつくったものだという話をつくり出し、それを里人に広め、鬼ケ城の伝説を形づくっていった、というような事情である。

4　結　語――鬼伝説の構造――

津軽の鬼伝説と長門の鬼伝説には類似性がある。いずれも、金属とかかわっている点、背後に修験者の姿が見え隠れしている点、さらに、観音信仰を広めるうえで、鬼退治が一役買っている点などである。それに対して両者の決定的な違いは、津軽では鬼退治に田村麻呂が登場するが、さすがに西国ではそういうわけにはいかず、観音信仰にかかわっては、実忠、実恵といった高僧の名が騙られている。もちろん、地域に残る伝説を語る主体は民衆なのだが、その内容はもとはといえば修験者が騙り伝えたものだろう。

修験者の役割はおそらく、次のような点にあったはずである。一つは、村を開くということ。そのためにどうしても必要な手段が金属生産だったはずで、金属製の農耕具を得ることによってはじめて村は成立することになったのである。それと並んで重要なのは、共通の価値観念をつうじての意識の統合である。ここで、価値観を究極的に形づくるのは宗教性を帯びたものであり、つまり宗教的な観念によって村人をまとめる、ということである。おそらく修験者はそういった目的のために観音信仰を広めたのである。

修験者は鬼退治の話によって、観音の霊力を民衆意識のなかに強烈に埋め込んだ。鬼とは本来、金属生産にかかわる主体である修験者自身のことであったが、伝説のなかでは悪者とされ、有力武将とその背後にいる修験者自身の手で討伐される存在と化した。これは自身のもう一つの姿を消すことであり、宗教を取って金属生産を闇に封じ込めたということである。鬼伝説の構造は、おそらくこうした修験道の転換を語っているはずである。

【注】

1　鬼ケ城の鬼については、「霞陰鬼」、「霞雲鬼」と記している文献もある。
2　鬼ケ城の旧名については、「白橋山」とか「白椿山」とする文献もあるが、豊浦町側では、「白橋谷」の源頭にある「白橋山」と位置づけているようである。『豊浦町郷土誌』(豊浦郡小学校長会編、一九八四)にも、白橋山とある。
3　「片目のハエ」は、下関市立図書館編(一九八二)では、「片目の虻」になっている。

４　この西山説は、『広報とようら』一七四号、一九七四年、に紹介されている。

【文献】


荒井貢次郎、一九五八、「牛頭天王信仰と民間伝承　奥武蔵・天王山八王子」『西郊民俗』五号、二―四頁。

鯵ケ沢町史編纂委員会、一九八四、『鯵ケ沢町史』３、鯵ケ沢町教育委員会。

平凡社地方資料センター編、一九八二、『日本歴史地名大系２　青森県の地名』平凡社。

松田弘洲、一九八八、『津軽中世史の謎』あすなろ舎。

宮田登編、一九八五、『日本伝説大系１　北海道・北東北』みずうみ書房。

宮田登編、一九九〇、『ふるさとの伝説』第四巻、ぎょうせい。

森山泰太郎・北彰介編、一九七七、『青森の伝説』角川書店。

村越潔編、一九六八、『岩木山』岩木山刊行会。

西津軽郡史編集委員会、一九五四＝一九七五、『西津軽郡史』復刻版、名著出版。

佐藤任、一九八三、『密教と錬金術』勁草書房。

沢史生、一九八七、『闇の日本史―河童鎮魂―』彩流社。

柴田弘武、一九八七、『鉄と俘囚の古代史』彩流社。

下関市立図書館編、一九八二、『下関の伝説（改訂版）』。

鈴木克彦、一九八六、『日本の古代遺跡29　青森』保育社。

竹内健、一九七七、『津軽夷神異文抄』紘映社。

豊浦郡小学校長会編、一九八四、『豊浦郡郷土誌』聚海書林。

四街道市教育委員会編、一九九五、『四街道市の民俗散歩　亀崎』四街道市教育委員会。

若尾五雄、一九八九、『河童の荒魂―河童は渦巻きである―』堺屋図書。

よしみ史誌編纂委員会、一九八五、『よしみ史誌』。

第Ⅱ部　事例分析

第3章　はんどう山と常徳鍛冶
――銅でつながる一つの道筋――

1　長門国、周防国の銅

■はんどう山の伝説

鬼をめぐる本州の東西の伝説の比較を受けて、今度は、古代の銅生産から近世津軽の銅山開発に至る歩みを振り返ってみたい。金属をめぐって各地をみていると、地域間に予想を超えた共通点を見出すことがある。ここではその一例として、「はんどう」と「イフク」（伊福、意福、伊吹、息吹など）にまつわる展開を取り上げてみたい。

前章で取り上げた長門国の鬼ケ城伝説は、この地域における銅の生産とかかわるのではないか、と考えてみた。実際のところ、少し範囲を広げてみると、周辺地域は銅などの鉱物資源と密接にかかわっていることがわかる。下関市有富の「はんどう山」と呼ばれる小高い山にまつわる次のような伝説もそのような観点から読み解くことができるだろう。下関市立図書館編（一九八二、一四〇―一四二頁）より、要約してみよう。

――ある暴風雨の翌日、一人の農夫が山中から大きな「はんどう」(瓶)をみつけた。それを家に持ち帰って酒仕込みに使ったところ、突如として「竜王、竜王」とも聞こえるように鳴り響き、家ごと揺れ動きだした。そして「はんどう」は粉々に割れてしまった。村人たちはこの「はんどう」を竜王が嵐のときに大暴れして落としたものと考え、破片を集めて山の頂上に運び、社を立ててていねいに祀ることにした。以来、この山ははんどう山とか竜王山とか呼ばれるようになり、村人たちが雨乞いを祈願する山となった――

この伝説で語られているように、はんどう山の山頂には三個の尖石で囲まれた簡単な神殿があり、その御神体は「はんどう様」と呼ばれる壺型須恵器の土器片である(**写真3―1**)。一九五八年に下関市教育委員会が二八個の破片から「はんどう」を復元したが、その大きさは口径四〇センチ、胴径八〇センチ、高さ九〇センチのものになった(徳見、一九七〇、二四―二五頁)。この須恵器の壺がどのような目的でつくられたのかははっきりとしないが、もともとは古墳に納められていた可能性もある。例えば下関市椋野町の岩谷古墳という横穴式石室を墓室とする円形墳に関連して、「[古墳の]造営工事のなかばで石室入口の上とうしろに須恵器の大甕を据えておき、祭事を行なったのち、さらに土盛りをして

写真3-1　はんどう山の頂上に祀られている祠

古墳の形をととのえていた」(小林・中原、一九八三、四〇—四一頁)と指摘されている。綾羅木川右岸に位置する有富地区にも円形墳がいくつか残されていることを考えると、農夫が掘り出したはんどうも古墳の造営時における祭祀用の大甕の可能性が高いと考えられるのである。

ところが伝説では竜王が登場する。話の筋道からみて、この伝説では有富の農民たちが水神としての竜王を信仰していることは明らかである。したがって、この伝説ははんどう山と称されていた山が農民のあいだの竜王信仰と結びついてできあがったものと解釈できる。つまり、雨を望む農民の強烈な信仰が最初にあって、それがはんどう山の由来と結びついたわけである。

だが、有富の竜王山はもともと、はんどう山と呼ばれていた。はんどうとは「飯銅」ないし「半銅」の字が当てられ、「茶の湯その他に供する金属製の容器」(『広辞苑』)を意味する。しかしここではもう一歩深読みしてみたい。はんどうとは文字どおり「半銅」で、つまり熟銅として利用される前の不純物を含んだ銅鉱石のことではなかったのか、ということである。その理由は、はんどう山のほぼ南東に位置する沢筋の一つに「カンガ谷」と呼ばれる沢があり、そこには銅分を含んだ小石が落ち、谷間の岩には銅特有の緑青が付着しているからである。カンガ谷では昔、銅の精錬を行なっていたという伝承が残っている(大西、一九九一、一二八—一二九頁)。有富在住の岩谷綾子さんからかつて聞いた話によると、カンガ谷とは「金鋳ケ谷」の意味だといい、有富の字名になっている。あるいは、単純に「金」に由来する「金ケ谷」の転訛なのかもしれない。いずれにしても、有富のはんどう山の由来は、この地に銅鉱石を運んで集積させ、谷筋で粗銅として精錬していたことにあるのではないか。

■周辺地域における銅の生産と火の神

では、その銅鉱石はどこから運ばれてきたのだろうか。山口県教育委員会の調査によると、周辺の銅山には次の四箇所の記載がある（山口県教育委員会、一九八二、一三頁）。

阿内（銅）――下関市清末地区。一九〇二年開坑。

大金（銅・鉄）――下関市小月地区。大正年間（一九一二―二六年）に稼行。

源助沢（銅）――下関市小月地区。一九〇一年開坑。

笠山（銅・鉄）――下関市小月地区。明治期（一八六八―一九一二年）に銅、明治末に鉄を採掘。

これらの鉱山はいずれも、明治時代以降に採掘された場所である。もちろんそれ以前に採掘されていないとは必ずしもいえないが、地理的な位置関係からみて、有富のカンガ谷と直接結びつくかは疑問がある。その一方、地元の郷土史家の調査によると、有富の奥の内日地区（内日公民館から二〇〇メートルほどのところ）と小野地区（老僧岩附近）に銅山があったことが確認されている。内日地区には河原という地名があり、豊前国香春岳との関連が注目されるし、小野地区も漂泊民小野猿丸とのかかわりを暗示しているのかもしれない。また以前行なった聞き取りでは、四王司山の北側にも銅の採掘跡があることがわかった。四王司山の四王司神社の祭神は保食神とともに火の神（火産霊神）であるし、別名宝鏡山ともいわれるこの山には「朝日夕日の指すところ、黄金千貫、朱千貫」の伝説（朝日夕日伝説）が残り、金属資源の採掘が暗示されている。いずれも採掘年代などの詳細は不明だが、地理的な位置関係からみれば、これらの銅山からカンガ谷へと鉱石が運び込まれた可能性はあるだろう。

その一方、精錬に必要なのは「火」である。金属の精錬には高温で鉱石を融解させなければならない。そのためには燃料（薪）と風が必要となる。燃料となるべき木材は背後の山から伐り出すことができるだろう。またカンガ谷には日本海の響灘からの強風が吹き上がってくる。このように考えれば、基本条件は満たされていたとみることができる。

はんどう山の北西に位置し、中腹に竹生観音のある通称竹生山は二つの峰から成るが、西峰を観音山、東峰を千束焚という（写真3—2）。千束焚という名称の山は第2章でみた下関市と旧豊浦町との境界を成す鬼ケ城の一角にもあるが、いずれも雨乞いの神事を行なった山である。しかし千束焚の名称から考えて、この東峰の山は原初的には「火」の信仰に関連しているとみるべきだろう。また有富地区にも「火の神」が祀られている。本来の鎮座地は集落の南側だったが、現在ははんどう山の頂上に合祀されている。この「火の神」の存在も金属精錬とのかかわりで考える必要があるだろう。

このように、有富のはんどう山の一帯は綾羅木川上流域の銅山から採掘した銅鉱石を運び込んで、精錬した場所とみることができる。

■長門国と和同開珎の鋳銭

では、はんどう山の銅は何に使われたのか。前記した岩谷さんによると、カンガ谷の銅は「大昔、ここで銅板をつくって長府に持っていった」といい伝えられてきたという（野村編、一九八九、一一一頁）。この伝承を踏まえると、はんどう山の銅は平安時代に長府におかれた長門国鋳銭司に送られて、和同開珎の原料として使われたものと解釈するのが自然である。長門国鋳銭司は下関市長府の現・覚苑寺

写真3-2　観音山（左）、千束焚（中央）、手前の右手は下関球場

の境内を含む一帯にあり、この地からは江戸時代以降、和同開珎の銭笵、鋳銭に使用した鞴口、坩堝などが出土し、現在では国の史跡に指定されているが、発掘調査は行なわれていない。

ところが、文献のうえでは、長門国鋳銭司がいつ頃設けられたのか定かではない。『続日本紀』天平二年（七三〇年）三月一三日の記事に「周防国熊毛郡牛嶋の西汀、吉敷郡達理山の銅を長門の鋳銭に充てる」旨の記載があり、遅くとも七三〇年にはこの地で鋳銭が始まっていたと考えられるが、一説に、和銅年間の七一〇年前後とみる指摘もある（三坂、一九七一、五〇頁）。その後、長門国鋳銭司は一時廃止されるが、弘仁九年（八一八年）三月に復活し、富寿神宝の鋳銭を行なっている。しかし天長二年（八二五年）には事業は縮小され、翌年九月に銅の輸送は中止され、さらにその翌年には鋳銭司そのものが周防国（山口市陶）に移されている（**写真3—3**）。以来、周防国鋳銭司は約一五〇年にわたり国内唯一の鋳銭所として、承和昌宝、長年大宝、饒益神宝、貞観永宝、寛平大宝、延喜通宝、乾元大宝を鋳造した。

このように、文献によれば長門国鋳銭司が機能していたのは七三〇年前後の時期、および八一八から八二五年の時期ということになるが、二度にわたる鋳銭司の機能停止の原因は料銅の不足、人民の疲弊、農作物の不作などによると伝えられている。

写真3-3　周防国鋳銭司跡

では、長門国に鋳銭司が設けられたのはなぜか。まず、比較的近辺に銅山があったことや、瀬戸内航路や山陽道を使って料銅の輸送が可能だったことが考えられる。それとともに、それ以前から銅を含む鉱物資源の採掘や利用が行なわれ、技術者が存在したということだろう。

■長門、周防の銅山と秦氏

長門、周防の領域における銅山として、下関市の内日、小野、四王司山、それに『続日本紀』牛嶋、達理山の銅山について触れた。それに加えて、この領域には次のような銅山がある[1]。

〈美祢郡美東町長登銅山〉

天平勝宝期（七四九―七五六年）に、二万六四七四斤（一斤＝六七一グラム）の銅を東大寺の大仏鋳造のために産出している。また、谷川健一は承和三年（八三六年）頃の記録として、美祢郡長登と阿武郡桜郷（旧阿東町生雲、現山口市）の銅を長府まで運んで銭を鋳たというものがある、としている。谷川の依拠した文献は不明だが、八三六年には長門国鋳銭司は閉鎖されていたはずなので、鋳銭のためには周防国鋳銭司に運ばれていたのではないかと思われる。

〈美祢市於福銅山〉

『防長風土注進案』に「山城山（山条山）にこがねのつるありしを掘り出せしとき、山子ども〝おふく・ふく〟と呼びしより、於福と唱え来たりと申し伝えて…」とあり、藩政期に稼行していた記録が残る。しかし、於福は『延喜式』では「意福」と書かれて「イフク」と読んでおり、それは古代における「ふいごを司る鍛冶氏族」である伊福部氏につうじるというのが谷川健一説である。近江国伊吹山麓に本拠があった伊福部氏はこの地とどのようにかかわっていたのだろうか。

〈美祢市伊佐河原銅山〉

大内氏時代に繁栄した一大銅山で、厚保、伊佐、河原に「金山」地名が残る。豊前国の産銅地帯「香春」と同一地名であることから、この二つの銅山は何らかの関連性をもつとも考えられる。

〈阿武郡阿東町蔵目喜鉱山〉

蔵目喜鉱山は桜郷鉱山と田万鉱山（旧田万川町）の総称で、このうち桜郷鉱山は厳島神社由来記によれば大同年間（八〇六―八〇九年）開山伝承をもつ。以後、延徳年間（一四八九―九二年）に繁栄した。『延喜式』（主税上）によれば、蔵目喜より長門国鋳銭司へ毎年銅二五一六斤一〇両二分四銖、鉛一五一六斤二分四銖を送ったという。

これらの鉱山は他の多くの場合と同様に、稼行年代が連続しているわけではなく、また中世以前に稼行していたことを示す資料も限定されている。しかし伝承や鉱山名などから判断して、ここでは古代における産銅地として扱ってみたい。

まず、その担い手はだれだったのか、というと、周防、豊前、長門を「秦氏の集団的居住地」だったとする平野邦雄説（平野、一九六一、七三頁）が妥当だと考える。平野説の論拠になったのはまず、『隋書東夷伝』の推古一六年（六〇八年）の記述である。隋の煬帝が倭国に裴世清を遣わした際、中国より日本に至る道程として、隋―百済―竹島―都斯麻（対馬国）―一支国（壱岐国）―竹斯国（筑紫国）―秦王国―十余国―海岸という経路が記され、筑紫国の東隣に「秦王国」が存在することが示されている点である。

また資料としては時代が降ることになるが、滋賀県石山寺に伝わる「周防国玖珂郡玖珂郷延喜八年戸籍残巻」によると、延喜八年（九〇八年）のこの地域における人口三三九人中一五五人が秦姓だという点が挙げられている。これらに加えて、天平一六年（七四四年）に玖珂郡の大領・秦皆足が旧周東町（現岩国市）用田の二井寺山極楽寺を創建していること

図3-1　長門、周防の鉱山の分布

とも挙げてよいだろう。さらに野村武史が周辺地域を実際に歩いて、「周防国は東の外れ、現在の防府に国府があった。もっと丹念に言えば周防は現在の山口県平生町にある古墳群の主たちが〔豊前の〕行橋の一族と関係を持っていたから周防灘の海名が付いたとも言える。即ち、古代から連係を取っていた証拠として『御所ケ谷神籠石』が行橋市の奥山にあり『岩城山（いわきさん）神籠石』が平生町の奥山にあることと、地域一帯に同時代の遺跡が点在することである」（野村、一九九二、一八三頁）と指摘していることは重要である。確かに周防灘というのは、「山口県上関町、大分県国東半島西部の宇佐市、下関市長府の三点を結ぶ広大な海域」であり、そこを支配していたのが秦氏だったのではないかという推測には説得力がある。また、ほぼ同時期に、この周防灘をはさんだ場所に「神籠石」と呼ばれる石積みの城塞が築かれたというのも地域の一体性を示すものといってよいはずである。

だが秦王国の存在や、長門、周防の銅生産について見極めるためには、秦氏の本拠地と思われる豊前国の状況を検討しておく必要があるだろう。つづいて、豊前国の香春岳と宇佐八幡宮を対象にして、そこに祀られた神々の素姓を解き明かすことによって秦氏の実態に迫ってみたい。

2　香春岳の神々

■香春岳と銅

和同開珎の鋳銭のために豊前国香春岳の銅が使用されていたことは広く知られている。例えば、『北九州市立考古博物館常設展示図録』にも「鋳銭司とは古代の国営造幣局です。…〔中略―引用者〕…この近くでは山口県の長門（下関市長府町）と周防（山口市鋳銭司）の鋳銭所跡があり、豊前香春岳の銅が供給されました」とある。また『豊前国風土記』逸文には、「田河の郡。鹿春《かはる》の郷。《郡の東北にある。》この郷の中に河がある。年魚《あゆ》がいる。…〔中略―引用者〕…この河の瀬は清い。それで清河原《きよかはら》の村と名づけた。いま鹿春《かはる》の郷といっているのは訛ったのである。昔、新羅の国の神が自分で海を渡って来着いて、この河原に住んだ。すなわち名づけて鹿春《かはる》の神という。また郷の北に峰がある。頂上に沼がある。《周囲三十六歩ばかり。》黄楊樹《つげのき》が生えている。また龍骨がある。第二の峰には銅と黄楊、龍骨などがある。第三の峰には龍骨がある」と記されている（吉野訳、一九六九、三四三頁、吉野訳、二〇〇〇、四〇五頁、なお、《　》は原文の割注を示す）。

この鹿春が香春であり、新羅系渡来人が開発した土地である。文中の三つの峰はそれぞれ、香春岳の一の岳（標高元四九一メートル）、二の岳（四七一メートル）、三の岳（五〇八メートル）を指すものだろう。また龍骨については諸説があるが、石灰岩とみる説が有力である（佐藤、一九九一、三一〇頁）。香春岳は全山とも石灰岩の山であり、一九三五年以来、日本セメントによる大規模な採掘が行なわれてきたからである。おそらく採鉱や採掘の知識をもった新羅系渡来人たちは香春岳の地表に露出した石灰岩層を手がかりにして銅鉱を掘り当てたのだろう。そこから考えれば、香春という名称も古代朝鮮語で銅を意味する「カリ」、「クリ」が転訛した地名とみるべきだろう（富来、一九七〇、一一四頁以下）。八世紀にまとめられた風土記では「畿内と七道諸国の郡、郷の名称は、好字を選んで付けよ」という趣旨の指令（『続日本紀』和銅六年（七一三年）五月二日）のもとに、清い河原に基づいて鹿春にしたとその由来を語るが、そこではすでに本来の意味合いは抹消されているのである（鈴木、一九七五＝九二、一四〇―一四一頁）。

■香春岳の神々

香春岳の周辺には新羅系渡来人にまつわる神社がいくつか祀られている。ここでは、その由来を手がかりに、古代の採銅民の姿を探り出してみることにしたい。

まず取り上げるのは、豊前国最古の神社とされる古宮八幡宮である（**写真3―4**）。社伝によれば、古宮八幡宮は和銅二年（七〇九年）に創建され、当初は阿曽隈神社古宮と称していたという。もともと三の岳山麓の阿曽隈の地に祀られ、一五九九年に牛斬山の東側の現在地に移転した。祭神は豊比咩命であり、のち貞観元年（八五九年）に神功皇后と応神天皇の二神を勧請して八幡宮となった。古宮八幡宮は神亀四年（七二七年）の宇佐八幡宮の放生会にあたって、御神鏡を奉納したことで有名である。その鋳造者は宮司の長光氏で、三の岳から産出した銅によってつくり上げたといわれ、その鋳造所は清祀殿跡として福岡県史跡に指定されている。

次は、一の岳山麓に鎮座する香春神社である（写真3―5）。社伝によれば香春神社は崇神朝の創建とされる。祭神は第一座に「神代に唐の経営渡らせ給ひ崇神天皇の御代に御帰国」と伝えられる辛国息長大姫大目命、第二座に「天照大神の第一皇子にして二の岳に鎮め給ふ」とされる忍骨命、そして第三座に「神武天皇の外祖母住吉大明神の御母にして三の岳に鎮り給ふ」とされる豊比売の三神である。

これらの三神のうち主祭神である辛国息長大姫大目命について、谷川健一は、辛国は韓国すなわち新羅国であり、息長は「フイゴの風がよく通る」の意味で、大姫は巫女的性格を示し、大目は「ダイマナコ」で「一ツ目の鍛冶神」につうじるものと解釈し、「新羅からやって来て、ふいごを使って銅を鋳造する一つ目の神に仕える巫女」と捉えている（谷川、一九七九＝八九、三九〇頁）。全く妥当な解釈というべきだろう。ただ「息長」という名称については「息長帯比売」（神功皇后）との関係が気になるところであり、それについては別に検討したい。

第二神の忍骨命について、谷川説をつづければ、「忍」は「大」、「骨」は「穂」で、『記』『紀』にいうところの天忍穂耳命であり、それは天大耳命につうじ、南方系渡来人の奉斎した神ではないかとしている（谷川、一九七九＝八九、三九〇―三九一頁）。しかしこれとは別の見方もある。香春神の三座構成は天台宗の権現信仰に基づく三山配祀に由来し、「新羅神」としての辛国息長大姫大目命、「国神」としての豊比売、それに「天神」として忍骨命を加えたとする説である（大久保、一九八三、六八頁）。わたしはこの説の方に説得力があると思うが、香春岳周辺に南方系渡来人の痕跡がみられるかどうかは残された課題である。

写真3-4　古宮八幡宮

写真3-5　香春神社

写真3-6　宇佐八幡宮

最後に、第三座に祀られている豊比売は古宮八幡宮の主神・豊比咩命と同一神である。ここから判断すれば、豊比売はこの地の地母神とみるのが妥当だろう。ただし、豊国につうじる豊比売の名称の由来についても残された課題である。なお、香春三の岳の東方には都怒我阿羅斯等を祭神とする現人神社がある。都怒我阿羅斯等を新羅から渡来した天日槍の人格化としてみて、この神社を古代から祀られていたとみる向きもあるが、実際には近世初期に鬼が城とも呼ばれていた香春岳城の城主・原田五郎義種の御霊を祀ったものだという（天本、一九八三、七三頁）。

香春岳をめぐってはもう一つ、二の岳の山麓に最澄が建立したとされる天台宗の神宮院がある。最澄は唐へ渡るにあたって、航海の安全を願って、宇佐八幡宮（**写真3―6**）と賀春（香春）神社に参詣し、無事帰国したのち神宮院を建立したとされる。最澄あるいは空海が香春の地とどのような関係にあったかははっきりしないが、彼らが学んだ密教は採鉱と深いかかわりをもつ山岳宗教であり、神宮院の存在もそのような観点から理解しなければならないだろう。つまり、古代の採鉱地帯が彼らを引き寄せたということではなかったか。

■「豊国」の由来

香春岳をめぐる神々の検討をまとめると、まず新羅系渡来人が採鉱目的でこの地に移住し、地母神として古宮八幡宮の主祭神としての豊比咩命を祀り、それがのちに辛国息長大姫大目命と重ね合わされて香春神社に祀られたということになるだろう。

そこで、残された課題の一つ、豊比咩命の「豊」とは何を意味するのかという問題である。この点については『豊後国風土記』におけるおよそ次のような記述に注目することにしよう。

「昔、纏向《まきむく》の日代《ひじろ》の宮に天の下をお治めになった大足彦天皇《おほたらしひこのすめらみこと》(景行天皇)はみことのりして、豊国直《とよくにのあたひ》らの祖の菟名手《うなて》を豊国を治めに派遣された。[菟名手は]豊前の国の仲津郡中臣《なかとみ》の村に行きついたが、その時日が暮れてしまったのでそこに旅の宿りをとった。その日が開けて夜明け方、たちまち白い鳥が北から飛んで来て、この村に舞い集まった。菟名手はさっそく下僕にいいつけてその鳥をよく見るように遣らせた。するとその鳥は見るまに化して餅となった。ほんのすこしのあいだに、こんどはさらに数千株もある芋草《いも》に化《な》った。花葉は冬でも栄えた。菟名手はこれを見て不思議なことに思い、すっかり喜んでいった。『鳥が生まれ変わった芋などというものは昔から一度も見たことはない。至高の徳が感応し、天地の神のめぐまれたためでたいことのしるしである』と。とやかくして朝廷に参上して、この次第をことごとく天皇のお耳に入れた。天皇はこれを聞いてお喜びになり、やがて菟名手を勅して『天の神から下さったためでたいしるしの物、地の神から授かった地の豊草《とよくさ》である』と仰せられ、かさねて姓《かばね》を賜い豊国直《とよくにのあたひ》といった。これによって豊国というようになった」(吉野訳、一九六九、二三三頁、吉野訳、二〇〇〇、二七八―二七九頁)。

ここでは豊国という名称について、数千株もある芋草や冬でも栄える花葉のような豊かな大地に由来するものだということが述べられている。しかしこの文章を表面的に読んでいると、『豊後国風土記』「速見郡田野」の条の次の文章はよく理解できない。

「この野はひろびろと大きく、土地はよく肥えていて、田を開墾するのに好都合なことはこの土地とくらべうるものがないほどであった。昔はこの郡の農民たちはこの野に住んで多くの水田を耕したが、自分たちの食う分の食量には有り余って、苅り取らずに田の畝にそのまま置き放しにしていた。大いに富み奢り、餅を作って弓を射るための的とした。ところが餅は白い鳥と化《な》ってとびたち、南の方に飛んで行った。その年のうちに農民は死に絶え、水田も耕作するものもなく、すっかり荒れはててしまい、それから後というものは水田には適しなくなった。いま田野《たの》といっている、そのことの由来はこうである」（吉野訳、一九六九、二四一頁、吉野訳、二〇〇〇、二七八—二七九頁）。

どうして餅が白い鳥になり、そのあと田が荒れるのか、理由は謎である。そこに明確な解釈を与えたのは吉野裕である。吉野によれば、「餅」の古形は「タガネ」で、それは「サガネ」の転であり、「砂鉄」を意味していると解釈している。また、「芋」については「鋳母」つまり「鉧」のことだとする。そしてこうした読み替えによって、『風土記』における騙りごとの世界を解き明かしている（吉野、一九七二、一九五—二〇〇頁）。すると、『豊後国風土記』「速見郡田野」の条の記述は「白鳥が砂鉄に変わり、さらに鉧に化けた」という趣旨になり、「豊国」の由来を語った先の引用文は「豊かな鉱物資源を埋蔵する豊かな土地」ということになる。したがって、「豊」の字を冠した豊比咩命とは、そのような土地の地母神としての位置を占めていることになる。

残されたもう一つの課題は、香春の地と忍骨命に象徴される南方系渡来人との関係である。そこで香春における弥生時代の遺跡をみると、宮原遺跡の箱式石棺から出土した内行花文鏡とそれをモデルにした日本列島製の小型内行花文仿製鏡が注目される。この仿製鏡は紀元二〇〇年頃に香春岳の銅でつくられたものであり、一九八三年には奈良県の宇陀市榛原野山遺跡群の一つからも同じ鋳型でつくられた仿製鏡が出土している（村上、一九八五a、五六、五八頁）。長光の周辺では紀元前一〇〇年から二〇〇年のあいだと推定される土器、石器が数多く出土していることから（村上、一九八五b、三〇頁）、この時代に採銅が始まったとみることができる。その主体は広く倭的世界の人々と呼ぶことができるが、彼らは忍骨命の奉斎者というよりは豊比咩命の奉斎者とみるべきではないかと思われる。それゆえ、谷川健一のいう忍骨命を南方系渡来人が奉齋していたとする説はやはり支持し難い。

古代の産銅地、香春岳をめぐる神々はおよそ以上のようなものである。そこに祀られた神々の検討によって、香春岳周辺地域には倭的世界の人々と新羅系渡来人との重層的な文化が存在していたことを確認することができるだろう。

■銅生産の主体

豊比咩命を奉斎する弥生人につづいて、香春岳周辺には新羅系の渡来人が移住して来た。彼らは『隋書』にいう「秦王国」の構成員だったはずである。この秦人については、「豊前国では秦部が圧倒的に多く、人口比率は九〇パーセント以上を占めている。このすぐれた採銅技術集団は新羅系渡来人だったにちがいない」(福岡県高等学校歴史研究会、一九八九、二三六―二三七頁)と指摘されているように、大宝二年(七〇二年)の正倉院の豊前国戸籍残簡でみると、総人数六一一人に対して、秦部姓三一六人、勝姓二五二人、その他四三人となっている(勝氏は秦氏の一族である)。彼らは「辛国神」(辛国大姫)を奉斎していた。そしてそこに、「息長」の名を冠し「息長大目命」を奉斎する一族が移住して来たのである。

では、この息長という採掘や鉱山と深くかかわる集団はどこから来たのだろうか。息長氏の本貫地は近江国吾名(阿那郷、のちの息長村、現在は米原市)であり、ここは『日本書紀』によると天日槍が宇治川を遡って入ってきた土地である。この天日槍の移動経路は、宇佐八幡宮を構成する三神職(辛島氏、大神氏、宇佐氏)のうち、辛島氏に伝わる伝承によって確かめることができる。それによると、辛島氏の奉斎する神は欽明天皇の時代(六世紀半ば)にまず宇佐郡辛国宇豆高島に降臨し、そこから大和国膽吹嶺(伊吹山)に移り、そののち瀬戸内海を通って宇佐郡馬城峰(御許山のこと)に現われたという(中野、一九八五、三〇―三一頁)。この辛島氏は「勝」姓をもち、古宮八幡宮の祭祀者である長光氏や香春神社の宮司である赤染氏とも同族であり、その伝承は新羅系渡来人の足跡を伝えるものとみることができる。

しかし畿内から宇佐に移動したのは、『承和縁起』や「大神田麻呂解状」(『石清水文書』宝亀四年(七七三年)一月一八日付)といった文献でみると、六世紀末の大神比義とその一族ということになる。大和三輪山の大神より派遣された大神比義は、辛島氏古伝では大和伊福部郷より宇佐の地へと入った。その目的は既存の氏族を天皇中心の祭祀体系に組み入れることであり、その背後には百済仏教の興隆をめざす蘇我馬子の支援があったとみられている（中野、一九八五、九四頁）。

このように、畿内と豊前はいわば二層の関係で結ばれていた。そして大和伊福部の地から「息長」の名称を持ち歩いたのは、やはり大神氏だったとみるべきだろう。というのも、百済系の大神氏は九州の新羅系渡来人に対して、より先進的な採鉱集団を代表するものであるし、長門、周防に残る「（イ）フク」という鉱山地名が彼らとのかかわりを示していると思われるからである。

ここに豊前国における秦氏と息長氏の融合が成立し、辛国息長大姫大目命が出現するのである。そして彼らこそ、律令国家体制のもとでの銅生産の主体なのであった。

3　近江国・飯道山の修験道

■飯道山の由来

長門国のはんどう山の伝説から話を始めたわけだが、飯道山という同じ名称の山が近江国にもある。また、はんどう山の隣には竹生寺があるが、この寺も琵琶湖の竹生島と関係があるといわれている[2]。さらに、飯道山が山岳宗教の山であり、甲賀忍者の修行ともかかわっていたということは山伏とのかかわりが濃厚だということであり、金属生産とのつながりを示唆していると思われる。そこで、つづいて近江飯道山と金属とのかかわりについて追跡してみることにしよう。

飯道山は琵琶湖の南に位置し、かつては「近江の大峰山」ともいわれるほどの修験道のメッカであった（木村、一九八八）。山麓には、飯道神社とその神宮寺である飯道寺とがある。

飯道寺は一説には役行者の開基といい、和銅七年（七一四年）に金勝寺の安敬によって中興された。天平一四年（七四二年）には紫香楽宮（聖武天皇の宮都）の造営にかかわり、また宝亀二年（七七一年）には実忠による東大寺の大仏造営にもかかわって、飯道神に封一戸が与えられ、天応八年（八八四年）には従五位上から従四位下に格上げされている。だがその後、歴史の表舞台からは姿を消し、嘉元年間（一三〇三—六年）に行範が熊野修験を伝えてから修験道とのかかわりが深くなる。そして室町時代に入ると、当山派修験道を統括する正大先達寺院の地位を確立し、近世初期にかけて隆盛を極めることになる。

この飯道寺にかかわって現存する最も古い縁起はこの室町時代に書かれたもので、「飯道寺古縁起」（栗東町大野神社所蔵、一部に欠損あり。滋賀県編、一九七四、に収録）といわれている。古代、中世における飯道寺の由緒や常徳鍛冶の名称が出てくるのも、この「古縁起」のなかにおいてである。常徳鍛冶について、「古縁起」からその大略を示すと、次のようになる。

——摩訶陁国の大王の王子である宇賀太子は天女と契り合歓した。だが天女には仏約があり、太子の影像を頭に頂いて、垂迹してしまった。太子は天女の跡をしたって国邑を尋ね、甲賀郡をめぐっていたとき、寺庄の常徳鍛冶に一宿をこい、天女の由緒を尋ねた。常徳は、天女は餉令山《かれい》にいるという。そこで太子は餉令山に登るが、自分の居所を示す道しるべとしてシャクナゲの葉に飯を盛ってしるしにする、といった。常徳はその後三日間物忌みしたのち、餉令山に登って権現に対面した。これが飯道寺の由来である——

縁起の記述はまだつづくが、ここでは餉令山と呼ばれていた山に宇賀太子が天女を探し求めて登るにあたって、シャクナゲの葉に飯を盛って目印とした、ということから飯道山と飯道寺という名称が起こったのだ、という由緒が語られている。その際に、太子をもてなし、天女の居場所を教えたのが常徳鍛冶だったというわけである。ここで宇賀太子は、宇賀御魂につうじる穀物の神といった位置づけで出てくるのだろう。そして太子の生国の摩訶陁国というのは『神道集』

（文和、延文年間（一三五二―六〇年）に成立）に出てくる摩訶陀国と一字違いなので、摩訶陀の書き間違いの可能性もある（摩訶陀国とはインドのマカダ国のことを指す）。また天女については、水神とみる向きもあるが、羽衣伝説における天女は天御中主のこと（小田、一九九二、一六三頁）という指摘を考えると、これは妙見信仰を示すものであり、航海や鍛冶とかかわることになる。

■常徳鍛冶集団

縁起に基づいていえば、この山に常徳鍛冶がかかわっていることは疑う余地のないところである。そのことを前提にして、まず彼らの本拠地について検討してみることにしよう。木地師の研究家として知られている橋本鉄男はこの常徳鍛冶について、「現草津市野路《のじ》に在住か」と記している（橋本、一九八七、一九八頁）。ただしその論拠については、残念ながら一切触れていない。

そこで、野路という場所と鍛冶とのかかわりを考えてみよう。ここにいわれる野路というのは琵琶湖南東の湖岸近くに位置し、鎌倉時代には東海道の野路駅がおかれ、交通の要所だった。附近には野路小野山遺跡という七、八世紀の製鉄遺跡があって、この地は古代日本における代表的な製鉄地帯だった（穴沢、一九八四）。そして、金鉄落《かなくり》、冷山《さぶやま》、吹谷《ふきたに》といった小字名は、製鉄とのかかわりをうかがわせる。おそらく橋本説は、この遺跡の存在を念頭において書かれたものだったはずである。しかしその遺跡が常徳鍛冶とかかわると考えるのは、時代の隔たりがありすぎるように思われる。そのうえ縁起には、宇賀太子がめぐったのは甲賀郡とあって、場所的にも野路とは隔たっている。これらの点から判断すれば、ここで橋本説を採ることには無理がある。

やはり常徳鍛冶の本拠地は飯道山の山麓、もっといえば飯道寺付近と受け取るべきだろう。吉田東伍はその点を明快に指摘しており、縁起にある寺庄とは飯道寺、また寺庄の人とは飯道寺の神官だと解釈している（滋賀県編、

一九七四、六六頁）。これは無理のない解釈というべきである。要するに、飯道山の一帯には常徳と呼ばれる鍛冶集団がいたということである。

では、常徳鍛冶とはどのようなものなのか。この吉田説を踏まえて、肥後和男はこの飯道山に伝わる第一の行事である「笈渡しの儀」に斧がつけてあることから、この常徳鍛冶は杣人への斧の供給者だったのではないか、と推理を展開している（滋賀県編、一九七四、六九頁）。「笈渡し」の「笈」とは修験者が仏具などを入れて背負う箱のことで、修験者そのものを指すこともあるのだが、歴史上、飯道山やその周辺の山々が東大寺をはじめとする各種の建築物への原木供給地だったことを考えれば、この推理は説得力をもっている。そしてこれらの説を踏まえていえば、常徳鍛冶とは神官すなわち修験者であり、「斧」によって象徴されるような製鉄集団だったということになる。そしてこの斧を背負うという行為は、『神道集』「熊野権現の事」のなかに出てくる「鋳師《いもじ》明神」の注釈に記されている「熊野の山伏はこの鋳師明神の神人で、常に彼らは斧を肩に掛ける」という姿につうじるものがある（貴志編、一九六七、二二頁）。

このようにみてくると、常徳鍛冶は一四世紀の初頭に飯道山が熊野修験とかかわりをもって以後、この地に勢力を張ったとみることができるのではないか。そしてこのように考えるならば、縁起の記述は鍛冶の神（天女）を仰ぐ製鉄集団（常徳鍛冶）が穀物の神（宇賀太子）とも結びついていった歴史的な事情を反映しているものとみることができるのである。つまり常徳鍛冶は製鉄集団とはいえ、その信仰に農耕的な要素を取り入れ、農民層へと信仰を広めていったということであり、それが縁起に反映されているのだろう。

なお、飯道寺には山王権現、白山権現、福満権現、白髭明神、東照大権現、真蔵権現、蔵王権現が祀られている。山王権現は「古縁起」によれば桓武天皇のときに勧請されたものというが、天台宗とかかわるものだろう（実際、飯道寺は天台宗の寺院である）。また福満権現は「古縁起」では明星太子を指し、その本地は金属への信仰とかかわる虚空蔵菩薩（妙見につうじる）である。さらに白髭明神については、飯道山麓に白髭神社があってそこが「笈渡し」の出発点だという関係から祀られているのかもしれないが、「白」が鉄にもつうじることは改めていうまでもない。これらの神社はいずれも製鉄にかかわるのではないか。

4　常徳鍛冶集団と津軽・白神山地

■白神山地のマタギの神「常徳」

飯道山の古縁起に登場する常徳鍛冶は歴史上の文献からは姿を消すが、津軽・白神山地におけるマタギの伝承のなかに登場する。それによると、常徳は白神山地を主要な舞台として活動していたマタギの神様で、岩木川源流の大川の枝沢の一つである常徳沢にその名前を残している。

まず、西目屋村の砂子瀬、川原平を拠点にしていた目屋マタギの伝承によると、常徳は東目屋村の中畑の生まれで、妻が女人禁制の入山戒律を侵したため、「飛び神」になってジョウドコ沢へ飛んで行った、という。また鰺ヶ沢町の赤石川の最奥の集落を拠点とする大然マタギの伝承では、数百年前、川原平にジョウゾクという名人がいた、とされている(石川、一九八五、一六〇―一六二頁)。これらの伝承に出てくるジョウドコもジョウゾクも常徳の訛ったもので、同一の人物(あるいは神様)を指していると考えてかまわないだろう。いずれの伝承でも、常徳はマタギの名人で、神格化された存在である。

白神山地の常徳伝承は、この地域におけるマタギの出自を考えるうえで一つの手がかりになるのではないかとも思われる。だが、伝承と沢の名称以外には資料がないので、エピソード的な話として記憶にとどめておくほかなかった。ところが、近江の飯道山における修験道や金属生産などとの観点からみて、飯道山には常徳という鍛冶集団とがかかわっていることが明らかになった。一見したところ、近江国と津軽・白神山地との結びつきは突拍子もないものと考えられるかもしれないが、そこには修験道のネットワークをつうじた関係を考えることができないだろうか。

■常徳鍛冶と白神山地とのかかわり

滋賀県の飯道山は中世以降、熊野修験の影響下にあった常徳鍛冶と密接なかかわりをもっていたと考えることができる。この点を確認して、今度は白神山地とのかかわりを検討してみたい。

まず考えられるのは、飯道寺が修験道の一大勢力だったということで、その影響が東北地方にまで及んでいたという点である。この点に関して、「江戸時代、大峰山入峰を果した全国の山伏にこの二院［飯道寺五院のなかの梅本院と岩本院のこと—引用者］が発行した補任状は、北は陸奥国から南は日向国にまで及んでいる（大和松尾寺文書）」との指摘がある（平凡社地方資料センター編、一九九一）。また佐野賢治は男鹿半島の本内と湯本にある星辻神社（もともと虚空蔵・妙見社であるが、明治時代の神仏分離に際して、妙見とのかかわりで星辻神社と改称した）が当山派修験の一派で、大峰入りに際しては甲賀飯道寺岩本院を先達寺としていた、と指摘している（佐野、一九九六、二六三頁）。この指摘は、東北地方に対する飯道寺の影響力を具体的に裏づけるものとして興味深い。そしてこれらのことから考えを発展させてみると、飯道山修験の一派が白神山地周辺に及び、常徳の伝承をもたらした可能性はありそうである。

もう一つは、マタギの「山の神」信仰とのかかわりである。常徳は白神山地におけるマタギの始祖であり、また妻が女人禁制の戒律を破ったために飛び神になった。ここでいう戒律とは明らかに山の神の信仰に根差している。山の神は女神であり、人間の女性に対しては嫉妬深いので、山は女人禁制だというのである。白神山地における常徳の伝承はそのことを具体的に示している。そのほかにも、マタギが山に入る場合は俗事を断たなければならないということで、いろいろな戒律がある。これらは山の世界と里の世界とが全く異質な世界を形づくっているとする観念の反映である。ただし、山の神信仰は白神山地のマタギに固有のものというわけではなく、ほかの地域のマタギにもみられるし、また各地の習俗のなかにも様々なかたちで反映されている。

吉野裕子は、このような山の神信仰が陰陽五行思想に基づいていることを明らかにしている（吉野、一九八九）。実際に陰陽五行でマタギの戒律を読んでみると、納得のいく点が多い。例えば、マタギは十二人で山に入ってはならないという。これは「十二」という数字が十二支を指す聖なる数字としてタブー視されているからだろう。また山の神は女性であり、われわれが普段使っている日常語の世界でも「山の神」といった場合に「妻」（女房）を指すというのも、男（夫）を全陽、女（妻）を全陰とみるとともに、俗世界を陽、聖世界を陰とみることの反映である。さらに山の神はオコゼを好む、という伝承は、オコゼの特性を陰の神に好まれる最上の呪物だとする観念によるものだという。そして興味深いことに、この山の神信仰が濃密に分布している地域こそ滋賀県蒲生郡を中心とする琵琶湖の南部地域だというのである。ただし例示されているのは、神崎郡永源寺町の高野神社、蒲生郡日野町の大屋神社、同じく蒲生郡蒲生町大塚の「山の神」などの年頭における山の神行事である。蒲生郡とは飯道山のある甲賀郡の北隣りだから、飯道山もその信仰圏にあるといってよいだろう。そう考えれば、山の神信仰が常徳の信仰と交ぜ合わされて、修験者によって白神山地のマタギに伝えられたという可能性が出てくる。あるいは中世の時代に飯道山にいた常徳鍛冶が新たな鉱物資源を求めて、白神山地に入ってきたという可能性すら考えられる。

最後にもう一点、近江ということでいえば、江戸時代に全国の木地師を束ね、惟喬親王の文書（御墨付）を渡してその元締めをしていたのが近江国神崎郡永源寺町（現東近江市）蛭谷の筒井神社や君ケ畑の大皇器地祖《おおきみきじそ》神社であった。橋本鉄男が明らかにしたところでは、木地師の先祖が惟喬親王（五五代文徳天皇の第一皇子）とかかわっていたという史実はなく、木地屋文書は江戸時代に大岩氏が偽作したものであった（橋本、一九九三、二二一―二二三頁）。この木地屋文書と同様に、各地のマタギにも「山立根本之巻」などといった権威筋による特別許可証のごときものが手渡されていることを考えると、近江南部の修験道勢力が全国のマタギを束ねようとしていた可能性もあるのではないだろうか。マタギにはその始祖伝承から高野山系、日光系などがあるとされているが、その伝承の原型は『今昔物語集』や「日光山縁起」などにあるわけだから、全国のマタギを統合しようとしていた主体が熊野修験だったとみることも十分に可能だろう。巻物の類が普及したのは近世も末のことだった、という指摘(佐久間、一九八五、一〇三頁)と併せて考えれば、目屋マタギにおける常徳の伝承は、「巻物による始祖伝承の定型化」という一種の文化侵略よりも以前の、マタギの出自に関する原型がとどめられているのかもしれない。

5　結　語

■尾太鉱山とのかかわり

これまでの論点を簡単にまとめておこう。白神山地の伝承からみた「常徳」の意味合いについては、次のようなことがいえるだろう。

まず、常徳はマタギの神であり、マタギという狩猟を教えた神である。次に、常徳は山の神の信仰を広め、山中女人禁制を教えるとともに、狩猟に関する様々な戒律やタブーを教えている。さらに、常徳自らこの戒律を侵したがために「飛び神」になってしまうわけだが、これは常徳が一か所にとどまることのない漂泊民であることを示している。

これらのことからみて、常徳は山の神信仰をもった宗教者であり、また各地の山々を移動する山人であった、とみてよい。そしてその姿は、近江飯道山の常徳鍛冶の姿と重ね合わせることができるはずである。

ところで、修験者が山中を駆けめぐるのは修行とともに、鉱物の探索の意味も込められていた。常徳鍛冶集団もその例外ではなく、彼らは白神山地を探索中にいくつかの鉱脈を発見していたのではなかったか。そしてその一つが尾太鉱山だったのではないか。

■尾太と伊吹

以下に、やや大胆な推理に基づく仮説を提示して結びとしたい。

まず、尾太という名称の由来である。明和八年（一七七一年）にまとめられた金華渓秀山の『山機録』でも、尾太山について「昔ヨリノ名ニシテ其故ヲ知ラズ」としている。一八世紀の時点で、すでに名称の由来はわからなかったのである。そこで、いくつかの観点から考えてみたい。一つは、「津軽地方の」という限定をはずして、全国的な視点から捉えることである。例えば、尾太鉱山については、大同二年（八〇七年）に開坑されたという伝承があるが、これは全国各地の鉱山開坑伝承と重なり合う。この伝承を持ち歩いたのは修験者だとみられている（谷、二〇〇〇）。また、尾太の銅は奈良の大仏の料銅になったという伝承もある。これも荒唐無稽として退けるのではなく、奈良の大仏の修復工事に使われた、といった可能性も考慮に入れておかなければならない。さらに、尾太の銅は猿が発見の切っかけを与えた、という伝承もあるが、これは山王権現の使いが猿だという観念と関連しているはずである。前記『山機録』でも、「此山ハ古ヨリ山王権現ト奉称ノ由申ナラハシ候」としている。つまり「猿による発見」という伝承の裏には、天台系の修験者やその配下の鉱山師が鉱脈を発見した、と語っている可能性が考えられる。このように、とりわけ近代より前の鉱山については修験者とのかかわりを無視することはできないし、修験者に注目するということは地域限定的な発想では困難なのである。

次に、銅山との関連でいえば、古代の氏族・伊福部氏とのかかわりが問題となる。この伊福部氏の拠点の一つは因幡国で、伊福部氏は武内宿禰を祭神とする宇倍神社の神官を代々務めてきた。この「伊福部」と「宇倍」の両者は一見したところでは無関係のようにみえるが、相互に連関している、とみることもできる。伊福部の「伊」は接頭語で、「福」は「吹く」であり、溶鉱炉に風を送り込んで銅をつくりだす作業に由来している。伊福部は伊福吉部とも表記されるが、「福」を「吹き」と呼んだ場合の変化だろう。そしてこれは、近江の伊吹山の名称につうじるし、その周辺を拠点とした古代の豪族・

息長氏ともつうじる。では宇倍とのかかわりはどうか、といえば、「イフク」の「イ」が「オ」に転訛して、「オフク」と発音するようになり、さらにそれが、「オベ」から「ウベ」へと転訛していったのではないかと考えられる。

この過程については、山口県の於福《オフク》銅山の場合で考えてみることにしよう。ということで、三番目は「イフクベ」が「ウベ」に変わる可能性についてである。これについては、第1節で取り上げた〈美祢市於福銅山〉にかかわって、『延喜式』では「於福」は「意福」と書いて「オフク」と読んでおり、それは伊福部氏につうじる(谷川、一九七九＝一九八九、五七―五八頁)、という説に再度注目したい。つまり、「イ」と「オ」は相互に転訛するということである。そしてここから、「イフクベ」が「オフクベ」になり、さらに「宇部」(オベ)と省略されたのち「ウベ」と読まれ、「宇倍」と表記される道筋が考えられるのである。

以上の三点を踏まえると、「尾太」の由来もはっきりとする。すなわちそれは、「イフク」に由来する「オフク」から、最後の「ク」が欠落して「オフ」になり、発音のしやすさから「オップ」へと変化したのではないか、ということである。歴史の流れからみると、おそらく中世の終わりから近世の初頭にかけての頃、全国の鉱山開発にかかわっていた修験者たちがこの地に銅の鉱脈をみつけ、「オフク」銅山と呼んだことに尾太岳の由来があるのではないか、ということである。

このように考えてみると、古代の息長、伊吹、伊福部、於福、宇倍といった名称が最後に津軽の地で尾太として受け継がれていたことに気がつくのである。その背後に、銅(に限らず金属)を求めて各地を歩き回った修験者(山の宗教者)の姿がある。

【注】

1　以下の記述は、山口県教育委員会（一九八二）、谷川（一九七九＝八九）、平凡社地方資料センター編（一九八〇）、などによる。
2　この点に関しては、下関市在住の郷土研究家、野村武史氏による。

【文献】

天本孝志、一九八三、『九州の山と伝説』芦書房。

穴沢義功、一九八四、「製鉄遺跡からみた鉄生産の展開」『季刊考古学』八号。

福岡県高等学校歴史研究会、一九八九、『新版　福岡県の歴史散歩』山川出版社。

橋本鉄男、一九八七、「杣人の伝説」『日本の古代10　山人の生業』中央公論社。

橋本鉄男、一九九三、『木地屋の世界―漂泊の山民』白水社。

平凡社地方資料センター編、一九八〇、『日本歴史地名大系36　山口県の地名』平凡社。

平凡社地方資料センター編、一九九一、『日本歴史地名体系25　滋賀県の地名』平凡社。

平野邦雄、一九六一、「秦氏の研究（二）」『史学雑誌』七〇巻四号、四二―七四頁。

石川純一郎、一九八五、「マタギの世界・ブナの森の狩人たち」『ブナ帯文化』思索社、一四七―一六四頁。

木村至宏、一九八八、『近江の山』京都書院。

貴志正造編、一九六七、『神道集』平凡社東洋文庫。

小林茂・中原雅夫、一九八三、『わが町の歴史　下関』文一総合出版。

三坂圭治、一九七一、『山口県の歴史』山川出版社。

村上友一、一九八五a、「採銅所地名の聞き書き帳」（三）、『かわら』二三、五二―五九頁。

村上友一、一九八五b、「採銅所地名の聞き書き帳」（四）、『かわら』二四、三〇―三八頁。

中野幡能、一九八五、『八幡信仰』塙新書。

野村武史、一九九二、『みなとの歌ごよみ』内外文化研究所出版部。

野村武史編、一九八九、『ふるさと本　下関北浦談議』。

小田治、一九九二、『海人族と鉱物』新人物往来社。

大久保秋夫、一九八三、「式内神社古宮八幡宮主神豊比咩命考」『かわら』二〇、六五―七五頁。

大西正一、一九九一、『私本　川中物語』上巻。

佐久間惇一、一九八五、『狩猟の民俗』岩崎美術社。

佐野賢治、一九九六、『虚空蔵菩薩信仰の研究』吉川弘文館。

佐藤任、一九九一、『空海と錬金術』勁草書房。

滋賀県編、一九七四、『滋賀県史蹟調査報告第5冊』復刻版、名著出版。

下関市立図書館編、一九八二、『下関の伝説』改訂版。

鈴木武樹、一九七五＝九二、『地名の起源』ＰＨＰ文庫。

谷有二、二〇〇〇、『「モリ」地名と金属伝承』未来社。

谷川健一、一九七九＝一九八九、『青銅と神の足跡』集英社文庫。

徳見光三、一九七〇、『川中風土記』長門地方史料研究所。

富来隆、一九七〇、『卑弥呼』学生社。

山口県教育委員会、一九八二、『生産遺跡分布調査報告書』（採鉱・冶金）。

吉野裕、一九七二、『風土記世界と鉄王神話』三一書房。

吉野裕訳、一九六九、『風土記』平凡社東洋文庫。

吉野裕訳、二〇〇〇、『風土記』平凡社ライブラリー。

吉野裕子、一九八九、『山の神』人文書院。

第4章　房総・弘文天皇伝説の背景的世界

1　はじめに

千葉県君津市郊外（旧俵田村）に鎮座する白山神社には、菊理姫と弘文天皇が祀られている。菊理姫は白山神社の通常の祭神であるからわかるとして、弘文天皇については若干の説明が必要だろう。弘文天皇とは『日本書紀』が伝える「壬申の乱」（六七二年）で、大海人皇子に敗れた大友皇子のことである。『日本書紀』では、大友皇子は瀬田で敗れ、山前の地で自害したことになっている。ところが、大友皇子は戦いに敗れた後、近江から房総へと逃げ延び、この地で天皇として即位し、亡くなったというのである。もちろんこれは、伝説上の話であって、ただちに「史実」というわけにはいかない。しかし房総半島のなかでも特に上総を中心とする地域では、この伝説とかかわるいくつかの伝説や史跡が残されていて、白山神社の脇にある通称白山神社古墳には、この地で自害した弘文天皇が埋葬されている、ともいう。このあたりの事情について、作家・豊田有恒は、次のように書いている。

「木更津市から小櫃川に沿って、大きく迂回する一帯―今日の久留里線の沿線に、『上総壬申の乱』と呼ばれる伝承が、今に伝えられている。

…［中略―引用者］…

大友皇子は、この地へ逃がれてきて、小櫃と俵田のあいだに、いわば最後の王国を築くのだが、天武の討伐軍によって壊滅し、ここで戦死したとされる。

現在、小櫃山にある白山神社のあたりが、大友の皇子の陵だと伝えられている。考古学上の出土品も少なくない。海獣葡萄鏡、陶器なども出土している。鏡の方は年代的に合わないが、他に七世紀後半のものと思われる刀も出土している」（豊田、一九九四、三〇九頁）。

白山神社古墳は全長八八メートル、後円部の高さ一〇メートルの前方後円墳で、古墳時代前期の築造と考えられており、明治三一年（一八九八年）の発掘の際に、周辺の陪塚からは、海獣葡萄鏡、直刀、鉄鏃などが出土したという。また被葬者については、この地を治めた馬来田国造の関係者だろうとみられている。今日の考古学的観点からみても、弘文天皇云々はやはり史実とはいえないのである。では、なぜこのような伝説が語り伝えられて来たのだろうか。その背後にある世界を探ってみることにしよう。

2　房総・弘文天皇伝説のあらまし（1）

■俵田と筒森の伝説

そこで、まず、房総・弘文天皇伝説をめぐる歴史的経過を簡単に振り返っておくことにしたい。この伝説が文献のうえで最初に現れたのは、江戸時代に書かれた『久留里記』(『総州久留里軍記』ともいわれる)においてである。これは「久留里付近の伝説や史談を雑多に書き集めたもの」で、著者や書かれた年代ははっきりとしない。ただし元禄一五年(一七〇二年)以前のもの、と考えられている。そのなかで、俵田村の白山大権現(現在の白山神社＝写真4―1)は自害した大友皇子の首を祀ったことに由来するものだとされたのである。『久留里記』の全体は、弘文天皇とその臣下たちにかかわらせて、久留里周辺の地名の由来を語るもの、といった印象があり、地域の草創譚といった趣きもある。

弘文天皇伝説はその後、中村国香『房総志料』(一七六一年)や田丸健良『房総志料続篇』(一八三二年)などにも収録されて、徐々に話が詳細になっていく。ここでは藤澤衛彦編『日本傳説叢書　上総の巻』(藤澤編、一九一七)や高崎繁雄「白山神社」(高崎、一九八四)によって、その概要をみておくことにしよう。

まず、旧俵田村周辺の伝説には、次のようなものがある。

(1)修行坂―弘文天皇が官軍に追われ、一念発起したところといわれる。

(2)王守川(あるいは孤捨川)――追われた天皇が川を渡る際に、喜

写真4-1　弘文天皇伝説が伝えられる白山神社

三太なる者が菰をまとって皇子を背負ったという。

(3)御腹川――天皇が割腹した川で、深夜になると流れが逆流したり、水の色が血の色に変色したりするという。

(4)塚畑と畠塚―天皇の君臣七人が自害したところが塚畑で、女官たち一二人が自害したあと葬られた場所が畠塚といわれる。一二人の女官は下郡の十二社権現に祀られている。

(5)手桶の禁忌―自害した天皇の首は手桶に盛って葬られたという。そこで、俵田村など一二村では手桶を使わず、手のない小桶を使っている（手桶は天皇の木像とともに、白山神社に納められている）。

(6)蘇我殿の田植え―ある年の五月七日、天皇は蘇我大炊（赤兄）を召して、国中の人民、早乙女の田植えをみたいといった。その最中、田植えが終わらないうちに、天にわかに曇り、稲妻が鳴り響いて大雨が降り出し、田植えの人々は雷に打たれてみな死んでしまった。そののち、その田を「死田」といい、五月七日は「蘇我殿の田植え」といって、田植えをしない日となった。

(7)そのほかに、関連する神社に次のようなものがある。

子守神社（君津市俵田字姥神）：弘文天皇の乳母を祀る。

末吉神社（君津市末吉字壬申山）：蘇我赤兄を祀る。

拾弐所神社（君津市戸崎字野持）：弘文天皇の母・伊賀采女宅子郎女を祀る。

福王神社（袖ケ浦市奈良輪）：弘文天皇の皇子・福王を祀り、福王丸陵と称する円墳がある。

白山神社（市原市飯給字森前）：大友皇子を祀る。


これらと並んで、大多喜町筒森の筒森神社（御筒大明神）に伝わる伝説もある。それによると、天皇の死後、皇后・十市皇女が当地に逃げ延びたが、流産して亡くなってしまったとされる。十市皇女の産穢は山腹に埋葬された。その場所を「多羅櫃」といい、奉葬した山上を「高塚の陵」という。このような経緯から、土地の人々は御筒大明神を「産婦の守護神」と信じている。

■弘文天皇伝説の復興運動

以上が、旧俵田村周辺と大多喜町筒森に残る弘文天皇伝説のあらましだが、明治時代になってから、千葉県内において弘文天皇伝説の復興をめざす動きが起こった。それは、大友皇子を天皇として正式に認知させることと、『日本書紀』の記載に基づいて墓所を探し出そうとする全国的な動きに呼応するものであった。そのなかで、弘文天皇陵確定の中心的な役割を果たした人物の一人が、明治政府の地方行政官だった籠手田安定（一八四〇―一八九九年）である。彼は滋賀県権令だった当時、三九代の天皇として認められた弘文天皇の墓所を長等山園城寺（三井寺）の亀丘に比定し、それに基づいて、一八七七年に亀丘は正式に弘文天皇陵として承認されたのだった。

このような動きに対して、弘文天皇伝説が語り伝えられてきた千葉県内では、白山神社古墳の実地調査を求める動きが起こった。一八七一年に、高橋常延（旧久留里藩士）が神祇官に対して「白山神社縁起考」を提出したのをはじめとして、一八八一年には森勝蔵、鶴見東馬（いずれも旧久留里藩士）ほかが、また翌年には俵田村が古墳の発掘調査を求めている。その後、一八九七年九月に俵田青年会の依頼に基づいて、八木奘三郎（東京帝国大学人類学教室職員）と中沢澄男（陸軍教授）による古墳周辺の陪塚の発掘調査が行なわれ、先に触れたような埋蔵物が発掘されたのであった（小櫃村誌編纂委員会、一九七八）。しかし、このような運動はあったものの、白山神社古墳が弘文天皇陵と認められることはなかったし、収集された伝説も史実として広く認められることはなかったのである。

3　房総・弘文天皇伝説のあらまし(2)

■田原村大里の伝説

房総における弘文天皇にかかわる伝説は、現在鴨川市に編入されている旧田原村大里や九十九里海岸の北部、旧野栄町(現匝瑳《そうさ》市)から旭市にかけての地域にも残されている。

まず、旧田原村大里の伝説とは大略、次のようなものである。この地に大裏塚と呼ばれる大塚があり、その山上に「いしみや」という古祠があって、聖権現と呼んでいる。付近を往来する者は、馬より降りて一礼するという。また宝暦の頃(一七五一―一七六四年)、領主がこの地に穀倉を建てたところ、一夜にして理由もはっきりとわからないまま、崩れたともいう(藤澤編、一九一九、二六八―二六九頁)。だが、伝説を採集した藤澤はこの伝説を怪しいという。そして俵田村の弘文天皇の伝説とかかわらせて、天皇が自害したのち、従者がこの地に身を伏せていたのだと推測し、それが「大裏塚」あるいは「大裏屋敷」の由来なのだとしている。

ここから明らかなように、旧田原村の弘文天皇伝説は房総・弘文天皇伝説を信じる藤澤衛彦の解釈の結果に基づいて生まれたものであり、あるいは創作といってよいものなのかもしれない。もちろん、田原地名の同系性や「大裏」にまつわる由来は検討しなければならないが、このような経緯があるため、旧田原村大里の伝説についてはここではひとまず除外しておくことにしたい。

■九十九里北部の弘文天皇妃伝説

次に取り上げるのは野栄町から旭市にかけての伝説である。ここでは、弘文天皇妃が従者とともにこの地に逃げ延びてきたという。その文献的な根拠は、旧川口村在住の明内豊明の所蔵図書のなかに含まれていた記述のなかにある、とされる（これらの図書は、明治時代初頭に書き写されたものという）。まず、「天武天皇の時、官女が兵乱を避けて従者一八人を連れて東国に下った。中臣常盤の孫・英勝が供をして、白鳳元年（六七二年）、下総の海辺に上陸したが、脳病により崩じたので、之れを埋葬した」とある。そしてこれにつづいて、永長元年（一〇九六年）の書では「官女は中臣鎌足の女である」とされた。

これらの文書に基づいて、佐倉出身で八日市場警察署長を務めた広田彬は一八八二年に旧野手村内裏塚に碑文を建てて、参列者千人規模の私祭を行なっている。これ以降、文献上は単に「官女」と書き継がれたものが「官女とは藤原鎌足の女、耳面刀自のことで、弘文天皇妃である」とされることになったのである。弘文天皇妃耳面刀自と弘文天皇を祀る内裏神社（**写真4―2**）の縁起は大略、次のようにいう。

――中臣英勝八世の孫・美敷の少女に神憑りがあり、清浄の土地を選んで、壙土を遷せという。美敷、貞雅、雅次らは相謀り、椿の海辺に聖地を選び、野田［野栄町］の壙土を遷し、霊廊となした。天慶三年九月のことという。嘉保年中（元年＝一〇九四年）、英勝一四世の孫・中臣正勝、日月の旗を証拠に、八幡太郎義家を介して、堀川院に官女のことを上奏。封地を賜り、自ら茶磨丘陵（近江国）より霊璽を遷し、内裏の称号を受ける。妃と大友皇子を祀り、ここに内裏神社が成立した。以来、大塚原は内裏塚原と称す――

この地域にはもともと、旧野栄町の海岸近くに円墳が二基あり、内陸の大塚原に一基の古墳があった。そして大塚原の古墳は、海岸近くの二基に対する遥拝所とみなされていた。それに対して、この縁起では海岸沿いの古墳を弘文天皇妃の最初の埋葬地とし、大塚原の古墳を改葬地とみなしているのである。

ところで、この大塚原古墳（**写真4―3**）からは一八九一年、風雨で崩壊した部分の修復作業中に、人骨、土器、鏡、珠、

写真4-2　旭市・内裏神社

写真4-3　旭市・大塚原古墳

刀剣などが出土した。そして石棺の蓋には、「連金子英勝」と線刻されていたといわれる（人骨は埋め戻されたが、出土品は管理不十分のため散逸、蓋は土台の石をつけて英勝の墓石としたが、文字部分は消滅してしまった）。その後、一九七一年に古墳周辺を整備するにあたって、人骨が再度発掘され、その際に新潟大学医学部による調査が行なわれた。出土人骨は保存状態が悪く、一括して深甕に入られていたため、個体識別が困難であったが、調査によって、頭蓋骨などから少なくとも三遺骨が埋葬されていたことがわかった。いずれも壮年期（ないし熟年期）の男性骨と推定され、そのうち二遺骨については側頭骨の一部に「薄く紅赤色に染まった部分」があった。その染色について、「調査概要」では「紅赤色に人骨が染まっている例は古墳時代のものに特に多くみられる」とされたが、結論的には「伝承によればこの人骨群は改葬や他墳墓からの追葬などがあったことになっているが、確実なところは男性骨が三個体分はあると思われる。しかし、性別を示さぬ破片が細片となって多数あり、正確な個体数や性別は目下の段階ではわからない」というにとどまった（旭市史編さん委員会、一九八〇年、二九―三二頁）。

この人骨と伝承がどこまでかかわるのかについては、疑問も残る。しかし石棺の蓋に刻み込まれていた「連金子英勝」の文字がもつ意味は考慮しておかなければならないだろう。これは「連・金の子・英勝」と読み、壬申の乱の後、死罪となった中臣連金の子供の中臣英勝を指す、というのである。そしてこの物証によって、明内豊章所蔵図書における「天武天皇の時、官女が兵乱を避けて従者一八人を連れて東国に下った。中臣常盤の孫・英勝が供をして、下総の海辺に上陸した」という記載には、一定程度の信頼性が出てくることになるからである。

しかし明治時代になってから、官女を弘文天皇妃とみなし、俵田の弘文天皇伝説と結びつけるのは明らかに飛躍がある。結局、最大限伝説を信頼したうえで考えられるのは次のようなことになるだろう。すなわち、「壬申の乱の首謀者として処刑された右大臣中臣連金の子は『古事記、日本書紀』によれば流刑されたという。それが中臣英勝かどうかはわからないが、英勝と考えたとき、どこへ流刑されたのだろうか。都から遠い東国に流刑された可能性は高い。…［中略―引用者］…英勝は中臣氏である。英勝の流刑に弘文天皇妃が同行したというより、近江朝廷が敗れて行き場を失った官女が同行したのではなかろうか。しかもその官女は中臣氏一族の女性である可能性が大きい」（旭市市民会館・図書館・文書館、一九九三、一七頁）。

とはいえ、石棺の蓋に被葬者の名前を刻むことがあるのか、という疑問は残る。弘文天皇妃伝説は俵田の弘文天皇伝説がある程度広まった段階で、それをうけるかたちで形成されたのではなかったか、と考えるのが妥当なところではないか。

4　房総・弘文天皇伝説の背景

旧田原村や九十九里北部の弘文天皇にかかわる伝説の洗い直しを踏まえて、再び、俵田周辺の伝説に戻ってみたい。このような伝説が生まれた背景は、一体どのようなものなのだろうか。既存の研究を検討してみよう。

■平野馨説

まず民俗研究家・平野馨は、次のような事柄を指摘している（平野、一九八二、一六二―一六六頁）。

(1)白山神社の別称・田原神社の「田原」という名称は、京都で大海人皇子伝説のよりどころとなっている宇治田原町とかかわっている（その場合、大友と大海人とは混同されていることになる）。

(2)また、大和国十一郡田原の地は多氏の本拠地であり、多氏とのかかわりも考えられる。

(3)房総は天長三年（八二六年）以来、親王所在の太守国でもあった［この年、上総、常陸、上野の三国は親王が太守に補任される親王任国となった――引用者］。

(4)隣接する木更津市には、大友皇子のよき理解者、藤原鎌足の伝説もある［木更津市の高蔵寺の縁起によると、木更津市矢那の猪野長者の娘の子が藤原鎌足だという―引用者］。

これらの指摘はいずれも「なるほど」と思えるもので、房総・弘文天皇伝説の背景をおさえておくうえで、一定の意味をもつものといえるだろう。

■**大和岩雄説**

この平野説につづいて、歴史家・大和岩雄が『人麻呂伝説』(大和、一九九一)のなかで、高崎正秀『物語文学序説』(高崎、一九七一)や細矢藤策『古代英雄文学と鍛冶族』(細矢、一九八九)などを踏まえつつ、重要な指摘をしている。大和は柿本人麻呂にかかわる伝説を検討していくなかで、人麻呂の上総配流伝説があることに言及し、それが上総の和邇氏の一族とかかわっていると述べている。例えば、東金市の「小野」という地名は、和邇一族のなかの小野氏にゆかりのもので、同じく東金市田中の山部赤人の墓と伝承される赤人塚は、人麻呂伝説を伝えた小野氏による赤人伝説の創作に基づくものだと指摘している(大和、一九九一、二三四―二三五頁、なお、東金市田中は旧田中村で、福俵村などと合併して大和村となり、さらに現在の東金市となった。また、法光寺には赤人像のほか、赤人ゆかりの伝記、宝玉などが伝わっている)。そのうえで、上総における大友皇子(弘文天皇)や人麻呂にかかわる伝説は、この地域における「近江系の人々の存在」と切り離して考えることはできない、というのである(大和、一九九一、二三五頁)。

この大和の視点は上総と近江とのかかわり、とりわけ俵田の白山神社の成立事情の背景を指摘するものとして重要である。だが時代的な特定は、はっきりとしない。

■謎は残る

結局、これらの研究は房総・弘文天皇伝説の成立の背景について、一定の根拠を示してくれてはいるのだが、いつ頃、どのような事情でこの伝説が成立したのかという点にまで踏み込んで考察しているわけではないのである。

5　「田原」地名の由来

■手がかりとしての「田原」地名

そこで、「田原」という地名を手がかりにして、房総・弘文天皇伝説の背景について、さらに検討していくことにしよう。文献（『三代実録』元慶八年（八八四年）七月一五日条）のうえでみると、この白山神社のもともとの祭神は田原神であった。田原というのは明らかに、この地の旧名「田原田」（現在は俵田と書く）につうじている。平野（一九八二）は、田原地名が宇治や大和の田原とつうじているのではないかと指摘しているが、その一方で、この田原というのは大和（一九九一）がいうように、近江の田原にもつうじていることに注目しておくべきだろう。

■大和の田原

まず大和の田原についていうと、そこは確かに多氏の本拠地とも呼べるような土地であった。そしてここにはタタラべ（蹈鞴部）という地名があり、古代には鏡などを鋳造する民部がいて、そのなかに、タタラを姓とする者があった（池田、一九七七、一五八―一六一頁）。現在でも、鏡作神社が鎮座する金属にゆかりの地である。

■近江の田原とのかかわり

近江の田原といえば、瀬田橋のうえで大蛇をまたぎ、それを見込まれて三上山の百足を退治した俵藤太のゆかりの地である。この百足退治の話は百足になぞらえられる先住製鉄民を後続の製鉄民が支配、服従させたエピソードを語るもの、ともいう(真弓、一九八五)。その意味で、俵藤太は先進的な製鉄民を象徴する存在である。

■田原地名の由来について

おそらく、田原神を祀る田原神社が白山大権現に変化するのに伴って祭神が弘文天皇に変わった、と考えるのが妥当なところだろう。では、そもそも「田原」とは何か。大和の田原も近江の田原も、ともに製鉄などの金属伝承とかかわっている。白山神社の田原神も俵田地名にその痕跡を刻んでいる。それとともに、藤澤衛彦によって弘文天皇の従者の子孫が隠れ住んだといわれ、大裏塚という皇子にゆかりの者の墓所があると解釈された鴨川市田原の地名由来も視野に入れる必要があるはずである。またそれとは別に、東金市「福俵」という地名も「田原」にかかわるものと思われる。これらに共通する「田原」とは、一体何を意味しているのだろうか。

それを解くためのヒントは、埼玉県熊谷市郊外の観音山(**写真4—4**)の由来のなかにある。第5章の先取りになるが、清水(一九九四)に依拠しつつ、その来歴について検討しておきたい。

この観音山は熊谷と秩父を結ぶ国道一四〇号線バイパスのすぐ脇にあり、寺の裏手には新幹線の高架が通っている。標高わずか八二メートルということもあって気づきにくい山だが、その形は富士山を小型にしたような美しい姿をしている。秩父鉄道の明戸という駅から観音山に向かうと、途中に沙間池跡という碑が建った場所に出る。いまは水田になっているが、もともとは観音山を使って鉄穴流しをしていた際の鉱石の沈殿池だったところだという。ここから国道を渡ると、まず観音山直下の龍泉寺(**写真4—5**)に出る。本尊は不動明王だが、別に観音堂があって、そこには千手観音が祀られている。だが宗教的雰囲気とは対照的に、寺の裏手の斜面は赤土や岩石がむき出しになっていて、鉄穴流しの跡をみせている。その斜面を登れば、観音山の山頂にはあっけなくたどり着くことになる。

実は観音山というのは通称で、この山の本来の名称は狭山なのだという。狭山の「狭」とは砂のことで、つまり砂鉄の採れる山という意味である。狭山に観音様を祀ったから観音山になるわけで、その逆ではない。つまり観音を本尊とする寺院を建立したのちに、その寺院の裏山で鉄穴流しをするはずはない、ということである。ここで、観音信仰というのはこの鉄穴流しに由来する、つまり観音は「鉄穴」なのだ、ということがはっきりとわかる。簡単にいえば、観音山も観音堂もかつて行なわれていた鉄穴流しの遺物のようなものなのである。そしてこの点はもしかすると、全国各地の観音山と呼ばれる山の由来を解くための鍵となるかもしれない。

さて、以上は前置きで、ここからが本題である。この観音堂から西に、観音山の山裾の位置に薬師如来を本尊とする田原薬師の御堂がある（写真4—6）。この田原とは何か。それはタタラなのだという。タタラが転じてタワラになった、ということである。「足でふいごを踏んで金物や和鉄をつくったところに建てた御堂」がこの田原薬師なのである。つまり、田原や俵はタタラで、製鉄にかかわるということである。

例えば俵藤太の「俵」について、これまでどのようなことがいわれていたのか、というと、百足退治の功績として米俵が与えられたから俵藤太なのだ、というのが中世の軍記物語『太平記』の説明。それに対して、物質民俗学の若尾五雄はさすがに藤太と製鉄とのかかわりについて十分把握してはいるものの、俵と鉄とのかかわりについては何も言及してはいない（若尾、一九九四）。

では、田原をタタラの意味に取ると、上総俵田の田原神はどういうことになるのだろうか。田原神はタタラ神だし、俵田はタタラ田であって、おそらく砂鉄を比重選鉱していた水簸田のことだと思われる。つまり田原神とはタタラの神であり、製鉄の神だということである。ちなみに、俵田と同系地名の東金市福俵は「吹く・タタラ」（すなわち、タタラを吹く）が語源だと考えられる。

写真4-4　観音山

写真4-5　龍泉寺

写真4-6　田原薬師堂

このように、房総の田原神の由来は、タタラ、製鉄、観音信仰と結びつくとみることができる。

6　鉄の痕跡

では、房総の田原地名に金属伝承はどのようにかかわっているのだろうか。両者の関連を示す伝説や伝承、それに物的証拠を検討してみたい。

■逆流する川

まず、上総俵田を取り上げてみよう。第2節で触れた弘文天皇伝説のなかに、敵方の軍勢に追い詰められた弘文天皇が、自害するにあたって腹を洗った川ゆえに御腹川という名称が起こったとされる川がある。その御腹川は「切腹の時、やさしい天皇の死を悲しんだ里人の想いで、川の水が反対に流れたという。後々までも、時々逆流するとか、人の血が流れると伝えられている」(奥平、一九九〇、一九頁)。この伝説は、製鉄とのかかわりで意味をもっている。後半でいわれる「人の血が流れる」というのは川の水が時に赤茶けるときがある、ということをいっているのだろう。これはおそらくは鉄穴流しの所産であり、鉄分を含んだ川の水が血の流れにたとえられたものだろう。また「川の水が反対に流れた」というのはまさしく「逆川」の伝説といってよい。ここには、鉄穴流しによって川に大量の土砂が流れ込んで水流を堰止め、川の水が逆流したことが何らかのかたちで反映されているのではないだろうか1。

■白山神社古墳に刀剣あり

このように考えてみると、田原の地の弘文天皇伝説はやはり製鉄がからんでいるとみて差し支えない。製鉄といえば、白山神社古墳の陪塚には太刀や鉄鏃が埋納されていたわけで、この古墳にゆかりの人々からして製鉄の民であったのだった。そして彼らがつくった古墳の形式は「畿内における大型古墳はしばしばその陪塚に遺体を埋葬しない施設を設け、そこに大量の鉄器を埋納していた」（村上、一九九九、一三三頁）という指摘と重なり合うように、製鉄にかかわる豪族の古墳だったのである。

■刀匠・国光

時代はくだって中世になると、鎌倉の刀匠・新藤五国光が愛宕権現の神託によって愛宕山（標高一九二メートル）の山裾に砂鉄層を発見し、この地で七年間にわたって刀を打ったといわれる（土橋、一九九六）。国光は相模の刀匠として有名な人物であり、一三世紀末から一四世紀にかけて活動していた。ただし原料の砂鉄は伯耆大山から求めたと伝えられている（間宮、一九八八）。そうだとすると、この地とのかかわりに関しては疑問も残るが、国光本人ではなく、弟子などが砂鉄を求めて対岸から渡ってきたこともあったのだろうか。なお、国光は字名にもなっていて、そこには稲荷神社が祀られている。

■常光院の大尺坊

また時代ははっきりとしないが、良弁作とされる不動明王像を本尊とする常光院叶谷寺も、修験系の寺院で、製鉄と縁の深い良弁が付随している。しかも叶谷（金屋につうじる）に位置することから考えれば、これまた製鉄ゆかりの寺院と考えることができる。興味深いのは、この寺には「大男が大尺坊という仏様になって祀られた」という巨人伝説が残されていることである（ふじ編、一九七八）。この寺に祈願すると、足腰の病が治るというのだが、大尺坊というのはダイダラボッチの訛りだろう。「ダイダラ」はタタラ、「ボッチ」は「坊」であり、タタラを操る坊さんの意味である。それが巨人になるのは山の中を俊足で移動できるのは大男に違いない、という想像によるものとも考えられる。そして、「オアシ」が「オカネ」の意味であるように、「足」が「金」のいい換えだとすれば、足の仏様の本来の姿は金属にまつわることになる2。

■巨人伝説の分布とその意味

この巨人伝説は、千葉県内で約五十箇所に伝わっているという（平野、一九八六）。そのなかの一つが常光院で、ここでは大男が仏になっているわけだが、伝説の多くは「足跡」といわれる窪地や池、あるいは湿地などである。小櫃川の流域で巨人の足跡といわれる場所は、大坂、蔵玉、釜生、川俣、清水の集落に分布している。これらはおそらくタタラ製鉄の工程で、融解した鉄塊を冷ますための金池の跡だったのではないか、と思われる。

小櫃川流域における巨人の足跡と金属関連の地名や寺社などの分布を示したのが、（図4—1）である。この一帯は製鉄と関係が深かったことがうかがわれる。そう考えると、小櫃という地名そのものが、持ち運びのできるような小さな「櫃」、つまり木製の送風器（タタラのフイゴ）のことだったのではないか、と思えてくる。ちなみに、大多喜町の筒森神社の「筒」や、その手前の「多良櫃」は、先述のとおり、弘文天皇妃とのかかわりが伝えられるが、いずれも「タタラのフイゴ」に関連する名称だと思われる。

■鴨川の田原

次に、鴨川市の旧田原村である。この田原地名は『倭名抄』にも記載のある古い地名である。だがこの地と製鉄とのかかわりを直接的に結びつけるものははっきりとしない。また地名から類推された弘文天皇ゆかりの伝説についても、その根拠が弱いために、どちらかというと否定的にみるよりほかにない。しかし一応、次のようにいうことはできる。

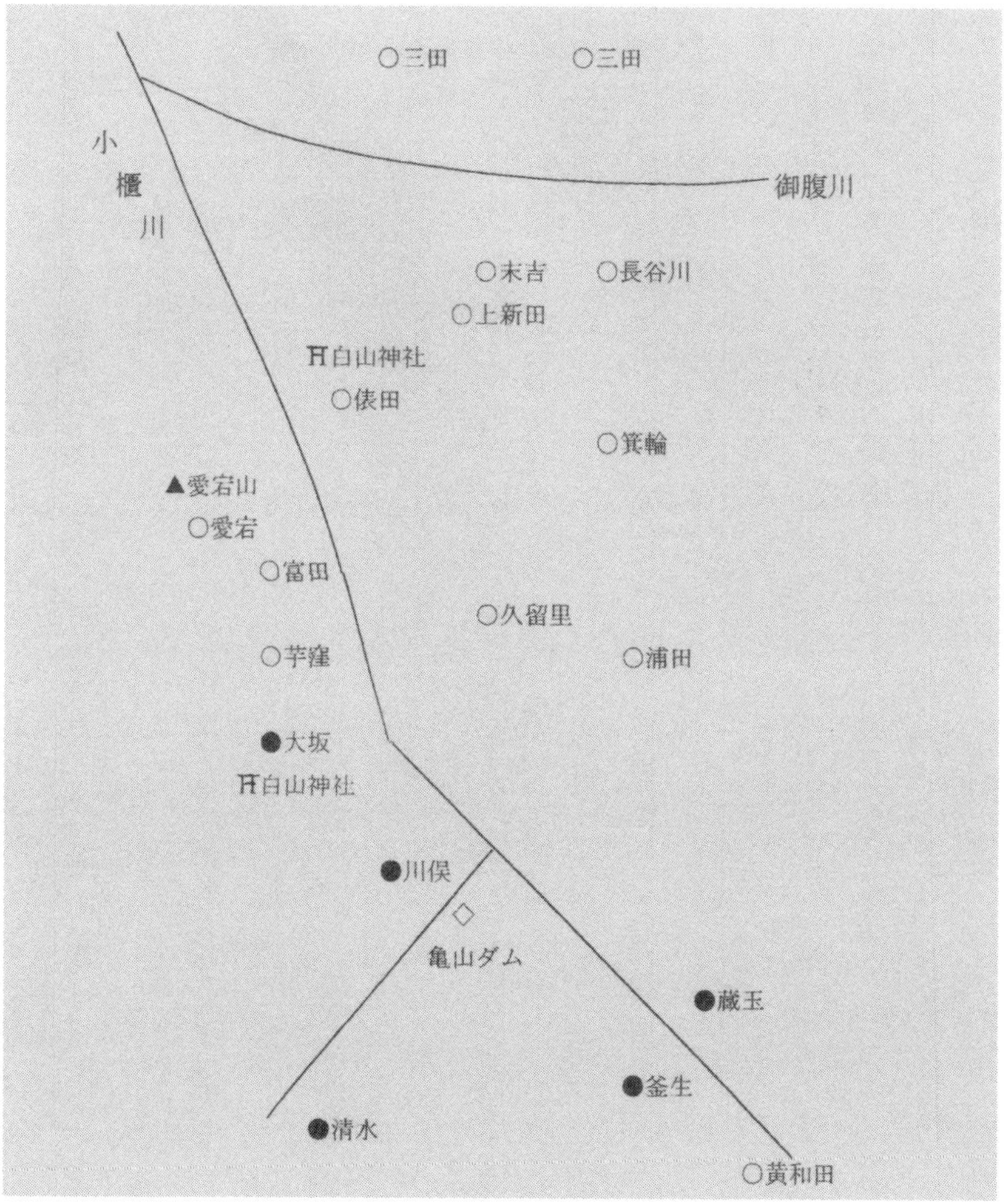

図4-1　小櫃川流域の巨人伝説（●が該当箇所）

この田原村は内陸部に位置し、その北西には良弁開山伝承をもつ大山(標高一二九メートル)がそびえている。そしてこの大山を中心とする周辺地域こそ、製鉄地帯だったのである(柴田、一九九八)。それゆえ、ここでも田原が製鉄と結びつく可能性は大きい。

■九十九里と砂鉄原料

最後に、九十九里北部の弘文天皇伝説にかかわる地域も有数の砂鉄採取地帯であった。旭市の足川、中谷里、井戸野では近年まで砂鉄の採取が企業的に行なわれてきたし、また内陸の八街市滝台で発掘された古代の製鉄工房の原料は九十九里海岸から運ばれたものであるという(毎日新聞千葉支局、一九七三)。

このように田原地名と弘文天皇伝説は、製鉄によって結びついているとみることができる。では、その担い手は一体どのような人々だったのだろうか。

7　弘文天皇伝説の担い手

■白山神社・再考

そこで再び、俵田の白山神社に戻ることにしよう。

まず、これまでにわかっていることを改めて確認しておくと、次のようになる。

(1)白山神社の脇の前方後円墳は弘文天皇を葬ったものではなく、馬来田国造にかかわっている。

⑵九世紀後半までの時期に、前方後円墳の脇に田原神が祀られた。
⑶文献のうえで、古墳や白山神社（大権現）が弘文天皇伝説と結びつけられたのは『久留里記』が初出であるが、この文書は著者、刊行年ともに不明。ただし、いくつかある写本の記載に基づいていえば、遅くとも一七世紀後半（寛文から元禄の頃）の時期には成立していたと考えることができる。

房総・弘文天皇伝説を学問的な研究対象として考えようとする立場に限定するならば、今日、この伝説を「史実」としてみなす研究事例は皆無といってよい。大方は、田原神から白山神社へと改称された時期と『久留里記』の成立までの時期とのあいだに、この伝説が成立したようにみなしているようにも思われる。例えば、先に触れた大和（一九九一）は俵田の白山神社と近江における白山信仰との結びつきを一つの論拠にしている。それゆえに、伝説の担い手は房総に移住して来た「近江系の人々」ということになる。また、房総・弘文天皇伝説の成立を『久留里記』の完成をもって認める星野良作『研究史　壬申の乱』（星野、一九七三）の見解に依拠すれば、それは江戸時代につくられた話だということになる。

以上を確認したうえで、弘文天皇伝説の担い手の問題を検討してみることにしよう。まず、『千葉県の地名』（平凡社地方資料センター編、一九九六）に基づいて、白山神社の歴史を年表風にまとめてみたい（［　］内は記述の典拠を示す）。

・天武一三（六八四）年〜弘文天皇を祀り、白山大権現と称す［縁起］。
・元慶八（八八四）年七月一五日〜田原神に従五位下の神階が授けられる［日本三代実録］。

・天文三（一五三四）年九月〜社殿を再建する。仏教とかかわり、白山大権現と改称する［中村、一九四四、府馬、一九七五］。
・延宝六（一六七八）年〜俵大明神を再興する。別当は徳蔵寺［棟札］。
・元禄一三（一七〇〇）年〜雨屋一宇を建立［千葉県君津郡教育会、一九二七＝一九九〇］。
・文政一〇（一八二七）年〜第三〇代神祇伯・雅寿王が扁額「田原神社」を記す［社蔵文書］。
・明治初年〜神主の深河置栄が弘文天皇に加えて、白山社にふさわしく菊理媛を祀る［中村、一九四四］。
・明治六（一八七三）年〜白山神社と改称する［千葉県君津郡会、一九二七＝一九九〇］。

一般に、文献のうえで登場する上総の田原神が俵田の白山神社の前身だと考えられている。それを前提とするならば、縁起にいう天武一三年の記事は虚偽というほかない。そもそも、この時期に白山信仰は成立していないのだ。だから信頼できるのは田原神の記述からである。九世紀に中央からこの地を開発した集団があったのだろうか。あるいは、当時、上総の地で発生していた俘囚の蜂起の鎮圧に田原神が一役買ったということなのだろうか。詳細はわからないが、いずれにしても、田原神に神階が授けられたという記事によって、田原神が先行し、のちに神仏習合して白山大権現に改められた、という事情がわかる。

この白山大権現への名称変更はこの神社が修験道の支配下に入ったということであり、境内に神宮寺を設けて、別当として祭祀を司ることになった。しかしそののち、神宮寺も廃れてしまったのだろうか。江戸時代初期、別当を徳蔵寺として俵大明神として再興されることになったわけである。その別当・徳蔵寺は密教系の寺院で、白山神社から数百メートル離れた場所に現存している（写真４―７）。山号を「富貴羅山」というのは興味深い。富貴羅とは「フキラ」で吹屋につうじ、「タタラを吹く」ことにつながるからである。丘を一つ越えた木更津市矢那にも同じ名称の徳蔵寺がある。矢那といえば鎌倉時代の鋳物師・大野五郎衛門が居を構えた場所であり、平野（一九八二）が言及した鎌足出生伝説を秘めた高蔵寺もある。タタラとは縁の深い場所といってよいだろう。

■修験道勢力による村の再興

こうして年表を概観してみると、一六世紀前半の時期に、俵田の地は修験道勢力の進出によって再興されたようにみえる。否、村を新たに作り直した、といってもいいのかもしれない。その修験道勢力とは時代背景から推測して、愛宕山に拠点をおき、のち旧・富浦町に進出した正善院派だった可能性もあるだろう。その修験道勢力

写真4–7　かつて白山神社の別当だった徳蔵寺

は村の発足にあたって、白山大権現を祀り、祭神を弘文天皇としたのではなかったか。村人を統合するためには、歴史上に名を残した「英雄」が必要なのであった。

この文脈で、「古代英雄文学」と金属伝説とのかかわりについての次のような指摘が妥当性をもつことになる。

「村落共同体の中に割り込んだ外来者―金属工匠が村人の前に自分達の奉持する神の力、ひいては自分達自身の力を誇示することによって村人を言向け和平すための方便であったと考えられるのである」、「古代の英雄文学は、この故に金属工匠の間に育まれ、携えられて来たものと考えられる。たたらを構えたその地に土着したのが伝説となり、その伝承の集大成され、文字化されたものが英雄文学として花開き、実を結んだものと考えられる」（細矢、一九八九、一九二―一九三頁）。

この説は弘文天皇伝説の背景を金属生産とのかかわりで捉えていくうえで、一つの有力な視点を提示している。だが、ここで示された基本的な論点をそのまま房総・弘文天皇伝説に当てはめることには無理がある。それはつまり、英雄ならばだれでもいいのか、という疑問である。伝説の担い手が金属にかかわるということはいいとして、その英雄が村人とは全く無縁の外来者だったとするならば、説得力をもたないのではないか。そして説得力のないつくり話はすぐに忘れ去られてしまうのではないか。

その意味で、英雄はその土地に何らかのかかわりをもつ人物でなければならなかった、ということではなかったか。では、弘文天皇と上総とのかかわりとは何か。それはやはり、平野（一九八二）によって指摘されているように、オオ（多）氏の存在である。白山神社古墳の被葬者とされる馬来田国造も、また藤原鎌足もともにオオ氏の一族であった（柴田、一九八〇）。

古代の豪族・オオ氏の一連の動きが房総・俵田と弘文天皇伝説が結びつく要因として重要なのは、「大友皇子が敗者であった」という点である。歴史の闇に葬り去られた敗者を神として祀るのが白山信仰なのである。そしてその担い手たる修験者はもちろん、製鉄技術者でもあった。

では、九十九里北部の伝説はどのように位置づけられるのだろうか。正確にいうと、この地域の伝説は弘文天皇と直接かかわっているのではなく、近畿にいたオオ氏（大友皇子とかかわりをもつ中臣英勝とその周辺の人々）の東国への移住の話である。この話自体の信憑性には問題が残る。俵田の白山神社の伝説が何らかの影響を与えたのではなかったかと思われる[3]。

8　結　語

房総・弘文天皇伝説は房総に数多く残されている伝説のなかでも、とりわけ傑出した伝説の一つである。地域的な広がりがあり、残された伝説は詳しすぎるからである。これは明治時代になってから、弘文天皇伝説が熱心に収集されたことの結果ともみなすことができるだろう。それによって、埋もれてしまう可能性のあった伝説が、きちんと紙に書かれた記録として残されることになったわけである。

地域的な広がりについていうと、これはもともとの伝承地を中心にして、徐々に周辺に広がっていった、ということだろう。その背景には、伝説を担っていた同族の拡大と信仰の広がりという二つの要因が考えられるはずである。

だがそれは、単に「貴種流離譚」という枠のなかの伝説の一つとして取り扱って済むものではない。房総には、その貴人が弘文天皇（大友皇子）である必然性があった。それはもちろん、先住者としてのオオ氏の存在である。

ということで、房総・弘文天皇伝説は中世末から近世にかけての修験道の枠組みのなかでさまざまな脚色を加えられていったのだろう。そしてその伝説の背景的世界にはいずれも、鉄などの金属生産がからんでいるのであった。このように考えれば、江戸時代に創作された伝説というわけではないのではなかろうか。

【注】

1　この「逆流する川」としての逆川の由来については、第7章で検討を試みる。
2　常光院は、大正五年(一九一六年)に小市部円如寺に合併されている(平凡社地方資料センター編、一九九六、一〇二〇頁)。
3　九十九里の内裏神社では三三年に一度、弘文天皇妃の霊をなぐさめるための御神幸が行なわれている。内裏神社から大塚原を経由して内裏浜まで往復するコースをたどっている(旭市史編さん委員会、一九七五、六六八頁)。資料的に確認できる最古の御神幸は文化四年(一八〇七年)であり、その何年か前に伝説の原型が形づくられた可能性もあるのではないか。

【文献】


旭市市民会館・図書館・文書館、一九九三、『弘文天皇妃伝説』。

旭市史編さん委員会、一九七五、『旭市史』第三巻、旭市役所。

旭市史編さん委員会、一九八〇、『旭市史』第一巻、旭市役所。

千葉県君津郡教育会、一九二七＝一九九〇、『千葉県君津郡誌』千秋社。

藤澤衛彦編、一九一七、『日本傳説叢書　上総の巻』日本傳説叢書刊行會。

藤澤衛彦編、一九一九、『日本傳説叢書　安房の巻』日本傳説叢書刊行會。

府馬清、一九七五、「大友皇子生存説をめぐって」『ふるさと上総物語』崙書房、二一一―六五頁。

平野馨、一九八二、『伝承を考える―房総の民俗を起点として』大和美術印版部。

平野馨、一九八六、『伝承を考えるⅡ』うらべ書房。

平凡社地方資料センター編、一九九六、『日本歴史地名大系・12・千葉県の地名』平凡社。

星野良作、一九七三、『研究史　壬申の乱』吉川弘文館。

細矢藤策、一九八九、『古代英雄文学と鍛冶族』桜楓社。

池田末則、一九七七、『日本地名伝承論』平凡社。

毎日新聞千葉支局、一九七三、『九十九里』九十九里史料調査研究会。

間宮光治、一九八八、『鎌倉鍛冶藻塩草』。

真弓常忠、一九八五、『古代の鉄と神々』学生社。

村上恭通、一九九九、『倭人と鉄の考古学』青木書店。

中村翰護、一九四四、『弘文天皇御陵考』。

小櫃村誌編纂委員会、一九七八、『小櫃村誌』千葉県君津市。

奥平正子、一九九〇、「君津の白山神社に伝わる大友皇子の落去伝説」荒川法勝編『千葉県史跡と伝説』暁印書館、一七一一九頁。

大和岩雄、一九九一、『人麻呂伝説』白水社。

柴田弘武、一九八〇、『東国の古代―産鉄族オオ氏の軌跡』崙書房。

柴田弘武、一九九八、「常総の風土と古代製鉄」谷川健一編『金属と地名』三一書房、二七二―二八五頁。

清水　寿、一九九四、『鋳師・鍛冶師の統領と思われる畠山重忠について』。

高崎正秀、一九七一、『高崎正秀著作集五・物語文学序説』桜楓社。

高崎繁雄、一九八四、「白山神社―君津市俵田字天神台」谷川健一編『日本の神々　神社と聖地』11（関東）、白水社、二四〇―二四三頁。

豊田有恒、一九九四、『大友の皇子東下り』講談社文庫。

土橋幸一、一九九六、『小櫃川流域のかたりべ』旧君津市上総農業協同組合。

ふじかおる編、一九七八、『上総の民話』土筆書房。

若尾五雄、一九九四、『黄金と百足―鉱山民俗学への道』人文書院。

第5章　畠山重忠と鉄の伝説

1　はじめに

奥多摩や奥武蔵の山を歩いていると、鎌倉時代の武将・畠山重忠の伝説によく出会う。重忠は源頼朝の忠臣として知られ、中世後期から現在に至るまで、その人物像には様々な脚色が加えられてきた（貫、一九八七、一九四―二〇一頁）。そのため、残された伝説のなかには文字どおりの史実がある一方で、重忠人気に便乗した後世の付会と思われるものもある。

とはいえ、伝説をつくり語り伝えてきた主体像に焦点を合わせてみるとき、そこに新たな歴史的状況が浮かび上がってくることもある。ここでは、こうした観点にたって、畠山重忠伝説を読み解き、その背後にある一つの世界を照らし出してみることにしよう。

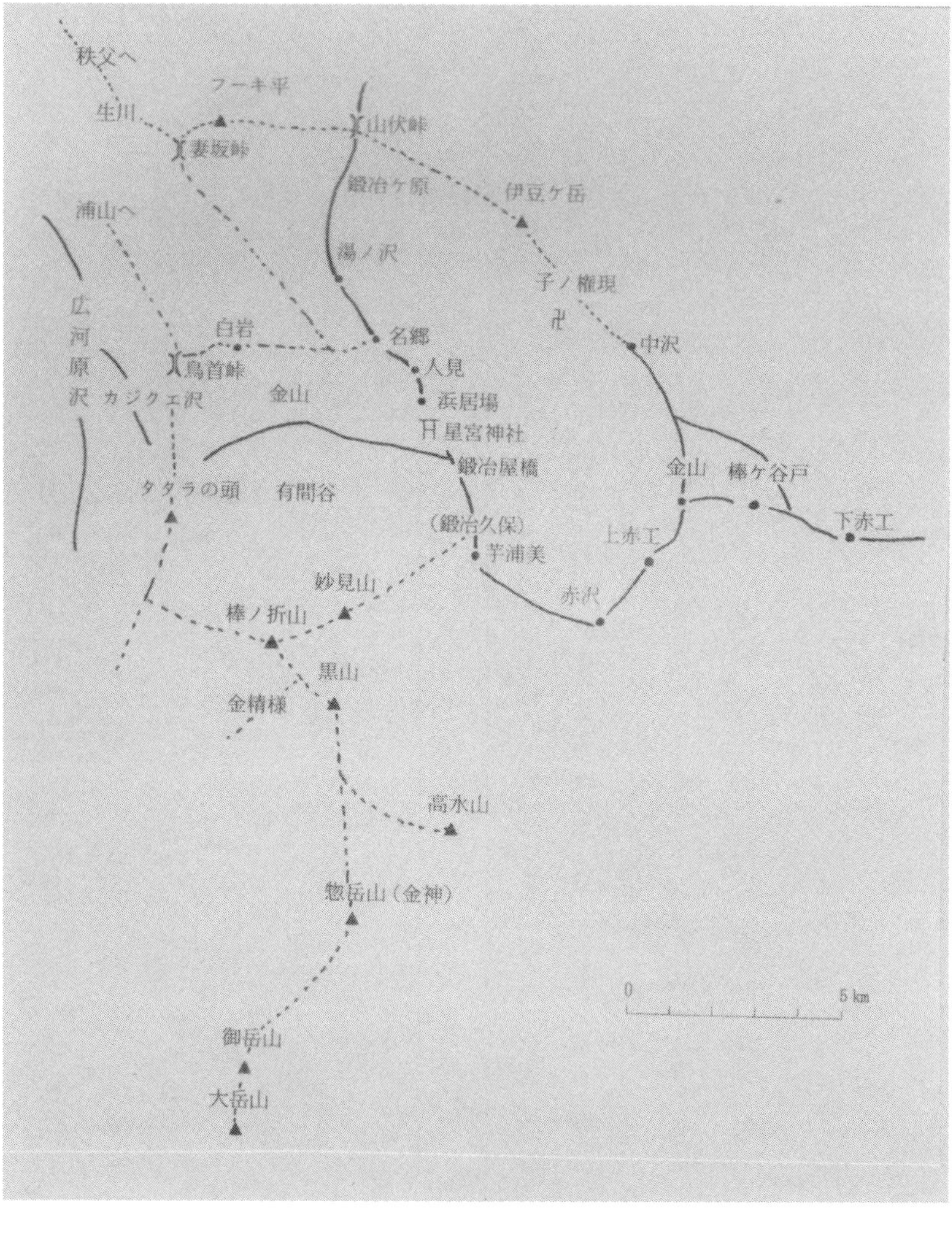

図5-1　奥武蔵、奥多摩における畠山重忠の足跡

2　棒ノ折山の伝説

■棒ノ折山と畠山重忠

奥多摩と奥武蔵の境界線上に棒ノ折山（標高九六九メートル）という山がある。この山の周辺はいくつかの重忠伝説によって彩られている。重忠伝説の背後にある世界を読み解く手がかりとして、はじめにこの山にかかわる伝説を取り上げてみたい。

まず山名の「棒ノ折」については、重忠が石の杖を突いてこの山を越えようとしていたところ、山中で杖がぽっきりと折れてしまい、そこからこの山を棒ノ折と呼ぶようになった、といわれている。また、棒ノ折山とは尾根つづきの黒山（標高八四二メートル）の東方に位置する「馬乗馬場」は重忠が馬術のけいこをした場所だといい、この一角には黄金が埋納されているともいう。さらに、棒ノ折山中には重忠が二俣川の戦いで戦死したあともひそかに生き延びていた、との伝説も残されている[1]。

■棒ノ折と金属

このように棒ノ折山は重忠伝説が濃厚な場所である。だがそれが史実なのかという点については、かなり疑わしいものがある。棒ノ折とは石棒が折れたものをいう、とは確かにそのとおりだろう。その石棒とは金山信仰の象徴としての金精様のことである。そして実際に、この山の南面の権次入《ごんじり》沢に金精様を祀った石棒がある。棒ノ折という山名はそこに由来する、ともいわれている。

権次入沢の「入」は沢の意味なので、「入」、「沢」と重複する必要はなく、本来は権次入で十分である。では、権次とは何か。人の名前だとばかり思っていたが、若尾五雄の調査によれば、和歌山県の旧丹生村（現日高川町）の上和佐地区にゴンジ穴という水銀の廃坑があり、「静岡県安倍郡［静岡市］では、『残り』のことをゴンジというから、水銀坑の残痕の意味かもしれない」としている（若尾、一九九四、一二九－一三〇頁）。その一方、清水寿は、畠山重忠とのかかわりから秩父地方の水銀採取について調査し、埼玉県飯能市から東京都青梅市、奥多摩町にかけての水銀採取地についても言及している（清水、一九九四、三九－四〇頁）。これらの先行研究を踏まえていえば、権次入沢に祀られた金精様が鉱物資源とかかわりをもつものと推測できるだろう[2]。

いずれにしても、金精様を祀るこの山の一帯は金山だったということである。その関連でいえば、馬乗馬場の黄金埋納伝説も気になるところである。あるいは、権次入沢が秩父と青梅とを結ぶ金山掘りの人々の往来に使われた古道で、金山信仰の名残を伝えている可能性もある。

棒ノ折山の伝説が、金属とかかわることは間違いない。だが、棒ノ折山の山名のおこりと畠山重忠とは直接的に結びつくものではない。しかし伝説は、この両者を結びつけている。その理由は、一体どういうものなのだろうか。ここに、問題を解く鍵があるのではないだろうか。

3　畠山重忠略伝

■畠山重忠とは

本題に入る前にまず、畠山重忠の人物像について簡単にみておくことにしよう。『吾妻鏡』の記載に基づいていえば、重忠は長寛二年（一一六四年）に生まれている。生地は現在の埼玉県深谷市（旧大里郡川本町）畠山で、その家系は秩父平氏の流れを汲んでいる。秩父平氏とは、桓武平氏・平良文の系統を引く平将常が秩父氏を名乗ったことに始まる。秩父氏は坂東八平氏の一つである[3]。そして将常から六代目の平重能が畠山の地に移って畠山氏と改称した。この重能の息子が畠山重忠になるわけである。

重忠は一七歳のとき、源頼朝の石橋山の挙兵に際して、父重能とともに平家方として参戦し、頼朝方の三浦氏を討っている。しかしその後重忠は、再度勢力を整えて武蔵の侵略にかかってきた頼朝の勧告に従って、頼朝方に帰服する。そして鎌倉幕府方の御家人として頼朝の鎌倉入りの後陣役を務め、宇治川の合戦、一の谷攻め、奥州征伐などで活躍する。だが四二歳のとき、鎌倉異変の報に北武蔵の菅谷館を出発したものの、途中の二俣川で北条方の愛甲季隆の弓矢に討たれ、戦死を遂げることになった。

墓所は生地川本町に従臣とともに祀られているが、そのほかに横浜市旭区鶴ヶ峰の薬王寺「六ツ塚」や埼玉県比企郡小川町古寺の「首塚」など、墓所として伝えられている場所もある。

■妙見信仰とのかかわり

このように重忠は頼朝の忠臣となったが、家系からすると平氏の系譜を引く人物であった。だから彼の背後にある世界もまた、平氏の流れを引いているものとみなければならないだろう。例えば、重忠の生地旧川本町は平良文のかつての本拠地に近接しているし、彼の仰いだ信仰もまた平氏由来の妙見信仰なのであった。これらの点にこそ、金属との結びつきをもつ畠山重忠伝説を解く鍵があるとみる。その鍵とは、妙見信仰が製鉄集団と結びついているということである。つまり彼の背後には、妙見菩薩を信仰する製鉄集団がいたのではないだろうか。彼らは山野を自由に歩き回って鉱物資源を採取し、戦乱の時にあっては武士団を構成し、戦いに赴いた。この宗教を身にまとった鉱物採取者であり、かつ戦闘者でもある存在こそ、修験者(山伏)の姿にほかならない。畠山重忠の伝説が金属とのかかわりで語られているのは、こういった背後の世界があったからではないだろうか。

4　妙見信仰の流れ

■妙見信仰と平氏

そこで、重忠が信仰していたと考えられる妙見信仰について、検討しておくことにしよう。平氏と妙見信仰とのかかわりは、承平元年（九三一年）の染谷川の合戦に溯る（伊藤、一九八〇）。平良文、将門連合軍の上野国府中攻めで、彼らは良文の兄・良望（国香）と衝突する。そのとき、七星山息災寺（現群馬県高崎市群馬町引田の妙見寺）の妙見菩薩が童子の姿となって示現し、敵の頭上に剣の雨を降らせて良文、将門連合軍を救ったという。そしてそれ以来、妙見菩薩は良文一族の守護神となったわけである。

この群馬の妙見信仰はもともとこの地を開拓した羊一族のものであり、染谷川合戦で妙見が示現したというのは、羊一族が良文方に援軍を出したということではないだろうか。そしてこれを契機として、妙見信仰は武蔵、相模、上総、下総へと拡大していくことになるわけである。このように妙見信仰は平氏の固有の信仰というわけではなく、上野の羊一族の信仰を平氏が取り込んだものである。このことはまた、良文の軍事力のなかに妙見信仰の一団が加わったことを意味するものだろう。

■妙見信仰と鉄

妙見信仰はその一方で、製鉄集団とも結びついている。上野国の開拓者・羊氏とは多胡碑に「羊に給いて多胡郡となす」（和銅四年（七一一年）三月九日）とあるように、多胡郡の新設を許された一族である。この多胡郡新設の背景には、金上元（金上无）らによる秩父銅の発見に対する「論功行賞」の意味が含まれていた、という考え方がある（金、一九八三、二六九頁）。実際のところ、秩父の伝説には和銅を発見したのは羊太夫だという伝説があり、この説を裏づけている。いずれにしても「羊氏とは製鉄族である」という視点が必要である。このような観点から、井口一幸は羊太夫について、次のようにいう。

「羊太夫は多胡郡に居を構えながら、上野から武蔵両国にわたる広い地域で活躍する鉄穴師を統率する親方であった。児玉近辺は、弥生時代から砂鉄採掘の盛んな所で、多くの鉄穴師たちがいた。そこへ羊太夫の卒［率―引用者］いる新来の渡来人が、新しい産鉄技術をもってきた。先住の産鉄族は太刀打ちできない。弥生時代からの鉄穴場を捨てて、神流川上流へはいる者もあれば、秩父の山へ引っ込む者もある。追った者が、追われる立場になるのは時代の流れ、歴史の繰り返えしである。もちろん残って羊太夫の統率下にはいる者もあったろう」（井口、一九七八、二一九頁）。

この指摘で明らかなように、羊氏とは金属資源につうじた産鉄の一族だったということである。彼らによる秩父銅の発見は産鉄活動のいわば副産物だったということだろう。そして和銅を発見したとされる金上元は「渡来人の一人として羊太夫の勢力下にあった」人物で、「採掘責任者として現場にいたのではなかろうか」というのが井口説だが、その指摘は基本的に正当なもののように思われる。

妙見信仰の羊氏とは、この羊太夫の子孫と考えて間違いない。ということは、平良文一族は染谷川の合戦を契機にこの製鉄集団を配下におくことができた、ということである。これは農耕具や武器の製造にとっては極めて重要なことであり、この製鉄集団の存在こそは武士の力を背後から支えるものになった、とみることができる。

5　旧名栗村製鉄地帯

■重忠と鉄にかかわる伝説

このようにみていくと、重忠の生地・旧川本町畠山や館を築いた都幾川のほとりの菅谷（嵐山町）も製鉄地帯にあったのではないかと思えてくる。そして特に、重忠伝説が数多く残る埼玉県旧名栗村（現飯能市）などは秩父と鎌倉とを結ぶ交通上の要地としても、また製鉄に用いる薪炭の供給地としても、製鉄と深い関係があるとみることができそうである。そこで旧名栗村を中心に、重忠伝説と製鉄集団の足跡を追ってみることにしたい。

一説によると、重忠は秩父から横瀬村の生川《うぶかわ》、妻坂峠を経て名栗に入り、ここから棒ノ折山を越えて青梅に出た、とされている。しかし菅谷館を本拠地としていたのであれば、この経路はかなり遠回りになってしまい、実用的ではない。この経路の前半部分は秩父の絹織物を運んだ古くからの道順であるし、経路の全体は修験者の移動経路の一つだったとみるべきであり、重忠との直接的な関連は薄いというべきだろう。

だがこの経路上には、重忠の伝説がいくつも残されている。まず生川は、根古屋で生まれた重忠が産湯をつかった場所だという。また妻坂峠は、鎌倉へ出向く重忠を妻が見送った場所ともいう。これらの伝説はいずれも史実とはいい難く、「生」や「妻」という漢字から発想されたものに相違ない4。

しかし旧名栗村に入ると、いろいろな製鉄伝承が残されている。まず中世における村の発祥にかかわっては、元暦元年（一一八四年）に創建された星宮神社の存在が重要である。この神社の主祭神は天御中主、すなわち妙見であり、この時期に製鉄集団がこの地に進出したと推測することができるだろう。この神社と併せて、名栗川の右岸には妙見山、妙見岩もあり、その山頂には天保一四年（一八四三年）再建の銘がある「妙見大菩薩」の石碑がある（藤本、一九九〇、二九頁）。そして村内には、製鉄にかかわると思われる伝説として次のようなものがある。

○名刀「ムカデ丸」の伝説

白岩の神林家には「ムカデ丸」という刀が伝わっていた。この刀は一度盗難に遭っているが、その後元に戻り、星宮神社の宮司が保管していた。だが明治時代に火災で消失してしまった。現地での聞き取りによれば、「ムカデ丸」は神林隼人守のものといわれている。なお、ムカデはその姿が鉱脈になぞらえられる、というのが製鉄の民俗における有力な考え方である。

○「ホーデの窪」の伝説

人見の浅見家の裏には、刀鍛冶の名人「入道様」の住む入道岩がある。この入道様は午後に葬式を出すと死体をさらう、という。この入道岩の向かいには、ホーデの窪という場所があって、地下二メートルのところから炭が出てきた。一九九一年に現地で行なった聞き取りによれば、これは鍛冶炭だろうという。なお、その折、当時の名栗村森林組合長が調査した図面にみせていただいたところ、「ホーデ」には「峰出」の文字が当てられていた。

○「鍛冶屋橋」の伝承

鍛冶屋橋のうえの浅見家の屋号は「鍛冶屋根」で、その隣には野鍛冶の跡があった。鍛冶屋橋の名称はそこに由来している。六尺掘ると鉄滓が出た。いつ頃野鍛冶をやっていたのかは不明。ここには一八軒の家があったので、通称「一八軒」といい、毎月一四日に薬師如来を祀る講がある。薬師如来は眼病に霊験あり、とされている。以上は、名栗村農協職員(＝当時)のＭ氏からの聞き取りだが、薬師如来信仰の根源に製鉄がからんでいたのではないかと思われる。

なお、『名栗村史』は、この野鍛冶と根古屋城の武具を鍛えた鍛冶師とのかかわりを示唆している(名栗村史編纂委員会、一九六〇、五三頁)。

○「金屋子神」の信仰

同じく、M氏からの聞き取りによると、神出《じんで》の石井家は鍛冶の家で、金山様が祀られている。

○「芋浦美」の地名伝説

山持ちの塩野家一口大《いもあらい》じんの主人が大好物のヤツガシラを食べていたところ、喉につかえて死んでしまった。そこから、芋根《いもうらみ》という地名が起こったが、明治時代のはじめに「芋浦美」に改められた（町田、一九八六、七―九頁）。しかし芋根とは「一口」で「鋳物あらい」の意味であり、製鉄関連地名の一つと考えることができる（谷、一九八三、二一七頁）。

■製鉄関連地名

また、（図5―1）に示した地名からみると、製鉄などとの関連で次のようなことが考えられる。

秩父から名栗に至るもう一つの経路が山伏峠越えであるが、この峠の下は鍛冶ケ原（現在では八ケ原に転訛している）といい、集落名は「湯ノ沢」である。「湯」とは温泉のことではなくて、熔融状態の鉄（ないし金属）を指している。ちなみに、現地に温泉らしきものはない。名栗から西へは、鳥首峠を越えて秩父の浦山に至る道がある。その浦山川の源流の広河原谷に流れ込む枝沢の一つに「カジクエ谷」があるが、これは「鍛冶崩」の意味で、沢の両岸が金属採取によって崩壊した状態を示していたことに由来するものだろう[5]。また、鳥首峠から尾根伝いに行くと、有間山の最高峰「タタラの頭」（標高一二一七メートル）に出る。有間谷の源頭に当たる山である。この場合の「タタラ」とはフイゴのことで、タタラの頭とは「風の源にある山」といった意味合いなのかもしれない。鍛冶にとって風の強弱は、製品の善し悪しを左右する重要な自然条件だったのだろう。

生川をはさんで武甲山と対峙する「フーキ平」（一〇五二メートル、現在では武川岳と呼ばれている）の「フーキ（ないしはホーキ）」という名称もやはり「風」にちなむ感じがあるが、実際のところは「山中の地境に植える境木」のことで、「標木」という漢字を当てる。この山は江戸時代に秩父郡と入間郡との境界争いの場になっていて、名栗側（入間郡）は檜の境木の下に堅炭を埋めて、境界守ったという（藤本、一九九〇、六九頁）。

さて名栗川を下って行くと、先にみた鍛冶屋橋の下を鍛冶久保という。もしかすると、この鍛冶久保に対しての「タタラの頭」なのかもしれない。名栗川をさらに下流に行くと飯能市に入るが、赤沢、赤工、金山、棒ケ谷戸といった地名はいずれも製鉄とのかかわりを示唆するものとして興味深い。なお飯能市中沢には金屋子神を祀る鍛冶の平沼家がある。ここには、都から落ちてきた平中沢《たいらのちゅうたく》という公家が鍛冶屋をはじめたという伝承があり、平沼家の裏手からは鍛冶滓がみつかっている（谷、一九九一）。

再び上流に戻って修験者の足跡をみていくと、浜居場という地名が注目される。これは「破魔矢を射る場所」の意味で、修験者がその行事をつかさどっていた可能性が濃厚であるが、この地名由来に関する現地の伝承は何も残っていない。そしてこの地域の名峰・伊豆ケ岳（標高八五一メートル）はもとは虚空蔵山といい、これも修験道の虚空蔵信仰（虚空蔵とは金星を指す）に由来するものだろう。また足の神様といわれる「子《ね》の聖」を祀る「子の権現」も修験道ゆかりのものだろう。妙見（北極星）を子星《ねのほし》ともいう（伊藤、一九八〇、二〇頁）ことから、子の聖も妙見信仰とかかわっているものとみてよいだろう。

最後に、現地での聞き取りから二つ付け加えておきたい。一つは旧名栗村森林組合長の調査で白岩の山中に「金山」地名が発見されたこと（ちなみに金山に隣接する鳥首峠の東南斜面は「カラホリ」となっている。これは「空掘り」、あるいは「金掘り」の転訛ではないだろうか）。もう一つは、名栗という名称が巷間いわれるように「栗の木が多いこと」によるものではなくて、「ナ・グリ」で「石が多い」という意味ではないか、ということである（前記、M氏による）。いずれも、名栗村と金属とのかかわりを示唆するものとして興味深いものがある。谷（一九八三）によれば、名栗村の製鉄伝承や製鉄関連地名が多いのは精錬用の木材資源が豊富だったことによるもので、砂鉄原料は飯能の阿須砂鉄地帯などから運び込まれたのではないかとする解釈を与えている。確かに、「金山」は金属の採掘が行なわれた山ではなく、鍛冶炭用の木材採取の山を指すこともある。ただ、名栗川でも砂鉄の採取は行なわれていた可能性はあると思われる。

6　菅谷館と鬼鎮神社

■菅谷館の周辺

ところで、重忠が本拠地としていたのは菅谷館であり、この周辺もまた鉄にからんで興味深い事柄がいくつかある。まず菅谷の「スガ」を砂鉄を意味するものと受け止めると、菅谷という地名からこの地は砂鉄採取場だったのではないかと思われる。

この菅谷館の西方には大平山《おおだいら》（**写真5―1**）があり、そのふもとには不動明王を本尊とする白山社別当の修験寺・持正院がある。「大平」というのは第4章でも取り上げたダイダラ坊のことで、製鉄民を象徴している。ふもとの千手堂には「デイダラ坊の足っこ沼」もある。また持正院は久安四年（一一四八年）以前の創建といい（吉田、一九九五）、畠山氏の氏寺の可能性が指摘されている（東松山市市史編さん委員会編、一九八二、一三二頁）。この寺はおそらく、重忠を背後から支える修験道勢力の拠点の一つだったのだろう。

■鬼鎮神社

また菅谷館の北東には鬼鎮（「おにしずめ」とも「きじん」とも呼ぶ）神社という特異な名称の神社が鎮座している（**写真5―

2)。寿永元年（一一八三年）の創建で、祭神は衝立船戸神、八街比古命、八街比売命という。鬼を祀る神社というのはそうあるわけではないが、ここでは「鬼は神の化身」と理解されている。だがこの神社は本来、鬼としての製鉄民を鎮魂するために建立されたものだろう。祭神の（衝立）船戸神は近江雅和（一九八五）が指摘しているように、久那土神、つまりカマドの神（荒神様）であって、タタラの火処の神を指すものと取った方がよい。また八街比古命、八街比売命というのもヤマタノオロチを思わせるものであり、これも製鉄にからんで大蛇を象徴的に表しているものだろう。神社の所在地は菅谷館の鬼門の方向に位置するというが、その延長線上には古代の砂鉄採取地である伊古神社（伊古とは鋳粉につうじる）を中心とする一帯があり、鬼とは重忠一族以前にこの地に根を張っていた製鉄民を指している

写真5-1　大平山

写真5-2　鬼鎮神社

のかもしれない(近江、一九八五)。

このように、重忠の本拠地・菅谷館とその周辺は、一つの製鉄地帯を形成していたとみなすことができるのである。

7　太陽寺の重忠出生伝説

■太陽寺の伝説

次に、重忠の出生伝説を取り上げてみることにしよう。重忠の出生伝説には先に触れた武甲山麓の根古屋のほかに、三峰山麓の太陽寺にもあって、太陽寺の出生伝説は重忠と修験道との関連を示唆するものとして興味深い。太陽寺は後嵯峨天皇の第三皇子・髭《ひげ》僧大師による開山といわれ、関東の女人高野として女人による参拝が許されていた寺院である。この寺に伝わる重忠出生伝説は、およそ次のようなものである。早船・諸田編(一九七七)、より要約してみたい。


——ある時、太陽寺に一人の娘がたずねてきた。髭僧大師はこの娘にお茶を入れてもてなした。ほどなく夕暮れ時になってしまい、娘はこの寺への宿泊を乞うた。大師は宿泊を許した。翌日、娘は早朝から寺の仕事に精を出し、以後帰ろうともせずに、この寺への宿泊をつづけた。

やがて大師はその娘を妻とした。そして妻は身ごもり、臨月を迎えて産室に入るに当たって、大師と「七日七夜は決してみないように」という約束をした。しかし大師は生まれた子供の姿を一目見たいと思い、ついに障子の隙間から部屋をのぞいてしまった。すると産室では、大蛇がとぐろを巻いてそのうえで子供をあやしていた。大師は仰天して自分の部屋に戻った。そこに、妻が子供を抱いて入ってきた。「あなたが約束を破った以上、わたしはここにいるわけにはまいりません。子供のことだけはお願いします。」こういって、妻は雲を呼び寄せてそれに乗り、彼方へと飛び去ってしまった。大師は後悔したが、子供を寺におくわけにもいかず、大血川に流してしまった。子供は下流の畠山の川岸に流れ着き、秩父庄司畠山氏の息子として育てられた。この子供が畠山重忠である――

■伝説の解釈をめぐって

この伝説について、井口一幸は次のように述べている。

「この伝承は、『記・紀』にある海人の娘、トヨタマヒメの出産を、その夫ヒコホホデミ（山幸彦）が、約束を破ってのぞき見すると、女はワニになって子を生んでいた。それを見られたはずかしさに海（海人族のもとへ）に帰って行ってしまうというのと同じである。古代ではワニと竜は同一にみられていた。

この太陽寺伝承を『新記』［『新編武蔵風土記稿』のこと―引用者］の太陽寺伝承とつき合わせてみると面白い。大師が草庵にいると、蛇身の異形が現われた。大師は、この旅人に酒をふるまい、話を聞いてやると『自分は秩父の妙見宮で、いま神明の称をこうむっているが、業力の足りないためか、蛇身を脱することができない。師の法力で解脱させてもらいたい』と頼む、大師は、慈悲心を感じ、法力をもって願いをかなえてやる。その後また二人の異体の翁がきて『妙見宮から師の法力を聞いてきた。われわれにも授けてくれ』という。同じように法力を授けてやると、二人は喜び、『われらは三峰大権現と諏訪明神である。師の徳に対し、謝意を表したい』といって、谷間より泉を湧き出させた。その泉は枯れることがなく湧いているという。

この二つの話で注目したいのは、話のストーリーより、竜蛇神の訪問ということである。妙見宮（秩父神社）もかつては、竜蛇信仰があったということと、諏訪の明神を奉ずる人々が、多くこの谷にはいり込んでいたということである。古代諏訪は、神体は蛇であるといわれ、秩父、児玉地方にも諏訪神社、社宮司（ミシャクジ神）が多く見られるのは、それを裏付けている」（井口、一九七八、一五一―一五二頁）。

ここで井口は、この伝説を妙見信仰のなかに竜蛇信仰が込みになっている点に注目して議論を組み立てている。この竜蛇信仰はもちろん製鉄民のものといってよいだろう。そのことを前提として、では、なぜ妙見信仰者がわざわざ太陽寺にやってきて、法力を得て帰っていくのだろうか。物語のこの部分の構造は謎めいている。その謎を解くためには、太陽寺周辺の山岳信仰について検討しておかなければならないだろう。

太陽寺の創建年代ははっきりしないが、平安時代、将門の乱以前の創建であり、当初は真言宗であった。「三峰山大縁起」によると、天台、真言の僧侶たちは延喜年間（九〇一―九二二年）には妙法（本社）、白岩（中社）、雲取（奥社）の三山を行場にしていたという。ところが太陽寺は興雲寺（明治時代になって三峰神社と改称）の威勢に押されて平安時代末期には一旦廃寺となり、鎌倉時代の末期、髭僧大師によって再興され、臨済宗の寺院となって今日に至っている（伏木、一九八六）。

このような経緯を考えてみると、先にみた物語の構造は、妙見信仰が中央勢力に由来するより強力な山岳信仰のなかに取り込まれていったことを示唆しているのではないだろうか。もちろん、重忠が太陽寺で髭僧大師を父として生まれたという伝説は、時代的に照応するものではない。その意味で、出生伝説そのものに事実性はないといってよい。そのことを前提としたうえで、この伝説の物語性については、平氏由来の妙見信仰が天台、真言系の山岳宗教と結びついていった過程を示唆するものとして捉えるべきだろう。

■大血川

最後に、重忠が流されたとされる大血川について触れておきたい。大血川の由来に関しては二つの伝説がある。一つは、平将門の死後、残された妻妾ら百人余りが太陽寺に救いを求めてやって来たが、途中の大日向で捕らえられ、首を打たれてしまった。その血が川を染めたので大血川と呼ぶようになった、というものである。またもう一つは、将門の妻妾らは太陽寺に逃げ込んで、平和な生涯を送った、とするもので、川の名称は大蛇に似ているので「おろち川」であって、「大血川」ではない、というものである（以上、伏木、一九八六）。これらの話のうち、将門に関する部分はほとんど信頼できない。それゆえ、最初の伝説は当てにはならない。おそらく、「大血」は大蛇を意味する「おろち」に由来するものであり、ここでも龍や蛇にかかわる製鉄由来の信仰が伝説の背景にあるのではないかと思われる。ただし、「おろち」を「大血」と表記するのは、この川が鉄穴流しに使われて、赤茶けた水流から「血」が連想された可能性もある。

8　重忠と青梅周辺

■奥多摩の山

畠山重忠の伝説は秩父や奥武蔵のみならず、青梅など奥多摩地方にも残されている。その理由は、一つには重忠が菅谷館から鎌倉へと向かう途上にこの地域が位置していることとかかわっているのだろう。また『新編武蔵風土記稿』によれば、重忠は奥州征伐の功によって建久二年（一一九一年）に頼朝から青梅地方を領地として賜わり、御岳山（標高一〇一七メートル）に城を築いて住んでいたともいい、こうした事情が背景にあるのではないかと考えることもできる（芳賀、一九八八）。

それに加えて、重忠は奥多摩の修験者ともつながりをもっていて、そのことがこの地域における重忠伝説の背景にあるのではないかと思われるのである。

例えば御岳山の御岳神社には重忠奉納とされる「赤糸威鎧《あかいとおどし》」が残されている。このことは重忠と御岳山の修験者とが深いつながりをもっていたことの一つのあかしといえるだろう。御岳山という山名は金峰山を「カネノミタケ」と呼んだことに由来し、御岳神社は吉野から勧請された蔵王権現を本尊としている。こうした来歴のとおり、御岳山はもともと製鉄集団たる修験者の山なのである。

また高水山（標高六四〇メートル）山頂に鎮座する常福院（**写真5―3**）は別名を波切不動ともいう修験の寺であるが、ここにも重忠は「白銀の玉」を奉納したという。これまた、重忠と修験者とのかかわりを示唆する伝承である。この高水山の西方に位置し、高水三山の一つでもある惣岳山（標高七四二メートル）山頂の青渭（井）神社（**写真5―4**）は延喜式内社ともいわれ、主祭神は大国主命だが、金神を祀っているともいう（坂倉、刊行年不明）。これらの山もまた製鉄集団たる修験者ゆかりの山とみてよいだろう。そして重忠伝説との結びつきも、製鉄がらみといえるだろう。

■即清寺

最後に、青梅の即清寺（愛宕山明王院即清寺、**写真5―5**）について触れておくことにしたい。この寺は元慶年間（八八〇年頃）の創建といわれ、建久年間（一一九〇―九八年）に重忠が西山山頂の愛宕神社（**写真5―6**）とともに再建したとされる。この「即清」という寺名は重忠の法名であり、寺と重忠とのあいだには深いつながりがあることを伺わせる。それは何か。「即清」という名称は、平氏が妙見菩薩を信仰するきっかけをつくった息災寺につうじる。つまり、「即清」とは「息災」のいい換えではなかったのか、ということである。もしそうだとしたら、このことは、重忠や彼の背後にいた集団が一貫して妙見信仰を堅持していたことを示しているのではないだろうか。

写真5-3　高水山・常福院

写真5-4　惣岳山・青渭神社

写真5-5　即清寺

写真5-6　愛宕神社

9　修験者という影の集団

■修験者とは

このように、中世の有力武将たちはそれぞれ背後に製鉄集団としての修験者を抱えていたはずである。しかし修験者は表面上は宗教、信仰の側面から歴史の舞台に登場する。そのことが武士の活動への理解を妨げている側面があることは否定できないだろう。

この点ともかかわって、橋本鉄男が武士という言葉の起源が「山伏」にあるのではないかとして、次のように述べていることは興味深いものがある。

「武士という呼称は、言葉そのものの起源がわからない。なんのためにこのような字を作りこのような字が現われたのか。武士の語以前に野伏・山伏の語があったが、これは仏教上の修行僧を指した。この野伏・山伏の野や山が脱離して武士の語が出来たものではなかろうか」（橋本、一九八三、一一六頁）。

橋本はこの指摘につづいて、折口信夫のいう「たとえば合戦となると百姓が竹槍をもってやって来て、落人を殺してものとりをする。同時に頼まれて戦いに行く。都合が悪ければ盗人もやる。道徳などは、それは団体の道徳で、団体を離れれば道徳などはなにもない。その村だけの、村というよりは永住の土地を持たない一部の人々の団体の道徳を守り、一致した行動をとるのである」といった趣旨の記述を取り上げて、武士と山伏とのかかわりを示唆している。この記述のなかで、「永住の土地をもたずに、頼まれれば戦いに行く集団」の存在は修験者のもう一つの、あまり歴史の表には出てこない側面を語るものとしても興味深いものがある。

■大力の由来

おそらく畠山重忠が北武蔵随一の有力武将だったのは「大力」といわれた当人の実力もさることながら、その背後の修験者の力によるところが大きかったのではないだろうか。だがその強大な力がのちに北条氏にとっての脅威となって、重忠殺害へとつながっていくことになる。このような観点から、改めて重忠伝説を捉え返してみよう。重忠の存在は大名のごときもので、いわゆる武蔵七党のうえにたつ立場にあった。この重忠の社会的な地位については、「武蔵七党というのは畠山の直属の家来ではなく、それぞれが一つの党としてまとまりを持っているが、合戦などのときには、畠山の呼びかけに応じて行動を共にする、臣従関係より少し緩やかな間柄だったようだ」（永井、一九七八、一六頁）と指摘されているとおりだろう。おおよそ武蔵の武士は重忠の配下にあったものとみてよい。そういった彼らは重忠の戦死後、それぞれ敗走したり、別の有力者に従ったりする。そのなかには山中にこもったりした者もあっただろう。そして伝説が生まれる。例えば名栗村の重忠伝説について、「丹党の勢力下であった名栗地方で、重忠の余党が、その死をいたむあまりに生まれた伝説ということができよう」（名栗村史編纂委員会、一九六〇、三九頁）とする解釈があるのも、こうした事情を踏まえたものといえるだろう。比較的広範囲に広がる重忠伝説は、そういった人々の活動の足跡を伝えるものなのではないだろうか。逆にいえば、伝説をつうじてはじめて修験者という影の集団の姿が浮かび上がってくる、ということなのである。

10　結　語

畠山重忠伝説の背後にある一つの世界は、製鉄民の伝承や信仰の世界であった。ここではその世界について、三点ほど確認して結びとすることにしよう。

一つは、重忠の血筋を溯って平氏の宗教的世界をたどることによって、妙見信仰が思わぬ広がりをみせてくれたことである。十世紀における染谷川の合戦で示現した妙見菩薩はこの地における羊氏の存在を示していた。その羊氏はさらに溯って、八世紀における羊太夫の和銅発見とつながっていたのであった。そこからは、秩父から上野にかけての製鉄民族の姿がくっきりと浮かび上がってくることになった、といってよいだろう。

そしてこの製鉄民は三峰山、御岳山などを中心とする山岳宗教のなかに、その系譜をつなげていくことになる。もちろん、これらの山岳信仰には熊野修験道などの影響が濃厚ではあるが、土着の製鉄民も中央の宗教を受け入れてそのなかに組み込まれていったのだろう。重忠などの武将も、こうした修験者たちの協力によってはじめて存立できたと思われる。その意味で、彼らは信仰と物質的な力の両面から大きな役割を担っていたのであった。これが第二点である。

最後は、その物質的な力の核となる製鉄そのものである。ところがこの視点は、通常の発想からは見失われていることが多い。例えば、重忠ゆかりの菅谷館周辺についてみても、製鉄の民俗の観点からみれば、製鉄にかかわる様々な痕跡が残されているのは一目瞭然なのだが、それについて明示的に触れられることはまずないといってよい。また旧名栗村に関しても、鉄の伝承はほとんど失われている。その理由は、中世における地域文化と近世以降の地域文化とのあいだにはっきりとした断絶があるためだろう。

ここでは、畠山重忠の伝説に焦点を絞ってその背後の世界を解明しようと試みたが、同様のことは多かれ少なかれ全国各地の武将たちにも当てはまることだろう。彼ら武将たちの背後にみえてきた世界は、日本社会の歴史における製鉄民族の古代から中世への発展形態を示すものといえるだろう。

【注】

1　重忠の生存伝説にはこのほかに、有間山中で生き延びていた、というものもある。
2　なお、清水は棒ノ折山周辺の沢の呼称に使われている「入」(イリ)は本来「ニュウ」(丹生)であって、水銀のことを指す、と解釈していると思われ、「入」と付く沢を水銀採取地とみなしているようである。とはいえ、ここでは、水銀に限定しないで話をすすめていきたい。
3　坂東八平氏とは、千葉、上総、三浦、土肥、秩父(畠山)、大庭、梶原、長尾の各氏を指す。
4　重忠の生地は上記のとおりであり、生川は第3章で検討したように、「ウフ・カワ」で銅などの金属とかかわる川の意味かもしれない。また、ツマ(妻)は傾斜地を表す地形用語とみるべきだろう。
5　カジクエ谷については、つり人社編集部(一九九四、三五頁)、に記載がある。

【文献】

藤本一美、一九九〇、『山岳ノート』私家版。

伏木一行、一九八六、「三峰神社・妙法ケ岳・太陽寺」『新ハイキング』三七二、六〇―六三頁。

芳賀善次郎、一九八八、『旧鎌倉街道探索の旅・山ノ道編』さきたま出版会。

橋本鉄男、一九八三、「山伏と木地屋」『日本民俗文化体系5―山民と海人』小学館、九九―一三九頁。

早船ちよ・諸田森二編、一九七七、『埼玉県の伝説』角川書店。

東松山市市史編さん委員会編、一九八二、『東松山市史(資料編第二巻)・古代―中世』東松山市。

井口一幸、一九七八、『吾妻の国物語』国書刊行会。

伊藤一男、一九八〇、『妙見信仰と千葉氏』崙書房。

金達寿、一九八三、『日本の中の朝鮮文化1』講談社文庫。

町田泰子、一九八六、『名栗の伝説』私家版。

永井路子、一九七八、『相模のもののふたち―中世史を歩く』有隣堂。

名栗村史編纂委員会、一九六〇、『名栗村史』名栗村史編纂委員会。

貫達人、一九八七、『畠山重忠』(新装版)吉川弘文館。

近江雅和、一九八五、『隠された古代』彩流社。

坂倉登喜子、刊行年不明、『登山・ハイキングシリーズ1　奥武蔵』日地出版。

清水寿、一九九四、『秩父山麓・秩父盆地に於ける古代の水銀採鉱についての考察』。

谷有二、一九八三、『日本山岳伝承の謎』未来社。

谷有二、一九九一、「山岳地名と金属伝承」山村民俗の会『山ことばと炉端話』エンタプライズ、一―二一頁。

つり人社編集部、一九九四、『秩父』つり人社。

若尾五雄、一九九四、『黄金と百足―鉱山民俗学への道―』人文書院。

吉田稔、一九九五、「嵐山町平沢の旧修験持正院と平沢寺」『埼玉県立歴史資料館研究紀要』一七、一二七―一四八頁。

第6章　鹿踊りの起源をめぐる伝説

1　はじめに

鹿踊り（あるいは、獅子踊り）は、シシの頭を付けて踊る民俗芸能である。その起源については、これまでにいくつかの説が唱えられてきた。

マタギとのかかわりを指摘する起源説もその一つであるが、嶋祐三氏は青森県鰺ヶ沢町目内崎に伝わる津軽獅子踊りに言及し、その発祥をマタギに求める従来の説に対して、「津軽獅子踊りが、大然や一ツ森などマタギの里ではなく、目内崎に伝わるのはどうしてだろうか」（嶋、二〇〇二、三九頁）と疑問を提起している。木村（一九七七）によると、津軽獅子踊りで用いられる頭は熊と鹿の二種類にわかれているが、元来、マタギの獲物の中心は鹿であったため、獅子踊りは鹿頭に一定していた、という。つまり、津軽獅子踊りの原型は鹿踊りであり、それはマタギが鹿を捕獲した際に、猟場に神を勧請して間断なく踊り狂ったことに由来する、というのである。そうだとすれば、獅子踊りはマタギ集落に当然継承されているはずなのだが、そのあたりの事情はかなりあやふやなのである。

獅子踊りは岩手県では鹿踊りであり、民俗芸能として広く知られている。わたしも一九七〇年代の半ば頃、花巻温泉の旅館の舞台で鹿踊りを見たことがあり、その時、宮沢賢治の作品と関連づけた解説を聞いたような覚えがあった。以来、特に気に止めることもなかったのだが、嶋氏の指摘に接して、遠い記憶が蘇り、改めて鹿踊りの起源について少し考えてみようと思ったのである。

2　宮沢賢治「鹿踊りのはじまり」について

■宮沢賢治の場合

花巻温泉で聞いた宮沢賢治の作品というのは、「鹿踊りのはじまり」であった。それは『注文の多い料理店』のなかに収められていて、次のような文章で始まっている。

「そのとき西のぎらぎらのちぢれた雲のあいだから、夕陽は赤くななめに苔の野原に注ぎ、すすきはみんな白い火のようにゆれて光りました。わたくしが疲れてそこに睡りますと、ざあざあ吹いていた風が、だんだん人のことばにきこえ、やがてそれは、いま北上の山の方や、野原に行なわれていた鹿踊りのほんとうの精神を語りました。」

「鹿踊りのはじまり」のなかでは、「すきとおった秋の風」が鹿踊りの精神を語る、という筋立てになっている。

――嘉十という農民が栗の木から落ちて膝を悪くしてしまう。嘉十は山の湯に行って療養しようとするのだが、その途中の芝原で休憩がてら団子を食べる。そして余った団子を「鹿にくれてやろう」と少し残して、また出発する。

嘉十はしばらくすすむが手拭いを忘れてきたことに気づいた。先ほど休んだ場所に戻ってみると、もうそこには鹿の気配がしていた。嘉十は気づかれないようにのぞいてみると、鹿たちが環になって踊っている。そして嘉十には鹿の言葉が聞こえてくる——

ここにあるのは、全く夢のような話である。「ほんとうに、かしわばやしの青い夕方を、ひとりで通りかかったり、十一月の山の風のなかに、ふるえながら立ったりしますと、もうどうしてもこんな気がしてしかたないのです。ほんとうにもう、どうしてもこんなことがあるようでしかたないということを、わたくしはそのとおり書いたまでです」（『注文の多い料理店』「序」）。

こんなことをいってしまうと身も蓋もないが、宮沢賢治は鹿踊りの起源について、ただ自分が思ったことを書いているだけである。そして結論は単純明快だ。人間が演じる鹿踊りとは、鹿が踊る様子をまねしたものなのである。だが、それでいいのか。

■宮沢説は宙に浮いている

この点に関して、例えば、吉田司は、「賢治は各地で己れを取り囲む苦々しい農民や町民の〈現実〉に仮想爆弾を仕掛けては、陽気に爆破して回った。なにしろ〈仮想〉だから、誰にも実害はない。ひとり賢治が気宇壮大になるだけで、例えば『鹿踊りのはじまり』なんてイーハトーブの童話は、よく読めば農民または山の民の古びた伝承の換骨奪胎というか、それからの泥棒で出来上がった物語であることがわかってくる」（吉田、二〇〇二、一九八頁）という。要するに、宮沢賢治の文章は、現実と何らの接点ももたない観念的なものだった、というのである。

確かに、そのとおりなのである。だから、鹿踊りをよく知る人たちからは、賢治の文章は相手にもされなかったのだろう。

ところが時代が変わり、人が変わると、もうやみくもに、鹿踊りは宮沢賢治とともに語られ、花巻温泉の観光名物にされてしまうのである。そこにあるのは、もはや鹿踊りの「成れの果て」のようなものでしかない、といえないだろうか。

3　鹿と人間のかかわり

■田野畑村の鹿踊り

鹿踊りの起源については実は、「農民または山の民の古びた伝承」のうちに語られていた。ただしそれは、宮沢賢治が「換骨奪胎」したものとは全く異なるものだったはずである。

その一つの代表例を挙げてみよう。岩手県田野畑村菅窪《すげのくぼ》に伝わる鹿踊りである。地元の伝承では、義経追討を命じられた畠山重忠が田野畑村大芦に上陸して伝えたものが原型だとされている。重忠はこの大芦の地に畠山神社を建立し、守護神「鍬形八幡大明神」を勧請するとともに、鹿踊りを伝えたというのである。そしてその数百年のちの嘉永五年（一八五二年）、大芦の一番の踊り手であった大工・常五郎という人物が菅窪に移住し、そこで菅窪鹿踊りを創始したとされる。常五郎一族は代々、この地の雷電神社の別当を務め、踊りはこの神社に奉納されるようになった。これが、今日の菅窪鹿踊りの成り立ちの経緯だという。

重忠がこの地に本当にやって来たのかは疑わしいところだが、重忠ゆかりの人々がこの地に移住して鹿踊りを伝えたということはあり得る話である。そのうえ、この田野畑村では佐々木姓に次いで畠山姓が多く、伝承されている鹿踊りでは「最初に出てくる踊り手が畠山家紋五三の桐の大きな紋をつけた袴をはき、鹿の形をしたかぶり物を頭上にして、次が佐々木の家紋、或は笹りんどう（源氏）の袴をつけた踊り手等が出て来る」のだというから、鹿踊りと畠山氏とのかかわりはかなり濃厚なものとみてよいだろう（清水、一九九四、一〇七―一一〇頁）。

■鉄とのかかわり

では、重忠ゆかりの人たちはなぜこの地にやって来たのか。「義経追討」というのは、もっともらしい分だけ、かえって伝説の域を超え出るものではないように感じられる。清水（一九九四）によると、重忠は実は鍛冶師および石屋の統領だったといい、ゆかりの一族も当然鍛冶にかかわっているという。田野畑村の畠山神社の御神体が鋤形ないし鍛冶神・天太麻羅を表す男根であったり、鍛冶師が信仰するスズメの絵馬が奉納されていることからしても、鍛冶とのかかわりがうかがわれるところである[1]。

この畠山神社は鍬を御神体とするところから鍬形（桑形）神社とも呼ばれているのだが、ここには次のような伝説も残されている。

「ある働き者ぞろいの農家があって、いつも家内じゅう、そろって畑に出て稼いでいた。家には嫁一人だけ残って炊事をし、昼飯どきには決って畑に知らせに来ていた。ある日のこと、昼になっても嫁が来ないので、どうしたものかと、一同が帰ってみると、なんと嫁は味噌桶と一緒に、大蛇に巻きつけられていた。驚いたみなは、畑からもって帰ってきた鍬で大蛇の腹を打って殺したが、嫁は生きかえらなかった。大蛇を打った鍬を祀り、建立したのが鍬形神社だという」（金野・須智編、一九八〇、一一三頁）。

一言でいうと、蛇が嫁を殺し、その蛇を鍬で打つ、といった趣旨の伝説であり、本来語られるべき事柄が一部省略されているのではないか、といった感もある。蛇と鍬をキーワードと考えれば、その背後に製鉄伝承が語られているとみることもできる。すなわち、この伝説は、「蛇」に象徴される先住の製鉄民が「鍬」に象徴される後発の製鉄民に征服される図式を示しているのではないか。ここから推測して、畠山重忠ゆかりの鍛冶師がこの地にやって来たと考えてよいのではないか。

では、鍛冶師と鹿踊りとの関係はどのようなものか。一見両者は何の関係もなさそうである。ところが、鉄をつくるときに使うフイゴ（送風器）には鹿の皮が用いられていたのだった。ここから、鹿踊りというのは鍛冶師がその鹿を供養するために始めた、というもう一つの鹿踊り起源説が登場することになる。

鹿踊りが人間と鹿との一つの関係性から生まれたものだとするならば、その根底にあった具体的なかかわりはやはり、鹿の皮をフイゴの素材に使っていたことに求めなければならないだろう。この点は、文献のうえでも確かめることができる。すでに『日本書紀』「神代　上」には「真名鹿の皮を全剥ぎにしてフイゴ（天羽鞴）をつくった」という趣旨の記載があり、古代から鹿は製鉄とかかわっていたのだった[2]。このように、鹿踊りの起源については「鹿を供養する」製鉄者の古くからの伝承と信仰があったことがうかがえるのである。

4　宮沢賢治と日蓮宗

■宮沢賢治と近代日蓮主義

ここで再び、宮沢賢治の鹿踊り起源説に戻ることにしたい。宮沢賢治の「鹿踊りのはじまり」には、製鉄のことなどは念頭にないようである。しかし宮沢賢治と、鍛冶師や石屋とかかわる統領・畠山重忠とのあいだには、両者を結びつける一つの経路が開かれていた。それは鎌倉時代の僧侶・日蓮を媒介項としているのだが、賢治自身はそのことに気づくことはなかった。

その理由の一つは、賢治の上滑り的な姿勢に起因する。それはつまり、自分自身を農民の立場におきながらも農民の土俗的な文化へとは向かわないという点であり、また父親の仕事（古着商兼質屋）と宗教（浄土真宗）への反発から法華経や日蓮宗に共感、心酔してしまうという安易さでもある。もし宮沢賢治のうちに「現代性」があるとしたら、それは（商人）資本主義への拒絶的な姿勢と、その安直な裏返しとしての、農民への（表面的な）共感姿勢ということになるだろう。賢治の場合、その帰結が日蓮宗への帰依となったのだが、日蓮その人に深入りすることはなかったのである。

「歴史をひもとけば鎌倉時代、安房国の『賤民』（海辺の旃陀羅）の子・日蓮が、『われ、日本一の法華経の行者也』と広言して仏教界に参入し、『念仏無間、禅天魔、真言亡国、律国賊』の激しい他宗攻撃を展開したのは有名な話だ。数々の『法難』に遭い、特に『龍口の御法難』では首を切り落とされるところを雷光の奇瑞によって救われた話は、よく知られている。『立正安国論』の予言が当たって『蒙古襲来』し、上は天皇、北条時頼から下は庶民に至るまで大混乱した時には、『この凶難を退けることができるのは、（比叡山を除いて）日本で唯一自分だけである』と絶叫した。『我日本の柱とならむ。我日本の眼目とならむ。我日本の大船とならむ』（開目抄）といい切って死んでいった、日本歴史上に輝き続ける『超人』的存在と言って良い──これに賢治はころりとイカレた」（吉田、二〇〇二、一二八─一二九頁）。

しかし賢治は、日蓮の思想そのものを信仰したわけではない。「賢治が出会ったのは古びた鎌倉時代の日蓮ではない。大正時代に呼び出された日蓮で、ピカピカの銃剣や大砲や軍艦で武装している」（吉田、二〇〇二、一二九頁）といわれるように、賢治は国柱会の創設者・田中智学（一八六一─一九三九年）の「近代日蓮主義」に共感したのだった。国柱会というのはもちろん、「我日本の柱とならむ」という日蓮の言葉に由来しているのだろうが、日蓮の思想とは大きな違いがあった。「日蓮のいわゆる『日本の柱』の意味は、国柱会の国柱のそれとはたいへん異なる。日蓮における日本の概念には、国家のほかに国土、国民、その他環境一般の意味もふくんでいたのに、国柱会というばあいの国とは、天皇制国家あるいは国体――国民体操の略ではない。日本国家の本体たる天皇統治の国家体制のこと――の意味にとどまっていて、主権在民の国家体制などまったく予想もされていなかった」（所頃、一九七二、一一四頁）。そうであるからこそ、「ファシズムの台頭とともに、多数の軍人、右翼指導者、宗教家が国柱会に集まるようにな」ったのである（村上、一九八八、四〇〇―四〇二頁）。賢治は一九二〇年に国柱会に入会し、妹トシの見舞いのため東京に出て来た折りには田中智学の講演を聞き、一九三三年に亡くなるまで、その信仰を貫いた。

国柱会は現在、規模を縮小しながらも、宗教団体として存続している。そしてそのサイト（http://www.kokuchukai.or.jp/about/hitobito/miyazawakenji.html　二〇一七年五月二五日取得）は、宮沢賢治との関係を次のように記している。

「…賢治は盛岡中学を卒業した一八歳の秋、島地大等編『漢和対訳、妙法蓮華経』を読んで身ぶるいするほどの感動をしたというが、そこには幼時から育った家庭環境からの影響があることは否めない。盛岡高等農林学校農学科第二部（現在の岩手大学農芸化学科）に進学してからは、いよいよ『法華経』の信仰が深まった。賢治が国柱会に入会したのは大正九年で、同年一二月二日付の友人保坂嘉内あての手紙に、『今度私は国柱会信行部に入会致しました』とある。しかし大正七年二月末から妹トシの病気看病のため母と共に上京し、翌八年二月まで滞京するが、その間に智学先生の講演を鶯谷の国柱会館で1度聴聞したことがあると前記の手紙にあるから、国柱会を知ったのはその頃であろう。」

「大正八年の編と推定される『摂折御文、僧俗御判』は、先生の『本化摂折論』および日蓮聖人御遺文からの抜き書きであるが、賢治の主体的信仰の確立はその頃とみられる。大正一〇年一月、父母の改宗を熱望していれられず、突如上京して国柱会館を訪れ、高知尾智燿講師から『法華文学ノ創作』をすすめられ、筆耕校正の仕事で自活しながら文芸による『法華経』の仏意を伝えるべく創作に熱中する。国柱会の街頭布教に従事したのもその頃だが、妹トシ病気のため帰郷する。賢治は『法華経』の信仰と科学の一如を求めたが、そのことは数多くの作品にも反映している。稗貫農学校(現花巻農業高校)の教諭時代、『植物医師』『飢餓陣営』の作品を生徒を監督して上演していたのは、国性芸術から影響されたものであることは確かである。農学校を退職して独居自炊生活に入り、『羅須地人協会』を設立して農村青年、篤農家に稲作法、や農民芸術概論を講義したが、その発想も、やはり智学先生の『本時郷団』におうものといってよい。」

「賢治は昭和八年九月二一日、『国訳妙法蓮華経』の頒布を遺言して永眠したが、法名『真金院三不日賢善男子』は国柱会からの授与である。大正一一年一一月に亡くなった妹トシの遺骨は三保最勝閣へ賢治が持参し、今は妙宗大霊廟に納鎮されている。賢治の遺形も、昭和57年の賢治五十回忌に大霊廟に納鎮され、中孝園には賢治の辞世の歌碑が建立された。賢治は、帰郷してから国柱会とは遠ざかったという説をなすものがいるが、最後まで国柱会の唱導する日蓮主義の信仰に生きたことは、森山一『宮沢賢治の詩と宗教』[森山、一九七八]や小倉豊文『雨ニモマケズ手帳新考』[小倉、一九五二＝一九七八]などに明らかにされている」(以上、段落ごとに、区切って引用した)。

賢治の日蓮宗、国柱会への共感は「国家、社会、宇宙の救済」という一種の解放思想のごときものと結びついている。一見したところではそれは格好よくみえるが、ここでも、その格好よさが現実に生活している人間からの遊離と引き換えになっていることをみないわけにはいかないだろう。結局、それは全体主義と戦争を裏から支える役割を演じることになったわけだが、賢治自身はその帰結をみることなく亡くなった。もし賢治があと十年、二十年と生きていたならば、その思想は大きく変貌していたに違いないし、現在残されている作品に対する世間の評価も全く変わっていただろう。

■清澄山の性格

だがここでは日蓮についてのみ取り上げる。日蓮が生まれた安房国、そして最初に修行した清澄山とは一体何であったのか。この点について、わたしはかつて次のように問題提起していた。

「清澄山の最高峰は妙見山（三八三メートル）と呼ばれ、日蓮ともかかわりの深い山中の名刹清澄寺の本尊は虚空蔵菩薩である。妙見は北極星、虚空蔵は金星であって、いずれも星神の信仰にかかわっている。それと同時に、これらの神々の信奉者は製鉄集団でもあり、清澄山もまた房総の他の山々と同様に製鉄に関係の深い山だということが示唆されている」（井上、一九九四、二〇六頁）。

これを書いた当時、日蓮と製鉄に関してはただ「傍証」をもっていたにすぎなかった。またその後も、日蓮と妙見信仰とのかかわりについて、次のような指摘があるにとどまっていた。例えば、「［妙見神は］鎌倉時代には日蓮宗を守る神として、日蓮宗寺院では各地で祭られている」（塚越、一九九二、二四頁）というもの。確かに妙見と日蓮宗とはかかわるのだが、それが何に基づいているのかはこの指摘の

写真6-1　清澄寺

なかでは依然として不明である。また、「清澄山における妙見信仰は、星を同根とする所から、日蓮において創唱されたとも考えられる」（佐野、一九九六、二六一頁）ともいわれる。だが清澄寺（**写真６—１**）の縁起をみれば、日蓮以前に妙見信仰があったことは自明のことであるから、いい過ぎというよりほかにない。

5　日蓮と畠山重忠

■日蓮の出自

このような研究状況のなかで、日蓮の出自にかかわる次のような指摘は決定的に重要な意味をもっている。日蓮の出自に関してはいくつかの説があるのだが、一般には、安房小湊の漁師・貫名重忠と梅菊とのあいだの子とされている。ところが勝浦市法花《ほうげ》の妙法華山竜蔵寺が秘蔵してきた「高祖御継図」によると、畠山重忠と菊の前のあいだの息女で、父母の没後、畠山三郎の養女となった菊姫が千葉胤綱の取り次ぎで貫名重忠に嫁入りして生まれたのが日蓮だというのである。つまり、日蓮は畠山重忠の孫にあたるというわけである（大久保、一九九九）３。

そのようにいわれてみると、妙見と日蓮との関連もはっきりとしてくる。第５章でみたように、畠山重忠は平良文の血統を引く妙見信仰の担い手であるとともに、鉄などの金属を掌握していた武将であった。日蓮がその孫であるということは、妙見信仰を受け継いでいたと考えても不自然さはない。また日蓮の周辺に、妙見信仰の担い手たちが数多く存在していたことも推測できる。このことは、清澄山の周辺にも日蓮以前にそのような一族が活動していたことを意味している。つまり日蓮以前から、清澄山は妙見信仰の舞台だったということなのである。このように考えると、「［妙見神は］鎌倉時代には日蓮宗を守る神として、日蓮宗寺院では各地で祭られている」という先の指摘もすんなりと理解できるのではないだろうか。すなわち、「日蓮の背後に妙見あり」、「日蓮宗は妙見信仰によって支えられ発展した」ということである。これを裏づけるかのように、次のような指摘もある。

「[日蓮が]一二才で清澄山に登り虚空蔵堂（妙見堂）に籠もったその時の名が薬王丸、鎌倉王権や他宗から圧迫されしばしば危険におちいっているが、彼を救ったのは白猿にたとえられる産鉄民であった。」「日蓮宗の宗紋は井桁のなかの橘。橘は金属を意味する」（前島、二〇〇〇、三五〇頁）。

■長柄の日蓮、そして畠山重忠

さらに、千葉県長柄町に伝わる日蓮の伝説は興味深いものがある。

「昔、日蓮が今の長生郡長柄町のあたりを通りかかった時、折から田植えをしていた早乙女が、足にくっついた蛭に血を吸われて困っていました。そのとき日蓮は、早乙女がつかまえた蛭に呪ないをかけて石にしてしまいました。そして早乙女に、『この石を一番上の田に持って行き、捨ててきなさい。』といいました。その後、この田の蛭の子は生まれましたが、血を吸うことはなくなり、これは虫歯の薬になったといわれています。」

「同じ長柄町の鴇谷にある清水井戸は、日蓮が杖を突いたところ水が出るようになったもので、眼病に効くといいます。同じような話は長柄山にもあります。」

「この町の立鳥という所にある汲井谷の井戸は、その昔、弘法大師が掘ったと伝えられていますが、日蓮が房州から笠森の観音へ向う途中、この井戸で二一日間の水ごりをとって身を清めたといい、今でもこの井戸は、どんな日照りでも水が涸れないといわれています。この井戸の水も打ち身や歯の病気などに効くといって、遠くからもらいに来たそうです。」

「また、長柄山での日蓮の話として、老婆が里芋を食べているのをみて、『分けてほしい。』というと、『石芋だから食えない。』といってあげなかったら、老婆の芋は後で本当に石芋になってしまったといわれています」（以上、平野、一九八六、一一〇―一一一頁、より、段落ごとに区切って引用）。

以上のような「長柄の日蓮」伝説について、平野馨は「鴇谷や立鳥などの話は一般的には弘法大師伝説とされる内容であり、これとかかわっているのが印象的で、真言密教から日蓮宗への布教の道程が暗示されています」（平野、一九八六、一一一頁）という。確かに、全国各地には湧水にかかわって「弘法の井戸」などと弘法大師との関連を示す伝説が数々残されている。その点で、長柄の伝説は当初、弘法大師とかかわって伝えられていたものが、のちに日蓮に変わったとみることもでき、その変化を真言密教から日蓮宗への布教過程の変化を示している、と解釈することもできるだろう。また、最後の石芋の伝説は一般的には、「乞食坊主」が村人に芋を乞う、という話なのだが、この「乞食坊主」があとから実は弘法大師だったとされる場合もある。その点では、清水や井戸の伝説と同様に、布教の変遷過程を示唆していると解釈することも可能だろう。だが、長柄の日蓮伝説は布教の変遷にとどまらない含みをもっているようにも思われるのである。それはこの地が畠山重忠の伝説が残る土地柄であり、金属生産とも深いかかわりがあるからである。

まず金属についていえば、この地域は中世房総における鋳物師の発祥の地として広く知られている。この地を拠点にして梵鐘などを製造していたのは、広階や大中臣といった姓をもつ鋳物師であり、彼らは鎌倉の大仏を鋳造するために、河内国から相模に移住し、そののち上総のこの一帯に移ったとされる。広階氏は長柄町針谷郷、大中臣氏は長柄町刑部郷に移住した。彼らがなぜ上総のこの地を選んだのか、という点に関して、市村高男は、砂鉄や木炭が入手しやすかったこと、胎蔵寺、飯尾寺、笠森寺などの巨刹が点在する東上総仏教の中心地であったこと、上総国府とも近接していることを挙げている（市村、一九九一、三四〇頁）。その通りの指摘ではあるが、基本は砂鉄、木炭の入手ということだろう。

例えば、胎蔵寺の場合についてみてみよう。この寺は現在、眼蔵寺と名称を変更しているが、江戸時代の宝永年間（一七〇四—一〇年）までは胎蔵寺であった。その名称はもちろん、真言密教のいう金剛界、胎蔵界というときの胎蔵界に由来している。その胎蔵寺の縁起によると、千葉秀胤が長和二年（一〇一三年）に神夢によってここで金を掘り当て（それゆえに、このあたりを金堀山という）、この地に寺院を建立したのが始まりだという（この点については併せて、柴田、一九九八、を参照）。そしてこの寺の梵鐘は、弘長四年（一二六四年）の銘をもつ、房総のなかでも最も古い梵鐘の一つである。千葉秀胤云々というのは伝説の域を出ないものなのかもしれないが、胎蔵寺にまつわる経緯は、金属と寺院とのかかわりを明確に示しているように思えるのである（写真6—2、3）。

次は、畠山重忠にまつわる伝説である。重忠は当地金谷郷の畑山谷の小丘のうえに居住していたといい、鴇谷村境の山頂に城を築いていたともいう。そして金谷には重忠の子孫・石井家が存続し、その伝承を伝えている。なぜこの地が重忠とかかわるのか、という点については、先にも述べたように、重忠と製鉄のかかわりを踏まえておかなければならない。重忠は清水（一九九四）が指摘するように、関東を中心にして、金属関係者を束ねる統領のような存在だったのである。当然、鎌倉の大仏の鋳造にかかわった相模国の鋳物師ともつながりがあったとみることができる。そのうえ、重忠の本拠地、武蔵国川本に近接して塚田鋳物師が活動し、その活動は「明徳三年・道禅」の銘をもつ清澄寺の梵鐘にまで及んでいる。「明徳三年」は一三九二年であり、道禅は塚田鋳物師の一人である。このことは、重忠の系譜を引く鋳物師が房総の地や日蓮宗とも密接にかかわっていたことを示している。

以上のように、日蓮が畠山重忠の血筋を受け継ぐ妙見信仰を担う製鉄民から生まれ、日蓮宗が妙見信仰とも密接につながっていたことは明白である[4]。そして畠山重忠の影響は東北地方北部にまで及び、鹿踊りを伝えた本人と伝承されている。ところが、これらのことに宮沢賢治が気づくことはなかった。岩手県出身で、日蓮宗を信じ、鹿踊りについて語っているのに、である。

写真6-2　眼蔵寺（旧胎蔵寺）

写真6-3　房総最古の眼蔵寺・梵鐘

6　結　語

冒頭で触れたように、「鹿（獅子）踊り」といわれているものには、そのかぶり物の違いから、鹿系統のものと熊系統のものがあるといわれている。宮沢賢治の「鹿踊り」の話は当然鹿系統のものであり、田野畑村の鹿踊りも鹿系統である。『白神山地通信』二五号で嶋祐三氏が言及している「目内崎」の獅子踊りはどちらの系統なのだろうか。

「赤石村久田」の鹿踊りは鹿系統と考えられ、「鹿の背の斑点は二八宿の星に因み、山伏達が山中にて鹿を見ることは大吉祥と崇拝することを忘れなかった」というのだから、その背後に星神（つまり妙見）への信仰を引き継いでいるようで大変興味深いものがある。また菅江真澄の『鄙の一曲』のなかの「かねほりたたらふみがうたふも、剣舞」という一節にも興味をそそられる。

津軽地域ではさらに、深浦町横磯集落に鹿系統の獅子舞が伝えられているが、横磯、大間、小福浦の各集落の産土神が金山彦（深山神社の祭神）だというのも、製鉄と鹿踊りとの関連を示唆しているようで関心を引く。

ただ、「鹿（獅子）」というのは獣全般を指すということで、かぶり物が鹿でも熊でも本質的な差異はない、とする考え方には疑問を感じる。特に、製鉄の民俗において、「日本の文献で『鹿』が出てきたら『採鉱、冶金』を考えよ」（近江、一九九三、二三八頁）といわれるくらいなのだから、鹿と熊の違いに意味を見出しておく必要がある。

ということで、鹿系統の鹿踊りはその起源において製鉄とのかかわりが考えられる、ということを確認しておきたいのである。

【注】

1　スズメ（雀）と鍛冶とのかかわりは、砂鉄（あるいは、広く金属）を意味する「ササ」が「雀」（ササ）につうじるからである（相原、一九九一、一四〇―一五〇頁、とりわけ一四九頁、を参照）。

2　この点に関わる考察として、吉野（一九七二、一七一頁）、を参照。また、窪田（一九九一）は、皮フイゴについての具体的な記載の一つとして岩手県大槌町の小林家に伝わる「製鉄絵巻」を挙げている。

3　なお、大久保（一九九九）より溯ること十年ほど前に、清水寿は埼玉県嵐山町歴史資料館において同様の趣旨の講演している、ということである。

4　菅田正昭は「開目抄」や「兄弟抄」にある次の記述は「日蓮じしんが、そのような作業を行なってきたことがあるか、あるいは日常的にそういう光景を見てこなければ、喩え話としてもなかなか出てこないのではないだろうか」と述べて、日蓮と「タタラ・鍛冶の仕事」とのかかわりを指摘している（菅田、二〇〇六、一九頁）。「鉄を熱にいた（甚）うきたわざればきず隠れてみえず。度々せむればきずあらはる。麻子をしぼるによくせめざれば油少なきがごとし」（「開目抄」）。「くろがねをよくよくきた（鍛）へばきず（疵）のあらわるるごとし。石はやけばはい（灰）となる。金はやけば真金となる」（「兄弟抄」）。

【文献】


相原清次、一九九一、『みちのく伝承―実方中将と清少納言の恋―』彩流社。

平野馨、一九八六、『伝承を考えるⅡ』うらべ書房。

市村高男、一九九一、「中世房総における鋳物師の存在形態」中世房総史研究会『中世房総の権力と社会』高科書店、三二八―三九一頁。

井上孝夫、一九九四、「房総地域の山岳宗教に関する基礎的考察」『千葉大学教育学部研究紀要』四二巻（一）、一九七―二一一頁。

木村弦三、一九七七、『続・奥々民俗旋律集成』木村弦三著作集刊行会。

金野静一・須智徳平編、一九八〇、『岩手の伝説』角川書店。

窪田蔵郎、一九九一、『増補改訂　鉄の民俗史』雄山閣。

前島長盛、二〇〇〇、『古代の風』日本学術文化社。

森山一、一九七八、『宮沢賢治の詩と宗教』真世界社。

村上重良、一九八八、『日本宗教事典』講談社学術文庫。

小倉豊文、一九五二＝一九七八、『雨ニモマケズ手帳新考』東京創元社。

大久保雅行、一九九九、「日蓮誕生論」高木豊・小松邦彰編『鎌倉仏教の様相』吉川弘文館、二八二―三二二頁。

近江雅和、一九九三、『記紀解体』彩流社。

佐野賢治、一九九六、『虚空蔵菩薩信仰の研究』吉川弘文館。

柴田弘武、一九九八、「常総の風土と古代製鉄」谷川健一編『金属と地名』三一書房、二七二―二八五頁。

嶋祐三、二〇〇二、「いくつもの沢・赤石川・流域のムラ・赤石海岸」『白神山地通信』二五、三二―三九頁。

清水寿、一九九四、『鋳師・鍛冶師の統領と思われる畠山重忠について』私家版。

菅田正昭、二〇〇六、『古代技芸神の足跡と古社』新人物往来社。

所頃重基、一九七二、『近代社会と日蓮主義』評論社。

塚越正佳、一九九二、『小川町史跡めぐり』埼玉県小川町役場。

吉田司、二〇〇二、『宮沢賢治殺人事件』文春文庫。

吉野裕、一九七二、『風土記世界と鉄王神話』三一書房。

第7章　石が流れて木の葉が沈む　――逆川の深層――

1　逆川の由来をめぐって

全国各地に逆川と呼ばれる河川が分布している。その名称の由来は一般的には、他の河川と比べて流れる方向が逆向きだから、といわれている。例えば、津軽・白神山地に源を発し深浦町を流れる追良瀬川の支流をなす二つの逆川を取り上げてみよう。一つは中流にある逆川で、この沢を詰めると逆川山（標高八四八メートル）へと至る。もう一つは源流のサカサ川である。なぜかカタカナ表記であるが、中流の逆川と同一名称のはずである。源流のサカサ川の名称由来について、佐藤・坂本（一九八七）は、次のようにいう。

「サカサ川はほとんどの白神山地主脈北面の沢が北流する中で、源流、中流が南流するのでマタギがサカサ川と称しているのである」（佐藤・坂本、一九八七、五七頁）。

つまり「逆さ」とは、水の流れる向きが逆方向だというのである。十分に説得力ある説明である。
しかしわたしの言語感覚からいうと、逆さとは単に水平方向の問題というよりも上下関係にかかわるのではないか、という気もする。例えば、第2章でも少し触れた岩木山周辺の鬼伝説のなかに、鬼が逆さ水を引いて来て農地を潤してくれた、といった内容の話があるが、ここにいう逆さ水とは上下関係が問題になっている。このように考えるとき、逆川の意味するところに関する疑問は相変わらずつきまとうことになる。

2　逆川と製鉄のかかわり

■谷有二による謎解き

この疑問を解くためのヒントを与えてくれるのは、谷有二『日本山岳伝承の謎』(谷、一九八三)である。同書は日本の各地にある逆川のなかに鉱山と関係しているものがあるのではないか、と指摘している。ただし鉱山と逆川が結びつく理由については、謎のままであった。この指摘を受けて、岩木山周辺の鬼伝説を知っているわたしとしては、鉱山、逆川、鬼伝説の三つを結びつけて考えてみたいところなのだが、この三者を緊密に結びつける決定打がないまま、十年以上の年月が経ってしまっていた。

だがその後、『日本山岳伝承の謎』の続編としてまとめられた『「モリ」地名と金属伝承』(谷、二〇〇〇)のなかで、問題提起した谷有二自身によって答えが与えられることになった。その答えをわたしなりに要約すると、次のようになる。

(1)山形県のたたら歌に、「…石が流れる　木の葉が沈む　なぜかその川　逆川」という歌詞があり、鉱山と逆川が関係あることは間違いない。この歌詞は、野口一雄「鉄の伝承」(野口、一九九二)、に掲載されている。

(2)江戸時代に書かれた『鑛山至宝要録』に、鉱山内の坑道の境界を示す縄遣いである「逆縄」の記述がある。ここから考えると、逆川とは境界を示す川なのではないか。

(3)境界を示す逆川の語源はさらに溯って、『古事記』のなかにみえる。イザナギがカグツチを切った剣の魂の神「天の尾羽張」は天の安の河の水を逆(さかしま)に塞(せ)き上げて道をふさぎ、だれも近寄ることはできない、云々といった記述がある。ここから「逆川の語源は遥か昔の神話にあって、他人が近寄ることの出来ない境界をいったものなのである」ということになる。

谷の論点はおよそ以上のようなものである。結論は、逆川とは「境界をあらわす金属用語」とみてよいが、「地形的な逆さ川もある」ということになる(谷、二〇〇〇、一六三―一六五頁)。

この推論を一つ一つ追っていきながら、疑問は膨らんでいった。ここで取り上げられている素材には納得がいくのだが、その解釈には賛同できないところもあるからである。そのあたりの事情を簡単に説明しておこう。(1)から(3)の論点を最初に読んだとき、逆川というのは単純に、境界を表す「境川」の訛りなのではないか、と感じた。そしてその境川は別段、鉱山の区切りに限定されるものではなく、木材資源であっても水資源であってもかまわないのではないか、という気もした。

だがよく考えてみると、(1)と(3)の推論の素材となった資料が活かし切れていないのではないか、という気がしてきた。(1)の「石が流れる　木の葉が沈む」という歌詞は、流れるものと沈むものが通常とは逆だといっているのである。なぜ逆なのか、といえば、これはまさしく水流を利用して鉱物とその他のものを選鉱しているからではないのか。ここから考えれば、逆川とは端的に鉄穴流しに使った川ということになる。また、(3)の水を噴出させて道を塞ぐというのも、坑道を掘りすすんでいった際に地下水が勢いよく吹き出してきて先に進めなくなってしまった状態を表現しているわけだろう。ここから逆川の由来を推測すれば、坑道を掘って行って地下から大量の水が川のように湧き出した状態のことをいっているのではないか、と思えるのである。

■たたら歌の重要性

というわけで、谷が提起した問題設定と貴重な資料を材料に逆川の由来を考えてみると、考えるべき決定的な素材は(1)のたたら歌にあり、逆川とは鉄穴流しに使った川、ということになる(この「石が流れて木の葉が沈む」を逆川の由来の核心を語る伝承という意味で、逆川伝説と呼ぶことにしたい)。同じ素材を使って、別の結論へとたどり着いたわけである。ついでにいうと、(2)と(3)の資料は必ずしも使う必要はないのではないか。(2)の逆縄まで考慮の対象を広げる必要はないし、(3)の『古事記』の描くリアリティも鉱山につうじるとはいえ、地下水の噴出と河川の名称との直接的な結びつきは弱いのではないかと感じられるからである。

もっとも、谷が逆川を境界を示す川としたのには、一つの背景があるようにも思われる。それは逆川の由来を考える出発点の一つが埼玉県旧名栗村の有間谷の源流の逆川(第5章で触れたように、その上はタタラの頭、と呼ばれている)にあって、そこには次のような伝承があったからである。

「この逆川の名称由来は、もともと下名栗側であった流れを上名栗にも分けてくれるようにたのんだところ、流れを逆にしたら分けてやろうとの返事から出たものだと語られる」(谷、一九八三、一一九頁)。

「見る目・嗅ぐ鼻の浅見昌一郎氏の話を聞いてみると、『上名栗と下名栗の境界争いがあって、この川を逆に流して見ろ、そうしたら、この川をお前の方にやる』といった昔話があるそうだ」(谷、二〇〇〇、一五八頁)。

「流れを逆にしたら…」というのは荒唐無稽な話と思えるのだが、谷はこの伝承を資源の配分をめぐる争いと捉え、それがのちに境界の議論へとつながっていく理由の一つになったのではないかと思えるのである。しかしわたしが考えるに、この伝承を残した当事者たちは逆川の真の由来については知らずに、「流れを逆にしたら」などという話を勝手にこじつけたのではないか。そのように考えれば、この伝承は逆川の由来を解く手がかりにはならないのではないか。

最後に、追良瀬川流域の逆川についても、もう一度考えておきたい。谷有二は「青森県西津軽郡深浦と、青森市城ケ倉渓谷にある二ケ所の逆川山には金属の気配は感じられない」(谷、二〇〇〇、一五九頁)という。しかし追良瀬川流域の逆川は本当に金属とは無縁なのだろうか。それを確かめるには物証が必要だが、現段階では困難である。ただ、追良瀬川流域を含む白神山地全体でみた場合、「金属の気配」は濃厚であり、逆川や逆川山が金属とかかわる命名(つまり、鉱山関係者の使う専門用語としての逆川)である可能性は十分にあると思われる[1]。

3　嶋祐三氏の指摘をめぐって

■民謡にある逆川

逆川の由来に関する考察は本来ならば、ここでひとまず打ち切りというところである。これ以上の検討材料が乏しいからである。ところが今回は、打開の手がかりが意外なところから届けられた。山形県のたたら歌の一節「石が流れて木の葉が沈む」という部分に関連して、嶋祐三氏から次のような指摘をいただいたのは、二〇〇二年二月のことであった。

「…山形のたたら歌の歌詞。どこかでなんどか聞いたことがあったことを思い出し、調べていました。『嘉瀬の奴踊り』という金木町嘉瀬に伝わる民謡にありました。

嘉瀬と金木の間の川コ
石コ流れて木の葉コ沈む

というのが、それです。金木新田開発（一六九七〜一七〇五年）の頃うたわれ出したといわれています。

おれのカクジのタダラビ花コ
シルマしおれで夜に咲く

という歌詞もあります。カクジ（裏の畑地の意味です）、シルマ（昼間＝日中ということです）。開拓に携わった藩士・鳴海伝右衛門の下僕・徳助が唄ったといわれています。『タダラビ花コ』は、どんな植物なのか不明です。山形のタタラ歌とのあいだに何かのつながりがあるように思われます。」

この指摘は全く予想外のものだったが、文中の最後に指摘されているように、山形のたたら歌と嘉瀬の奴踊りの歌詞の一節には明らかに関連性がある。つまり、山形のたたら歌は山形に固有のものではなく、他の地域にも広く存在する可能性がある、ということであり、このことは逆川の由来を解明していくうえでも大きな手がかりを与えてくれることになるのは間違いない。

■手紙の指摘の謎を解く

このような前提にたって、嶋氏の指摘について、とりあえず若干の検討をしてみよう。

まず、「嘉瀬と金木の間の川コ　石コ流れて木の葉コ沈む」の歌詞である。これは嘉瀬と金木の境界線としての「逆川」を唄っているように思われるのだが、地図で調べてみたところ、この二つの集落の境界をなす川は「小田川」という名称であった。ということは、この歌詞は境界をなす川の名称の由来を表現しているわけではない。嘉瀬と金木の境界となっている小田川は石が流れて木の葉が沈む不思議な川だ、という川の特性を表現しているのである。

もう一つ、「おれのカクジのタダラビ花コ　シルマしおれで夜に咲く」という一節は「わたしの家の裏の畑のタダラビの花は、昼間はしおれて夜に咲く不思議な花だ」といっているのだろう。タダラビのことを植物の名称と考える嶋氏は「どんな植物なのか不明です」という。わたしも最初は植物の名称かと考えたのだが、金属とか鉱山との関連でみれば、タダラビとは植物の名前ではなく「たたらの火」を指しているに相違ない、と思いあたった。つまり「わたしの家の裏の畑の方で燃え盛るたたらの火は、昼間は明るくて目立たないが、夜になると咲き誇る花のように輝いている」という意味なのではないか2。

さらに、嶋氏の指摘ではこの歌が成立した時代も特定されていて、一七世紀末から一八世紀初頭にかけての津軽藩による金木の新田開発で唄われたものという。新田開発では原野を切り開いて開墾するために金属製の用具が必要不可欠であるし、田畑に水を引いてくるための築堤には鉱山開発と同様の技術が必要とされるはずである。これらの事情を考えれば、新田開発というのは製鉄技術者集団の関与なくしては不可能とさえいえる。ということは、各地を移動して歩く製鉄技術者集団が金木新田開発に際して唄っていた労働歌の一節が嘉瀬の民衆のなかに受け継がれ、「嘉瀬の奴踊り」という民謡としてかたちを整えていったのではないかと推測できる。そしてこのように考えれば、山形のたたら歌の一節と津軽地方・嘉瀬の民謡の一節が極めて類似していても不思議なことはない。

わたしはおよそ以上のようなことを考えて嶋氏に返信を書いたのだが、「嘉瀬の奴踊り」をめぐる話はもう少し広がりをもっていた。

4 「嘉瀬の奴踊り」をめぐる伝説

■奴踊りの伝説

嶋氏とのやり取りはその後もつづいた。嶋氏の関心の中心は、「タダラビ花コ」に関する地元青森県側の解釈にあったようである。わたしもできる限り調べてみようとしたが、その際の焦点は「石コ流れて木の葉コ沈む」という歌詞と鉱山とのかかわりに関して、より一層の普遍性が見出せないかという点にあった。

そのやり取りをつうじて次第に明らかになってきたのは、歌詞に関しても踊りに関しても、現在のかたちになるまでには幾多の変遷があり、さらに奴踊りの成立事情に関しても伝説の域を出ないということであった。そのあたりの経緯について、具体的に検討してみることにしよう。

まず、「嘉瀬の奴踊り」に関する第一の資料ともいうべき『金木郷土史』(一九七六年)は「奴踊りと〝奴徳助〟の伝説」という項目のなかで、奴踊りにかかわる伝説について次のように記している。

「今を去ること二八五年前(二九〇年前ともいわれる)津軽4代藩主信政公は領内の開墾に力を注ぎ、藩士を投入して新田を開発し、米の増収を図ることにした。藩士たちは藩公の仰せとはいえ、武士としてはずかしめにあったように思い、新田開発の希望者は少なかった。しかし鳴海伝右衛門は、妻子と奴徳助をつれて嘉瀬に住み、近隣の百姓たちと共に藩主の命令に従い、開墾に熱意をもち、昼夜の別なく総力をあげ、数年後には三〇〇町歩の良田を造成することに成功した。しかし、ある年期限に遅れて金木御蔵に年貢米を納めに行った際、かつて同僚であった者が金木御蔵の役人として出世しており、伝右衛門を見る目が意外にも冷たく、腰抜け武士の典型よと冷笑された。

伝右衛門は次第に懐疑的になり、日がたつにつれて沈みがちになった。主人思いの奴徳助はこのさまをみて、恵まれない主人をなぐさめようとして思いついたのが、次の歌詞であった。

嘉瀬と金木の間の川コ、石コ流れて木の葉コ沈む

そして自分でふしをつけ、振りつけもし、秋の取り入れの振舞酒の席や、月見の夜など自ら踊り、主人の不遇をなぐさめたのが、嘉瀬の奴踊りとなって残されてきたのだという。『石コ流れて木の葉コ沈む』とは、誠実な者は恵まれず、上役に要領よくとり入る軽薄な者が『ノサバル』ことを暗に言ったものだろうと言われ、いわゆる『この世はさかさまだ』ということを風刺した、農民のレジスタンスを秘めた唄とみてよいであろう。このことが藩主の耳にはいり、領内の巡視した際、この踊りを見て賞し奴踊りと命名したといわれている」(金木町、一九七六、六六九―六七〇頁)。

これが伝説のあらましである。一見したところ、もっともらしい。しかし少し考えてみれば、藩主の命によって新田開発に成功した藩士がその後も冷遇状態におかれるというのは何とも筋が通らないことではないか、といった疑問も出てくる。

あるいは、徳助が「自分でふしをつけ、振りつけもし、秋の取り入れの振舞酒の席や、月見の夜など自ら踊り、主人の不遇をなぐさめた」というのだが、『金木郷土史』は奴踊りの起源を願人坊主(各地を移動して歩く坊さんのような乞食)の一群によって踊られる「秋の豊作を祈願するお田植え踊り」(金木町、一九七六、六六八頁)とし、「この地方の奴踊りに因む鳴海伝右衛門の忠僕奴徳助の伝説も、前者は各地田植え踊りに出現する田主(たあるじ=太郎治)、後者は弥十郎(小

作人の代表）だったと考えられる」と解釈しているわけで、この解釈の方が妥当だと思われるのである。このことは同時に、徳助が主人の不遇を慰めるための歌詞とされる「石コ流れて木の葉コ沈む」という部分に関する解釈の妥当性が問われている、ということでもある。結局、この伝説は、「石コ流れて木の葉コ沈む」という特徴的な歌詞の一節の本来の意味がわからず、それを「誠実な者は恵まれず、上役に要領よくとり入る軽薄な者がのさばる」という意味に曲解して、鳴海伝右衛門と徳助の話に無理に結びつけた結果といえるのではないか。

■奴踊りの起源は古い

ちなみに、『日本民謡辞典』（仲井・丸山・三隅編、一九七二）の「奴踊」の項目をみると、この踊りは南北朝末期、足利氏の横暴に抵抗した南朝遺臣・鳴海伝之丞をみかねた下僕・徳助が踊り始めた、となっていて、時代的背景は『金木郷土史』の記述とは異なり、武将も姓は同一だが名前は違っている。その出典については記載がないため不明だが、おそらく先行する二つの民謡集成である『東北の民謡』（仙台中央放送局編、一九三七、三四九頁）と『日本民謡大観』（日本放送協会編、一九五二、四八頁）を踏まえた記述のように思われる。これらの著作で示された論点は、『金木郷土史』の刊行以前に示された見解の一つとして注目に値する。つまりここでも、奴踊の時代的背景は伝説的なもので、その起源は金木の新田開発とは必ずしも結びつかず、それより以前から存在していた可能性がある、ということである。そしてこの点に関して、青森県教育委員会の『青森県の民謡』が「奴が主人の不遇を慰めるために、世の中の矛盾を歌ったものとされるが、年代、人名等具体的状況については諸説ある」（青森県教育委員会、一九八八、一四三頁）として、伝説の内容には深入りせずに、慎重な立場をとっていることにも、若干の注意が必要である[3]。

■踊りと歌詞は必ずしも結びつかない

そこで、これらの点は一旦棚上げして、今度は奴踊の「踊り」としての性格を検討してみたい。『金木郷土史』はこの点に関して、「田植えの時期には出雲大社や、大阪住吉神社の神事たる田植え踊りを勧進に、願人坊の一群が年々訪れて来たのである。…［中略―引用者］…金木新田で行われた田植行事が、如何に重要視されて盛大を極めたかは、これら願人坊往来の他、金木八幡宮に、社宝として遺る歴代藩主の奉納した御田扇の古事でも、よく窺うことができる。田植踊りでは、住吉神社のそれの如く、田の神の依代である大傘（この地方では傘袋という）を中心として早乙女、太郎治、弥十郎が唄声厳かに、また楽しく踊る。弥十郎は、特に奴の衣装を飾って加わることが此の地方に多い。早乙女の踊りの前後には、荒馬、太刀振りが伴うのが、昔からのならわしである。この中の配役のひとつである弥十郎の奴だけがいつしか嘉瀬地方に残ったのが奴踊りといわれる」としている（金木町、一九七六、六六七―六六八頁）。

「田植え」にかかわる神事は大きく分けて、正月の予祝として行なわれるもの、耕田や種蒔きの際に行なわれるもの、実際の田植えの際に行なわれるものがある。大阪の住吉大社で現在行なわれている田植え神事は、このうちの実際の田植えに際してのものであり、その内容は稲の豊作を祈ることが中心である。大扇が使われるのは一連の行事のなかの最後を占める「住吉踊り」においてであり、「白衣に黒の腰衣、赤い垂れをめぐらせた菅笠を被り、中央で大傘の柄を叩きながら音頭をとるのに合わせて、四人が一組となり心の字に象って踊るのが原型」といい、「中世神宮寺の社僧が勧進のためこれを踊って全国を遍歴した」という（西本、一九七七、一七〇―一七一頁）。この踊りは別名「稲の虫追い踊り」ともいわれるように、その所作は基本的には稲の害虫を追い払う「虫送り」を表現している。

奴踊りの形態がこの住吉踊りの影響下にあることは間違いない。だが奴踊りで唄われる歌詞の内容は住吉大社から伝承されたものではなく、この地域に固有のもっと土俗的な性格をもっていると考えられる。そして「弥十郎の奴だけがいつしか嘉瀬地方に残ったのが奴踊りといわれる」という場合、どうして「弥十郎の奴だけが嘉瀬地方に残ったのか」という疑問がつきまとう。その理由こそ、「石コ流れて木の葉コ沈む」という歌詞が民衆の心のなかに強烈に焼きついていたからではなかっただろうか。

だが奴踊りの田植え踊りとしての性格は、時代とともに変容していく。江戸時代の延宝、元禄期（一六七三—一七〇四年頃）には歌舞伎の六法の作法が模倣されて「本来の意味を忘失するほどの影響」を受けたといい、現代では「金木地方の神事、祭典、田植終了を祝う行事等ことあるごとに踊られ」るという。そして今日では、「嘉瀬の奴踊り」といえば一般的には盆踊りの一種のように受け止められている。

5　「嘉瀬の奴踊り」の原像

■歌詞と鉄は結びつく

ここで再び、歌詞の内容について検討してみたい。踊りの形態と同様に、歌詞の内容も時代とともに変化している。今日「嘉瀬の奴踊り」として奴踊りの存在が全国に知られるようになった切っかけをつくったのは、嘉瀬出身の民謡歌手で「嘉瀬の桃」といわれる黒川桃太郎の存在が大きい。黒川桃太郎は一八八六年生まれで、「津軽民謡に独自の境地を開いた」民謡史に残る人物だが、各地を放浪し酒に溺れた人生をわずか四五年ほどで終えている。

津軽地方出身の作家・長部日出雄の『津軽世去節』（一九七二年）は、この黒川桃太郎の生涯を題材にした作品である。そのなかに当然といえば当然のことなのだが、嘉瀬の奴踊りが出てくる。

「続いて桃は、こういう歌詞をうたった。

『いまの世の中　世はさかさまで　嘉瀬と金木の間の川コ　石コ流れて木の葉コ沈む』

これは、桃が生まれた嘉瀬に古くから伝わっている文句である。桃はどの唄をうたうときも、そのなかに必ずこの歌詞を入れてうたった。いってみれば、この文句は桃の一生を通じての主題であったのではないかとも思われる。

この地方の人たちは、非常に伝説が好きで、このうたの文句にも伝説がある。

ある民謡研究家の解説によれば……二五〇年前、津軽藩主信政が、金木地方の新田開拓に着手したとき、嘉瀬に派遣された工事奉行の一人に、鳴海伝右衛門という人がいた。実直で温厚な人柄で、開田作業に汗水を流している百姓たちに、決して無理をさせなかった。

ほかの藩士たちが、百姓のしりを叩いて開田を急がせたのに、伝右衛門はあくまでも百姓本位の姿勢を曲げなかったために、工事は遅れて上役の機嫌を損じ、同僚からも、愚直者よ、と嘲笑される結果となった。全力を尽しながら疎んじられた主人の姿を見て、奴の徳助は、嘉瀬の川にかかる橋の上に立ち、月にその無念の思いを訴えてうたった……のが、このうたの文句と、嘉瀬の奴踊りのはじまりだという。

徳助が立ってうたったという橋は、いまも奴橋と呼ばれている。地元の古老のなかには、桃がこの能登から来たという奴の徳助の子孫だという人もいるが、それには別に根拠はない。だが、こうした伝説が農民の願望をあらわしていることは間違いないだろう。

朝から晩まで働き続けながら、食う米もない窮乏のどん底で暮らしていた聴衆は、石コ流れて木の葉コ沈む……という桃のうたを、自分の実感として受けとめたようであった」(長部、一九七二、一一〇—一一一頁)。

一読してわかるように、鳴海伝右衛門の新田開発にまつわる伝説は『金木郷土史』に記載の内容とは微妙に異なっていて、こちらの方が筋が通っているように思える。だがそれ以上に重要なのは、黒川桃太郎がことあるごとに「いまの世の中　世はさかさまで　嘉瀬と金木の間の川コ　石コ流れて木の葉コ沈む」という歌詞をうたっていた、という指摘である。そうだとすれば、田植え踊りとしての奴踊りとこの歌詞とは必ずしも結びつくものではない、ということになるのではないだろうか。つまり、奴踊りの歌詞は土俗的な内容をもった唄の文句を適宜取り入れながら一つの形をなしたものであって、最初から一定の形があったわけではないのではないか。このことは、奴踊りの歌詞の全体像をまとまった形で示した文献がほとんど存在しないことからも推察できる。そのなかで『金木郷土史』は比較的まとまった形で歌詞を提示しているが、全体で次の五節であり、これですべてなのかという疑問は残る。

嘉瀬と金木の間の川コ　石コ流れて木の葉コ沈む

おいらのかくじ（裏庭）のただらび花コ ひるましおれて夜に咲く

嘉瀬はよいとこお米の出どこ 秋は黄金のまた波がたつ

稲妻ピカピカ雷ゴロゴロじくなしおやじ　バラ株さぶっちやさて千両箱拾った

嘉瀬の観音様の井戸の水呑めば 七十年寄りもまた若くなる

第一、第二節はいずれも製鉄がらみ、というのがこれまでに述べてきたわたしの解釈である。第三節も「お米」と「黄金」がかけられているようにも見受けられる。つづく第四節で出てくる稲妻、雷はともに製鉄信仰とかかわり、意気地無しを意味する「じくなし」の語源は「銑」（ズク＝上等な鋼鉄に付随して生まれる品位の落ちる下等な鉄）すら奪われて無一文になった製鉄民に由来する、という見方がある（井口、一九八五、一八九頁）。また、バラ株とは「モミジイチゴかナワシロイチゴの根株」というのが嶋氏の見解で、「ズクを失って生きる手段もなくなった」人間がバラ株にぶちあたって千両箱を拾うというのは、一種の長者伝説のようにも思えてくる。最後の観音様の話は、製鉄民の信仰する観音の霊力を語っているのかもしれない。

■踊りの原型も鉄にある

ということで、奴踊りで使われている歌詞はおおむね製鉄がらみ、といってよいのではないかと思われるのである。いわば表の農耕(田植え)に対して背後に鉄がある、という構造になっているといえそうなのだが、このような観点からみたとき、松田弘洲『青森県地名の謎』が南部地方の田植え踊りとされる「えんぶり」に関して、「タタラ炉による〝鉄の豊産〟を願う行事から発展した田踊であろう」として、次のように述べているのは大変示唆的である。

「南部地方で旧正月前後におこなうエンブリは田植踊だとされている。津軽にはエンブリはなくて、あるのはネプタ祭りだ。南部地方にネプタが無くて、エンブリがあるというのも一つの謎である。エンブリそのものは、エブリという田を平らに摺りならす農具から来ているという。

ところでエブリはタタラ製鉄でも使う。タタラ炉から初めて出てくるノロ(鉄カス)をエブリですくい取って、これを初花と称して金屋子神へ供える。これがタタラ製鉄にとっては重要な儀式で、この儀式を行う者は、エンブリの太夫と同じく烏帽子をかぶり、着物はこれまたエンブリの太夫と同じく黒色の筒そでなのである。

エンブリが南部と下北にあって、津軽にないというのはどういうことか。エンブリが米の豊作を願う行事ならば、二千年前から水田のある津軽に当然あってしかるべきではないか。エンブリは、タタラ炉による〝鉄の豊産〟を願う行事から発展した田踊であろう、というのがその一つの謎解きである」(松田、一九八六、四〇—四一頁)。

この文章にはエンブリとネプタの地域性をどのように説明するのか、という論点も含まれているため、若干の複雑さが含まれている[4]。しかしいわれていることは明瞭であり、エンブリの起源に関してはそのとおりに受け止めたい。ただ先にも触れたように、田植え踊りと田植え祭ともいわれる田植え神事とは区別しておきたい。田植え踊りは例えば東京・板橋区の二つの神社（徳丸の北野神社、および赤塚の諏訪神社）に伝わる正月の予祝行事である「田遊び」が風流化したものとされ、主として東北六県に分布し、弥十郎などと呼ぶ音頭取りを先頭に踊るものとされている。それに対して田植え祭は文字どおり神社の神田などに苗を植える神事である。この両者を区別すると、嘉瀬の奴踊りの「奴」が弥十郎の名残りだったとする『金木郷土史』の解釈が改めて注目されてくる。すなわち、奴踊りというのは住吉神社系の田植え神事としての形式をとる以前に、「田遊び」の系譜に連なる形式をもっていたということなのである。そしてその点では、南部の「えんぶり」とも同型的な性格をもっているということになる。

このように考えると、「南部のエンブリ、津軽のネプタ」といういい方は必ずしも適切とはいえなくなる。両地方とも基本にあるのは鉄であり、そこに正月の予祝としての田植え踊りが重なっている。ここまでは両者ともに共通で、南部地方ではそのままエンブリになる。それに対して、津軽ではそのうえにさらに住吉神社系の田植え踊り（住吉踊り）の形式が取り入れられたのである。両者の違いは、南部がいわば二段重ねなのに対して、津軽では三段重ねになっていることなのである。

いずれにしても、金木の奴踊りの原型は製鉄にあって、その歌詞と「奴」という登場人物にその名残りをとどめ、形態は住吉神社の神事にならっている、ということなのではないだろうか。

6 「石が流れて木の葉が沈む」のリアリティ

■小田川の由来

今度は、「石が流れて木の葉が沈む」という逆川の名称に込められたリアリティを探ってみることにしよう。ただし、嘉瀬と金木のあいだを流れるのは逆川ではなくて小田川であるが（以下の記述については併せて、**図7―1**、を参照）。

逆川とは鉄穴流しに使った川ではないか、というのがここでの基本的な仮説であった。それを裏づける痕跡は、小田川周辺にあるのだろうか。

まず気になるのは、小田川という名称である。『続日本紀』によると、天平二一年（七四九年）四月、多賀城の国司・百済王敬福が黄金九〇〇両を献上しているが、その黄金の産出地は陸奥国〃小田〃郡であった。この小田の小とは「ささいな」というときの「ささ」であり、「ささ」には砂金、砂鉄の意味が込められている、という指摘がある（小田、一九七六、一〇二頁）。そこからいえば、小田川とは砂金や砂鉄を採取するために利用した川というのがその名称の由来ということになるはずである。

この小田川の源流にはいくつかの沢があるが、その一つは湯ノ沢と

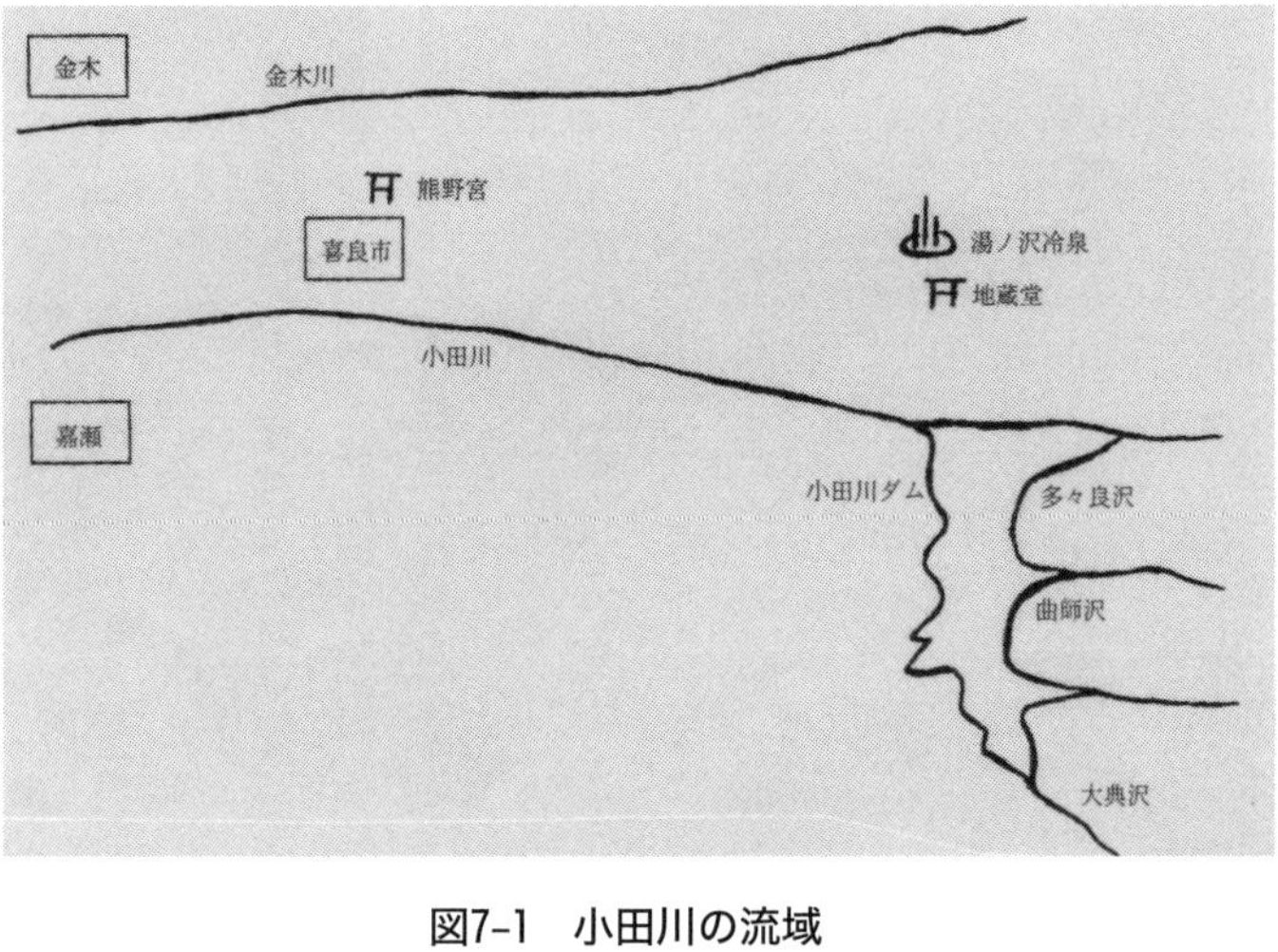

図7-1　小田川の流域

いう。「湯」というのは熔融状態の鉄（あるいは金属一般）を指すことがある。しかしこの小田川源流の湯ノ沢の場合、硫黄の臭気がたち込める冷泉がその命名の由来だと思われる（写真7―1）。この冷泉の近くには地蔵堂が祀られており（写真7―2）、ここには蕎麦を栽培する「忌来人」が住んでいたと伝承されている。「忌来人」というのは村人が立ち寄ることを忌み嫌うことからそう呼ばれるようになったといい、彼らは実は大豪族だったという。文献上における「忌来」地名の初出は天文年間（一五三二―一五五五年）に成立した「津軽郡中名字」であり、このことは藩政以前から伝わる地名であることを示している。そして旧金木町（現五所川原市）に属する旧喜良市村は、この「忌来」の転じたものだというのである5。

小田川には湯ノ沢のほかにも源流がある。現在では小田川ダムが建設されていて地形も改変されているが、このダムに流れ込む沢に多々良沢や曲師沢がある（多々良沢と多々良林道については、（写真7―3、4）を参照）。さらに、多々良沢の源頭には多々良山もある6。いずれの沢も、タタラ製鉄由来の名称のはずである。

■鉄穴流し

このように小田川源流では、砂金の採取や鉄穴流しによる砂鉄の採取が行なわれていた可能性が強い。ここで、この鉄穴流しの方法について、確認しておくことにしよう。（図7―2）は安政の頃に描かれた『鉄山記』の一部で、出雲地方における鉄穴流しによる山砂鉄の採取の様子を伝えている（茂木、一九九四、一九―二三頁）。

上流で花崗岩質の山を崩してその土砂を下流へと流し、そこで川底を平らに均して選鉱する。その際使われる道具をエブリという。耕地を均したり、ノロをすくい取るためのエブリと同じである。この工程こそ、「石が流れて木の葉が沈む」という状態である。そしてこの作業の結果、下流では流れた土砂が堆積し、水流が止まる。そればかりか、下流の土地の方が高くなって水が逆流することもあるだろう。これが「逆流する川」という意味での逆川の由来である。しかし嘉

写真7-1　湯の沢の冷泉

写真7-2　湯の沢の地蔵堂

写真7-3　多々良沢・小田川ダムへの注ぎ口付近

写真7-4　多々良林道の表記

図7-2　鉄穴流しの図

（出典）『鉄山記』（和鋼博物館蔵）。ただし引用は、茂木（一九九四、二二頁）、による。

瀬と金木のあいだの川は逆川ではなくて小田川である。これは、「ササ＝砂金」が採れる川という意味合いが優先的に考えられたことの結果だったのかもしれない。

その一方、嘉瀬《かせ》（加瀬などとも書く）という地名の由来について、『日本地名語源事典』は「枷」で舟をつなぎ止める所、「悴」でやせた土地、という二説を挙げている（吉田、一九八一、一五六頁）。金木町嘉瀬の場合、「嘉勢」と書かれたこともあるが、その由来については「丘が広いという意味」（工藤、一九八一、二〇〇頁）だとされる。だが、その理由は示されていない。「嘉」は明らかに好字であるから、嘉瀬とは人間にとって好ましい「瀬」、つまり資源が豊富にある「瀬」ということなのかもしれない。あるいはその逆に、石や鉄分が堆積して農業には不向きな土地になってしまい、「やせた土地」とされたのかもしれない。

その一方、金木は「曲柵」ないし「金柵」とする説（松田、一九八六、三六頁）もあるが、ここでは文字どおり、「金」と「木」を産出する土地、という意味と受け止めておきたい。吉村（一九八六）は、そのあたりの一端を伝えている。それによると、現在の金木町喜良市のあたりではかつて鍛冶炭を焼き、鍛冶屋が多く住んでいたという。また、南部から金木に移り住んだ武将・櫛引甚三郎の五代目甚兵衛は藩の禁伐林を盗伐したかどで一七四四年、一家死罪になったが、甚兵衛は山でニセ金をつくっていたとか、生前自分のもっていた財宝を屋敷の古井戸に投げ込んだとかいった伝説も伝わっている（吉村、一九八六、一八―三三頁）。これらは、金木が金属と深くかかわっていることの一端を示している、と思われる。

■熊野宮の鳥居の謎

小田川の流域、とりわけその源流部をみると、金属とのかかわりが濃厚である。人を避ける豪族という「忌来人」の伝説は、長者伝説の一つのようにも思われる。おそらくこの地域では藩政以前から砂金や砂鉄の採取が行なわれていたのだろう。その痕跡が伝説や地名、沢名、山名などとして残り、さらに「石が流れて木の葉が沈む」、「タダラビ花コ」

という歌詞に反映されているのである7。

では、その主体は一体だれなのか、といえば、やはりここでも熊野系修験道の可能性が高い。それは旧喜良市村の村社が熊野宮（旧金木町喜良市千苅）で、すでに天正一二年（一五八四年）再建の記録が残り、やはり藩政以前から村が開かれていたことを示しているからである。

（写真7—5、6）は、その熊野宮の鳥居とそこに飾られた人物像の拡大写真である。この鳥居には裸の人物と俵のようなものが飾られている。これは一体何を意味しているのだろうか。一見すると、相撲取りと米俵のようにもみえる。だがもしこれを鉄とのかかわりで解釈するとしたら、次のようにいうことができるだろう。この人物は鬼であり、鍛冶師である。第2章で触れたように、同じ津軽地方の車力村に鬼神社や「鬼の角力取り場」といい伝えられている場所があるように、この鬼は相撲を取ると考えられている。それはおそらく、裸形であることが相撲取りであることを連想させるからだろう。しかし本当のところ、裸形なのは鍛冶という火を取り扱う仕事に携わっているからである。ただし、裸形と鍛冶師とのあいだにはもっと根源的な意味合いがある、との指摘もある。「ところで鍛冶師がなぜ裸体なのか。熱い炭火を使用して作業をおこなうのだから、裸体の方が自然という見方がある。その理由自体はとくに否定されないが、アフリカでは鉄づくりは一種の魔術である。何の変哲もない石や川砂を鉄に変えるのだから、技術は神秘性を帯びていて、いわば魔術と見なされてきた。ゆえに鍛冶師は、尊敬と畏怖のいりまじった目で見られる特殊な存在であり、技術も秘伝であった。裸体はそんな彼らの特能を象徴する表出である」（和田、一九九四、五三—五四頁）。いずれにしても鍛冶師は裸形で登場する。その姿は時に鬼を連想させ、時に相撲取りを思わせる。その一方、下に吊るされた俵は単なる米俵なのだろうか。火を操るシャーマンとしての鍛冶師に稲の豊作を祈願しているのか、あるいは米俵そのものが豊饒を表しているのか、それとも俵がタタラにつうじているのか。その真意ははっきりとしない。

もう一つ、裸形の人物の顔はどこか九州・求菩提山の鬼神社の天狗像を思わせるところがある。これはユダヤ系の顔

写真7-5　熊野宮の鳥居

写真7-6　鳥居の人物像

であり、古代の秦氏につうじる、ともいう（安藤、一九八三）。その説に基づいていうならば、秦氏に由来する熊野の修験者がこの地にやって来て、「忌来人」と称していたのかもしれない。そしておそらく湯ノ沢の地蔵堂は、この熊野宮の奥宮であったのだろう。

7　「嘉瀬の奴踊り」の個別性と普遍性

「嘉瀬の奴踊り」が現在のかたちになるまでには、様々な経緯があったはずである。その旋律は「鰺ヶ沢甚句」などと同系統と位置づけられていて、いわば類型化されたものである。また、その歌詞は時代ごとに変化していて必ずしも明確に定まっているというわけではないが、「石が流れて木の葉が沈む」や「タダラビ花コ」の部分はかなり原型にちかいかたちを残しているのではないかと考えられる。しかし現在では、その歌詞が意味するところを説得力をもって説明できる人はいなくなってしまったのではないか。おそらくこの二節は砂鉄の採取と精錬の唄だったはずである。その意味で、『金木郷土史』に掲載されている奴踊りの歌詞はかなり土俗的な要素を残しているということができる。

さらに、その踊りの形態は住吉踊りの影響下にあるとはいえ、正月の予祝的な意味合いをもった田植え踊りの姿をとどめている。

このように考えると、嘉瀬の奴踊りの原型はやはり「鉄」にある。しかしそれは、土俗的で個別的な性格をもった要素であった。それに対して、奴踊りの現在に至る発展はそのような個別性を普遍性のなかに解消していく過程なのであった。例えば、その歌詞からは土俗的な要素は次第に消し去られ、だれが聞いてもすぐに理解できるようなかたちに改められている。例えば、富塚編（二〇〇一）に掲載されている「嘉瀬の奴踊り」の歌詞は次のようなものである。

嘉瀬と金木の間の川コ　小石流れて　木の葉コ沈む

嘉瀬はよいとこ　お米の出どこ　黄金波打つ　実りの秋よ

見たい　見せたい　夢でもよいが恋し喜良市　わしゃ山桜

鮎は瀬につく鳥ア木に止まる私ヤあなたの　ソリャ目にとまる

稲妻ピカピカ　雷ゴロゴロ　いくじなし親父　ばら株さ　ひっかがって千両箱　拾った

竹の切口　スコタンコタンの　なみなみたっぷり　たまりし水は　飲めば甘露の　コリャ味がする

歌詞は一部変更され、方言的なところも改められて、聞けばすぐにわかるような内容になっている。しかしこれでは、奴踊りが現われ出てくる現場は皆目見当もつかないだろう。

また踊りそのものも一種の観光資源であって、本来の性格を失い、盆踊りをはじめとする様々な行事で踊られるようになっている。

別の観点からみれば、そのような普遍性をもち得たからこそ、奴踊りは現代に残されたということもできるだろう。これは一種の「皮肉」ではあるが、残された資料を有機的につなぎ合わせることによってその原像を確かめることができるという点では、その「皮肉」は乗り越えられた、といえるのかもしれない。

8　結　語

■主人の不遇はこじつけか

このように、逆川は金属とかかわるのではないかという仮説と、それを裏づける「石が流れて木の葉が沈む」という逆川の命名由来を語る唄の存在（谷、一九八三、二〇〇頁）を前提にして考察をすすめた結果、「不要な石を流して砂金や砂鉄を選鉱するために使う川」という逆川のリアリティがみえてきた。ただしそのような性格をもった河川であっても、「逆」という文字には多少の忌まわしさがつきまとう。そこで、同じリアリティを「ササ（砂金ないし砂鉄）の採れる川」という意味で小田川と表現してもさほどの不自然さはないはずである。

とはいえ、「石が流れて木の葉が沈む」という歌詞には純粋に言語論的な解釈も可能であり、世間的にはそちらの方が流布しているといえなくもない。それは、世の中は逆さまだ、という憤りを含んだもので、そのような捉え方は嘉瀬の奴踊りでも「主人の不遇をなぐさめるための唄」という解釈で入り込んでいる。そのような立場にたてば、「石が流れて木の葉が沈む」はもとは「石を浮かべ木を沈ましむ」だということになる。出典は中国前漢代初期の政治家である陸賈の『新語』で、「世の中の理不尽さ」を意味する、という（『漢書』「芸文志」に「陸賈」二三篇がある）。確かに『新語』の意味はそうなのだろう。だが、それをそのまま「石が流れて木の葉が沈む」の解釈に当てはめていいものかどうかは、疑問の残るところである。

この点に関して、『岩波ことわざ辞典』における「石が流れて木の葉が沈む」の項目の記述は興味深い。そこではまず、この言葉の基本的な意味を「物の道理が通常とは逆さまになっていること」とし、出典を『陸賈新語』に求めている。そして越後地方の流行唄の一節「出た出たア、村松小川（こがわ）石は流れて木の葉は沈む」が見出し形の古い用例で、民謡「津軽小原節」や古典落語「金（カネ）の味」にも異表現がみられるとし、「日本での言い慣わしは近代に入る頃からだったのかもしれない」（時田、二〇〇〇、四六頁）としている[8]。興味深いのはこの最後の指摘で、中国古典に基づく解釈が近世後期から近代初頭にかけて流布したことが示唆されている。ということは、逆川や小田川の由来をうたう「石が流れて木の葉が沈む」の方が古くからあり、そこに込められたリアリティを理解しない知識人が中国古典の意味を当てはめ、それが流布していった可能性がある、ということである。「嘉瀬の奴踊り」の解釈においてもそのような見解の影響があって、それに見合うかたちで、金木新田開発における役人・鳴海某と下僕・徳助の話がこじつけられたに違いないのである。

■おわりに

これまでの検討に基づいて、逆川の由来についてまとめておくことにしよう。

逆川の由来について従来から有力だった説は、地形的にみて、注ぎ込む本流とは逆向きに流れ大きく蛇行している支流というものだった。またそれとは別に、河口付近で海水が逆流する川だとする説もある（村石編、一九九七、一三四頁）。しかし河川とは多かれ少なかれそのようなものなのだから、この説は説得力に乏しい。特に、白神山地の逆川（サカサ川）のように山奥に位置する支流には当てはまらない。

これらの説に対して、逆川が鉱山とかかわる、とするのが、谷有二説（谷、一九八三、二〇〇〇）である。特に、その根拠として「石が流れて木の葉が沈む」というタタラ唄の一節が挙げられたことは大いに注目すべきである。そのうえで、谷説では「逆」の意味は鉱山の境界を示すものと解釈されていった。それに対して、ここではこの谷説を踏まえつつも、「石が流れて木の葉が沈む」の意味するリアリティを鉄穴流しの作業を描くものとして受け止めた。その際、嶋祐三氏の指摘による「嘉瀬の奴踊り」の歌詞は重要な意味をもっていて、そこに描かれたリアリティを突き止めることが、鉄穴流しの情景を見極めるうえで決定的な役割を果たすことになった。

いずれにしても、逆川という名称の由来の核心部分には製鉄伝承があった。そしてこのような観点からみるとき、逆川とは、「石（不要な土砂）を下流に流し、木の葉（砂鉄や砂金）を沈殿させるために使った川」、すなわち鉄穴流しに使った川ということになる。

あるいはもっと簡潔に、金、鉄を意味する「ササ」が「サ」・「サ」から「サカサ」へと転訛していったものだったのかもしれない。


【注】

1　追良瀬川流域には中流の逆川より三本下流の湯ノ沢にマンガン鉱山があって、一九三七年から一九五九年にかけて稼行していた。詳細は、佐藤（二〇〇〇）、を参照。

2　なお、〝タタラビ〟がウスバサイシン（薄葉細辛）を指す場合もあるが、「昼間しおれて夜に咲く」という文脈では該当しない。

3　『平山日記』では、金木の新田開発を行なったのは新田頭・鳴海勘兵衛となっている。元禄一一年（一六九八年）のこととされる。

4　松田弘洲はネブタ（ネプタ）の起源を「山に逃げた縄文人を田植えのすんだ農閑期に、熊狩りよろしく、捕えて、山車にして担ぎまわり、半殺しにして川や海に流すというのが、そもそものネプタ祭りの由縁」と捉えている（松田、一九八六、四八頁）。それに対して三上強二はネブタの起源について、津軽藩の始祖・津軽為信による都の近衛家に対する知行安定工作の一つにあったと指摘している。「ネブタは坂上田村麻呂とも、ツボケ族だのアラハバキ族だのとも関係ありません。近衛家の覚えをよくするために、当時、京都で催されていた燈籠の行進を津軽でも始めた。津軽家は近衛家の代紋である牡丹紋を使うことを許されました。だから今でもネブタの台には牡丹紋が入っているのです。」さらに、ネブタを坂上田村麻呂と結びつけたのは、一九六三年に発表された北彰介の創作民話だったとも指摘している（三上・原田、二〇〇〇、二二九―二三〇頁）。わたしはネブタを為信の「知行安定工作」とただちに断定していいのかどうかは判断がつかない。だが、ネブタの起源をめぐっては、この指摘を踏まえる必要があることは間違いない。

5　忌来人と蕎麦栽培とのかかわりについては、熊野宮氏子総代の岡田正七氏による。なお、菅江真澄の「外浜奇勝(一)」(一七九六年)では、喜良市村の近くの鹿子山に昔、吉良以知(きらいち)という蝦夷人が住んでいて、「この蝦夷が住んでいた山をきらいちといって、大倉が岳と鹿子山とのあいだに、高くはないが、いまでもある」という。そしてこの山には楊梅(ヤマモモ)のような形の黄金の光をもった石があるといい、人の採った現物をみて、それは『本草綱目』に記載のある蜜栗子(白鉄鉱の球状集合体)だろうか、としている。この山では「鹿子石」(黄鉄鉱や白鉄鉱が鹿子模様に散らばっている岩石)も採取できたようで、蝦夷人は鹿子の大石をもって島渡り(北海道へ行って)してしまった。さらに「その鹿子石があったころは、この山川も瀬がひろく、鮭鱒などものぼってきたが、その石をとり去った後は、魚もさらにこなくなってしまった。いっぽう、鹿子石をうち砕いて松前の島山のところどころに投げすてたので、その島(北海道)にはいまもさけ、ますが多いのだという昔話を人ごとに語っている」という(以上、内田・宮本編訳、一九六七、一九四頁、を参照)。この記述を踏まえれば、「きらいち」は鉱物のキラキラした光沢に由来しているようにも思える。そして「きらい人」とはそうした鉱物を扱う人ということになるはずである。

さらに興味深いのは、「鹿子石があったころは、この山川も瀬がひろく」、「石をとり去った後は、魚もさらにこなくなってしまった」という記述である。これは昔話として語られたものとされているが、かつて鉱物採取によって川に土砂が堆積し、魚が採れなくなってしまったことを表現しているのではないだろうか。

6　多々良山の山名は地形図上に記載はなく、岡田正七氏の指摘に基づいている。

7　金華渓秀山がまとめた『山機録』(明和八年(一七七一年)一一月)のなかの「御国諸山聞傳候山々相記」という項目に、この地域内の鉱山名が記されている。「喜郎市山ノ内」(「郎」は「良」の書き間違えと思われる)の「赤荷ノ沢銅山」である。嶋祐三氏はこの記述に基づいて、金木町の現地を調査し、その結果を私信のなかで次のように記している(二〇〇三年一月二七日付)。その内容を要約して紹介しておきたい。まず、喜良市にはかつて「金掘山」があって、仕事に従事した人たちは口封じのために斬殺された、といい伝えられている。次に、『山機録』の「赤荷ノ沢」は喜良市川の上流に位置し、左股沢と右股沢に分かれているが、銅山の正確な所在地は不明。さらに、営林署の関係者に尋ねたところ、施業実施計画図の大判沢と小判沢にも、地形図にはない「金掘沢」のいい伝えがある、という。かつて営林署の伐採に従事していたこともある古老によると、次のような話があった。「一九八四年に営林署を退職した後のことだが、金山を探しに来た人の案内で一緒に山を歩いたことがあった。その人はいろいろな図面をもっていて、あちこち金山を探し回った。そのとき、大判沢で金を掘った穴をみた。金掘沢とは、大判沢のことである。」

以上が嶋氏からの私信の概要である。赤荷ノ沢は伝承されているが、その命名の由来は水銀朱を意味する「赤丹」のように思われる。

8　『岩波ことわざ辞典』の記述について若干検討しておくことにしたい。まず、越後の流行唄の一節「出た出たア、村松小川石が流れて木の葉は沈む」については、当初、図書館のレファレンスなどをつうじて調べた限りでは詳細はわからなかった。ただその時点で、「村松小川」を新潟県村松町にある川とみなすと、ここでも鉱山とかかわりをもつ可能性がある、と考えていた。村松町川内谷では江戸時代に鉱山開発が行なわれていたからである。
だがどうもしっくりとしないので、その後、岩波書店編集部をつうじて、時田昌瑞氏に照会したところ、この越後の流行唄の出典は、『日本歌謡類聚・下巻』(博文館編輯局編、一八九八＝一九一〇)であると教えていただいた。早速、同書を入手して調べたところ、七一九頁に「越後国・長岡近在の風土歌」として収録されており、長岡市村松にかかわることがわかった。この村松地区には太田川が流れ、その支流に鬼面沢川があり、さらに白山神社が二社あることを確認できる。その点で、この地域は製鉄とかかわっていた可能性があり、砂鉄採取の労働歌として歌われていた可能性もあるのではないかと思われる。そして「小川」というのは「ササ川」のいい換えかもしれない。そのように解釈すれば、小川と津軽の小田川は同系列の由来をもつということになるはずである。

ちなみに、同書七一三頁には、「嘉瀬(地名)と金木(地名)の間の川こ。石は流れて木葉は沈む」と嘉瀬の奴踊りの民謡も採録されているので、「見出し形の古い用例」としては越後の流行唄と同列に位置づけられるはずである。

また、民謡「津軽小原節」にも「小石流れて木の葉が沈む」とあり、「嘉瀬の奴踊り」と同様の歌詞が見受けられる。そのほか、「横浜おしまこ」(青森県横浜町)にも「石が流れて木の葉が沈む」の歌詞がみられたりする。ただし、これらの民謡の歌詞は一定しているわけではなく、民謡間相互に歌詞が転用されたりしている。

最後に、古典落語「金の味」について触れておこう。これは別名「擬宝珠」(ギボシ)ともいい、若旦那が浅草五重の塔のてっぺんの擬宝珠をなめる、という筋の落語である(擬宝珠の味は沢庵の味がした、という若旦那に、父はどのくらい塩辛かったか、三升か、四升か、五升か、と問う。それに対して若旦那は六升(緑青)の味がしました、というのが「落ち」である。「金の味」とは緑青の味だったのである)。そのなかに次のような部分がある。「だって長光さん聞いてください。もしおまえさんあれにでも先に死なれでもしてご覧なさい。それこそうちは大変でございます。川が逆さに流れて石が浮いて木の葉が沈んで、軽気球が線路を渡って鉄道が飛んで、日曜が先に来て土曜があとからくる」（三代目三遊亭円遊口演・加藤由太郎速記、一九八〇、三五〇頁、引用にあたって、当て字の部分はかな書きに改めた）。ここでは、「川が逆さに流れて」云々の部分は文脈からして「物事の順序が逆だ、あべこべだ」というような意味合いで使われていて、中国の古典により近い意味合いをもっている。

【文献】


安藤輝国、一九八三、『邪馬台国は秦氏に征服された―宇佐神宮が解く女王国の謎』徳間書店。

青森県教育委員会、一九八八、『青森県の民謡―民謡緊急調査報告書』。

博文館編輯局編、一八九八＝一九一〇、『日本歌謡類聚』下巻、博文館。

井口一幸、一九八五、『古代山人の興亡―懸け寺の謎』彩流社。

金木町、一九七六、『金木郷土史』。

工藤睦男、一九八一、「嘉瀬村」、『青森県百科事典』東奥日報社、二〇〇頁。

松田弘洲、一九八六、『青森県地名の謎』（津軽共和国文庫）、あすなろ舎。

三上強二・原田実、二〇〇〇、「松田弘洲氏を偲んで」三上強二監修・原田実編『津軽発「東日流外三郡誌」騒動』批評社、二〇二―二二三頁。

村石利夫編、一九九七、『日本山岳ルーツ大辞典』竹書房。

茂木真弘、一九九四、『どじょうすくいと金山踊り』無明舎。

仲井幸二郎・丸山忍・三隅治雄編、一九七二、『日本民謡辞典』東京堂出版。

日本放送協会編、一九五二、『日本民謡大観』日本放送出版協会。

西本泰、一九七七、『住吉大社』学生社。

野口一雄、一九九二、「鉄の伝承」『月刊　素晴らしい山形』一九九二年十月号、二二―二四頁。

小田治、一九七六、『黄金秘説　山伏は鉱山技術者』馬六舎。

長部日出雄、一九七二、『津軽世去節』津軽書房。

三代目三遊亭円遊口演・加藤由太郎速記、一九八〇、「金の味」、暉峻康隆・興津要・榎本滋民編『口述速記　明治大正落語集成』第二巻、講談社、三四七—三五五頁。

佐藤勉・坂本知忠、一九八七、『新編・白神山地』現代旅行研究所。

佐藤四三男、二〇〇〇、「私のマンガン鉱山物語」深浦町老人クラブ連合会『ふかうら風土記』、三九—四二頁。

仙台中央放送局編、一九三七、『東北の民謡』日本放送出版協会。

谷有二、一九八三、『日本山岳伝承の謎』未来社。

谷有二、二〇〇〇、『「モリ」地名と金属伝承』未来社。

時田昌瑞、二〇〇〇、『岩波ことわざ辞典』岩波書店。

富塚孝編、二〇〇一、『津軽三味線民謡曲集』全音楽譜出版社。

内田武志、宮本常一編訳、一九六七、『菅江真澄遊覧記』3、平凡社東洋文庫。

和田正平、一九九四、『裸体人類学—裸族からみた西欧文化』中公新書。

吉田茂樹、一九八一、『日本地名語源事典』新人物往来社。

吉村和夫、一九八六、『金木屋物語』北の街社。

第Ⅲ部　神話の解体、民話の始原

第8章　国家の主意主義的理論

1　はじめに

■天皇を中心とする神の国

二〇〇〇年五月一五日の夜、時の内閣総理大臣、森喜朗は神道政治連盟国会議員懇談会の結成三〇周年記念祝賀会で、次のような趣旨のあいさつをした。

『神様を大事にしよう』という最も大事なことをどうも世の中忘れているじゃないか、ということから、神道政治連盟、そして国会議員懇談会を設立した。

最近、村上(正邦参院議員)会長はじめとする努力で、『昭和の日』を制定した。今の天皇ご在位十年のお祝いをしたり、先帝陛下六〇年の即位だとか、政府側が及び腰になるようなことをしっかり前面に出して、日本の国、まさに天皇を中心とする神の国であるぞということを、国民の皆さんにしっかりと承知していただくというその思いで我々が活動して三〇年になる。

子供の時代を考えてみますと、鎮守の杜（もり）、お宮さんを中心とした地域社会を構成していた。人の命というのは両親からいただいた。もっと端的に言えば神様からいただいたものだ。神様からいただいた命は大切にしなければならないし、人様の命もあやめてはならないということが基本だ。こんな人間の体のような不思議な神秘的なものはない。やっぱりこれは神様からいただいたということしかない。

神様であれ仏様であれ、それこそ天照大神であれ、神武天皇であれ、親鸞聖人さんであれ、日蓮さんであれ、宗教というのは自分の心に宿る文化なんだから。そのことをみんな大事にしようということを、もっと教育の現場でなぜ言えないのか。信教の自由だから触れてはならんのか、そうじゃない。信教の自由だからどの信ずる神も仏も大事にしようということを、学校でも社会でも家庭でも言うことが、日本の国の精神論から言えば一番大事なことなのではないか」（『朝日新聞』二〇〇〇年五月一六日付夕刊、より引用。なお、当日のあいさつの全文は、加地編、二〇〇〇、二二四―二三三頁、に掲載されている）。


このあいさつに対しては総理大臣による〝「神の国」発言〟というレッテルが貼られ、日本国憲法の「主権在民」や「信教の自由」条項に反するものとして、国会やマスメディアで批判されるところとなった。その後、この発言に関しては「誤解を与えた」という理由で陳謝されることになったが、発言そのものが撤回されることはなかった。

ここでは、〝神の国〟発言のもつ内容についての適否を問うことはしない。むしろ、天皇を神のごとき存在と位置づけ、「昭和の日」の制定運動や天皇在位記念式典などをつうじて、国民のあいだにその浸透をはかろうとしている政治勢力が存在し、その勢力によって日本政府が動いていることに改めて注目しておこう。もちろん、元号の法制化や日の丸・君が代の法制化などといった一連の動きの背後にも、このような政治勢力の思惑があるものとみて差し支えないところである[1]。

■神の国はだれかの作為

そのような勢力の思想上の原理を一言でいえば、「日本は神聖なる天皇の国であり、これは過去、現在、未来をつうじて永遠にそうなのだ」といったことになるだろう。この原理は例えば、憲法改正の動きにも連なっている。そこでは、天皇制は憲法に先立つ存在として、永久不変のもの、といった位置づけが与えられている。本来憲法改正というのならば、天皇制の存廃を含めて議論してもよいはずである。だがこのような思考の原理からすれば、天皇制の廃止などは最初から考慮の枠外におかれている。ここではつまり、憲法が人造物なのに対して、天皇制は自然物のごとき位置にあるわけで、このような自然物としての性格をもつがゆえに天皇制は神聖不可侵なものだというわけである。

要するに、ここに挙げた〝日本は神の国〟とする発言や、「天皇制は憲法に先立つ不変の制度」とする発想は、人為を超えた「不変性」「神聖性」「絶対性」を唱えているわけである。だがそこには、どの程度の妥当性があるのか。改めていま、この点を問わなければならない。そしてこれは、いわば国家の本質とかかわる問題である。国家をどのように捉えるべきなのか。以下では、それをわたしの考える社会学的視点に基づいて論じてみることにしよう。

2　社会学的国家論の視点——千石好郎の議論を手がかりに

■国家の本質への視点

社会学者、富永健一はその著『社会学原理』(富永、一九八六)のなかで国家を次のように規定している。

「国家とは、一定領域の土地を領有しそこに居住する人びとを支配している統治機構である」(富永、

一九八六、二六一頁)。

「近代国民国家は、国民社会規模において形成された最大の地域行政組織であり、また同時に立法・司法の業務を行う統治機関である」(富永、一九八六、二六二頁)。

このような規定に対して、同じく社会学者である千石好郎は「通俗的で平板な、無内容なものである」と批判し、自分自身の国家論について次のように述べている。

「市場レベルの競争や闘争を『調停』して、法をテコに展開する国家の本質を『幻想的共同性』に求める私などには、国家も、人間にとっての意味的世界に関わるものとして把握すべきものであるが(ウェーバーにとっても、しかり、『正当性』概念の重要性をみよ)、氏は、そこにメスを加えようとはしない」(千石、一九八七、二三八頁)。

富永の議論は国家の形態的な特質を記述したものであり、その内容は中学高校の教科書にでも出てきそうな次元にとどまっている。そこには、国家の本質を見極めようなどという意図は最初から存在しない、といってよい2。だから「神の国・日本」という主張に対しては全く無力である。それゆえ、ここで問題にしたいのは、国家の本質を幻想的共同性に求める千石の国家論の方である。千石は「マルクス主義の理論的革新」を自己のテーマとして掲げ、「特定の理論的テーマについて、現代マルクス主義理論戦線の論争を調べるという作業に、ささやかながら従事してきました」(筆者への私信、一九九五年五月)と述べている。そしてそのようなテーマのなかでも重要なものの一つが国家論の領域なのであった。千石の国家論はまず「日本におけるマルクス主義国家論の展開(序説)」(千石、一九七五)において始まり、「日本マルクス主義国家論における機構論からイデオロギー論への展開」(千石、一九七六)を経て、「国家と社会体制」(千石、一九八八)へと発展していく。

千石の問題関心は何よりもまず、日本の社会学における国家論の不備への批判とマルクスを継承しながらの国家論の構築にある。前者の不備について、千石は社会学における近代派は国家論をもたない場合がほとんどで、暗黙のうちに多元的国家論を前提にしている、としている。またマルクス派の場合も国家＝抑圧機構論（これを千石は機構論と呼ぶ）という一面的な捉え方にとどまっている、というのが千石の診断結果である。ではなぜマルクス派は一面的なのか。その理由は、マルクスがその初期において市民社会と国家との二層的な把握をもっており、『ドイツ・イデオロギー』においては国家＝幻想的共同性論に言及していたからである。改めて確認しておくと、そこでの論述は次のような断片（欄外追補）として残されている。

「まさしく、特殊的利害と共同的利害とのこの矛盾から、共同的利害は、現実の個別的利害ならびに全体的利害から切り離されて、国家として自立的な姿態をとる、そして同時に幻想的な共同社会性として、［以下、略］」（廣松編、一九七四、三五頁）。

ここでの論点を踏まえていえば、あるべき国家論とはイデオロギー論として構築されなければならない、というわけである。

■イデオロギーとしての国家

千石はその作業を戦前、戦後の日本マルクス主義の展開のうちにみていく。まず千石（一九七五）において、戦前の日本マルクス主義国家論の到達点として日本共産党の「三二年テーゼ」を検討し、そこに描かれている国家論が機構論であること、またコミンテルン主導の議論であることを確認する。だがその一方で、千石は戦前においても神山茂夫の『天皇制に関する理論的諸問題』(神山、一九四七＝一九七〇)はそこから一歩前進していた、とみる。すなわち、神山においても依然国家機構論の色彩が濃厚ではあるが、そこでは日本国家の現状分析の次元では国家が氏族的古代精神に基づいていることが分析されている。千石はこれを「国家をイデオロギーとしてみる見解の先駆」(千石、一九七六、一四三頁)と位置づけている。

だが、日本の社会科学において、この国家＝イデオロギー論が全面的に展開されるのは第二次世界大戦後の一九五〇年代になってからであった。その代表的な論客の一人である浅田光輝は〈国家の本質は、社会に超出し、社会を支配するMachtにある〉、すなわちそれは〈イデオロギーの力〉であるという位置づけを行なった(浅田、一九五九)。また黒田寛一は〈国家＝幻想共同性〉を主張したし(黒田、一九五六)、さらに津田道夫は〈国家＝支配階級の利害が幻想的な一般利害の装いで社会全体をしめつけるところに現われる〉と規定した(津田、一九六一)。これらの議論はいずれも、『ドイツ・イデオロギー』における国家＝幻想的共同性論を踏まえたものである。そして、この種の議論に一つの極限的な形態を与えたのが吉本隆明なのであった(吉本、一九六五＝六九、一九六六＝六九、一九六九、一九七二)。千石はこの吉本の国家論の意義を次の三点において捉えている(千石、一九七六、一四五―一四七頁)。

(1)〈共同的な幻想としての国家の本質は政治的国家と社会的国家(市民社会)の二重性の錯合として現われる〉ことを明示したこと。
(2)上部構造の問題を幻想論として統一的に捉え、体系化しようと試み、その体系化の作業の一環として国家論を位置づけていること。
(3)日本の天皇制問題に関して、古代における「血族による共同支配」や「擬制的な血族関係による共同支配」、あるいは中世以降の「天皇と政治的支配者による名目的な共同支配」といった形態の変化はあるものの、その権威の源泉は一貫して宗教にある点を明らかにしたこと。

これらを抑えたうえで、千石は国家の本質を共同幻想として捉えることについて、マルクス主義においても共通の了解が得られつつあるとし、国家論研究の課題を現状分析における国家把握における方法論の彫琢に求めている。

■現代資本制国家

では、千石はその課題にどのように取り組んだのだろうか。彼は「国家と社会体制」（千石、一九八八）において、アルチュセール、バリバールの構造主義的マルクス主義の近代社会把握やフランク、ウォーラーステインらの世界システム論を踏まえつつ、新たな資本主義像をアーリやオッフェの議論のうちにみていく。そして、その結果を次のように述べる。

「ここでは、共同幻想性を本質とし、抑圧機構性を属性とするというマルクス国家論の原理は、段階論的かつ過渡期論的に拡大的に掘り下げられているのである。思弁的に想定した家族—市民社会—国家というヘーゲル的総体把握を、マルクス的視座から再度捉え直そうとする試みが、両者によってなされているのである」（千石、一九八八、九九頁）。

例えばアーリは土台・上部構造の図式に替えて、経済—市民社会—国家の三層把握図式を提示し、後期資本制のもとでは市民社会の領域のなかでもとりわけ多様な生活点に闘争の焦点が移っている、とする（Urry, 1981=1986）。そして千石はこの現代における国家と市民社会との関係を次のように捉える。

「現代資本制国家は、『市民社会の諸実践』の力量や方向に対応して、ケインズ政策を活用して、長期的には諸矛盾を繰延べし、そのしわ寄せを財政危機といった形で沈殿させているのであるが、短期的には諸闘争の集約的爆発を回避して、一見あたかも伸縮自在なものに現象させるのである。こうして、国家形態も、代表民主制、ファッシズム、権威主義、コーポラティズムと可変的であるのは、一九三〇年代以後の歴史が、証明している」(千石、一九八八、九七頁)。

こうして、マルクスの原理の確認にはじまり現代資本制国家の現状把握に至る千石の国家論は一応の完結をみることになる。千石の試みを日本の社会学の領域においてみると、他に類例をみない貴重なものであることに気づく。またその内容についても、マルクス派から現代国家に対する社会学的分析を試みたものとして高く評価することができる。

3　日本国家の成立過程におけるイデオロギーの役割

■天皇制と国家

マルクスの議論を踏まえた千石による国家の本質論は、歴史学や精神分析論における日本古代国家形成論においても検証することができる。改めていうまでもなく、日本国家論は天皇制と切り離して考えることはできない。それゆえ国家と天皇制を主題化することによって、国家イデオロギー論は十全に展開することができるのである。それはまた、日本人とは何であるのか、日本的なものとは何であるのか、という根源的な問いとも結びつくことになる。

■岡田英弘の場合

ここでは岡田(一九七六=九四、一九七七)や、なだ(一九九二)をもとにして、国家イデオロギー論の内実を古代日本に即して具体的に解き明かしてみることにしよう。

まず岡田の議論を取り上げてみよう。それによれば、七世紀までの日本列島は倭人、秦人、漢人、高句麗人、百済人、新羅人、加羅人、などの集落が飛び飛びに点在する文化のモザイク地帯だったと捉えられている。つまり七世紀までは、ムラが一つのクニであり、日本列島を統一するような国家は未成立だったわけである。これは簡単にいえば、日本列島はまだ血族集団の時代だったということだろう。ところが七世紀に入って、東アジアで唐帝国や統一新羅が成立すると、それらに対抗すべく日本列島においても中央集権的な国家が必要となってくる。そのためには日本列島に住んでいる諸部族を統合する上位概念として、「日本人というアイデンティティ」をつくりだす必要に迫られるわけである。この血縁で統合されている諸部族を上位において統合する本質的な要素は暴力による支配などではなく、血縁に代わるイデオロギーだったのである。古代日本においてそのイデオロギーとは、「歴史の統合」と「言語の統合」の二つであった。歴史の統合とは各部族の固有の歴史を統合することであり、『日本書紀』による単一国家の神話によって果たされることになる。また言語の統合とは文字どおり、日本語の創造である。岡田はこれを、中国語を基礎として単語を倭人の土語で置き換えて日本語をつくった、と捉えている。この歴史と言語による統合によって、日本列島には始めから血縁関係をもった単一の民族によって国家が形成されてきたという諸部族統合のイデオロギーがつくりだされ、ここに古代日本国家が成立したのである。

だがもちろんこれによって、日本列島に住むすべての人々が統合されたというわけではなかった。なぜなら古代の天皇制はすべてを統合していくだけのイデオロギー的な力も物的(暴力的)な力ももちあわせてはいなかったからである。だから中世以降、民衆においては国家の意識は消失していく。民衆のなかに再び国家が登場するのは、明治になってからのことであった。岡田は明治国家の成立におけるイデオロギー的要素を古代国家のそれとパラレルなものとみているが、その視点はこれまで述べてきたような国家本質論によって裏打ちされるものである。

■なだいなだの場合

この岡田の視点は、なだいなだの国家、民族論とも基本的に同一である。なだの『民族という名の宗教』には「人をまとめる原理・人を排除する原理」という副題が付けられている。そこでいわれている〈人をまとめ、排除する原理〉とは人間社会の場合、インセスト・タブー（近親婚の禁忌）によるものであった。このタブーによって人間社会は血族集団として存立したのだし、この血縁を統合と排除の原理としてきたのである。それに対して、近代化とは様々な部族を統一する過程であり、諸部族が統合された形態として民族と国家は成立する。しかしこのような出自をもつ民族とは所詮、フィクションにしかすぎないし、国家に至っては「人の生命さえ犠牲として要求する、いわば宗教」（なだ、一九九二、一一五頁）というほかはない。つまり国家をつくるためには諸部族を統合するための民族というでっちあげが必要なのであった（国家主義も民族主義もともに“nationalism”であり、同一のものである）。日本の明治維新においては万世一系の天皇という神話や、教育勅語によってそれが果たされた。しかしそれはあくまでもでっちあげであり、本当にあるのは民族、国家の神話ではなく、部族、血族（ethnic group）の民話（folklore）である。だが国家は部族の民話を一つの神話へと統合する。そして「近代化」とは「民族の神話を創造するための、民俗的なものの容赦ない切り捨て」（なだ、一九九二、一三七頁）だったのである。

■古代の再現としての日本国家

このように日本の古代国家および明治の近代国家の成立のなかに、国家イデオロギーの具体的な形成の過程をみてとることができる。この過程を明らかにすることによって、日本人なるものの実態を把握することも可能となるし、また国家に対抗する論理（イデオロギー）の構築も可能となる。前者に関していえば、国家は社会から生み出される、国家の源は社会にある、という命題はそれ自体正当なものであるが、そこでいう社会とは単一の社会ではなく、個々の血族集団だということに留意しておく必要があるだろう。また後者については土俗的な知や民俗学のもつ本来の役割が改めて認識されなければならない。

4　国家イデオロギーの解体

■国家というフィクション

本来実在するのは民俗的なものだけであり、民族あるいは国家的なものは人為的構成物であり、またフィクションなのである。しかし現実には民族も国家も存在するかのようにみえる。それを可能にしているのは何よりもイデオロギーの力というべきである。このイデオロギーの力を即自的に身に受けておのが身体と一体化し、あたかも支配者であるがごとく自己を錯視することは心地よい快感をもたらすことになるかもしれない。あるいは超越的なものとの一体化による安定もこれと同一である（なだ、一九九二、六三―六四頁）。またこれとは異なって、国家というイデオロギーのうさんくささを感じつつも、国家の必要性を下支えとして、現状肯定に傾きつつ、現実の重力に身を委ね思考を停止することも往々にしてあり得ることである。

国家は必要である、といっても一向にかまわない。だが「ありえぬもの」をあるとみてよいのだろうか。「ありえぬもの」を肯定することは科学的態度であるのか。いずれにしても、国家の必然性と国家イデオロギーの必要性とは別物として扱わなければならない。では、このような問題設定より導かれる視点とはいかなるものなのか。

■日本書紀のほころび

それは何よりもまず、フィクションとしての国家イデオロギーを民俗の次元へと解体していくことをもって始めなければならない。その解体はまず、国家イデオロギー神話の代表である『日本書紀』を部族の民話に分解してみることだろう。そのうえで、王権なるものの本質を捉え返していく視点が求められることになる。ここでは前者の試みの一つとして、山田宗睦の『日本書紀』研究を取り上げてみよう。そのうえで、後者に関して卓越した視点を与えた吉野裕の古代王権論を検討してみたい。

まず取り上げたいのは、哲学、社会学などの領域で活動している山田宗睦の『日本書紀』研究である。山田は「日本の古代史は、ひたすら統一王朝に固執し、それも統一の過程を説くこと少なく、できあがった統一の方ばかり見ているのではないか」（山田、一九九九b、一五八頁）という。このような姿勢の背景には、『日本書紀』の国家論が強く影響している。そこでは、日本は最初から統一国家だったからである。それに対して、山田は『日本書紀』を内在的に読み、そこにある一つの矛盾に答えを与えることによって、このような国家論を切り崩していく。

その手がかりは「仲哀紀」八年条の叙述にあった。それは大略、岡（福岡県遠賀川河口周辺）の県主の祖である熊鰐《ワニ》は天皇の行幸を聞き、たくさんの枝のある常緑樹を抜き取り、九尋の船の舳先に立て、上の枝に白銅鏡をかけ、中の枝に十握剣をかけ、下の枝には大きな玉をかけて、穴門豊浦（下関市長府）にいる天皇を沙麼（防府市佐波）に迎えた、というものである。この叙述に対して、山田は「穴門の豊浦（下関市長府）を出立して西に来るのを、豊浦よりずっと東の沙麼（防府市佐波）まで迎えに行っている。この謎をどう解くか」と問いを発している。また、「仲哀紀」にはこの叙述のすぐあとで、伊都の県主の祖である五十迹《イトテ》が天皇の行幸を聞き、たくさんの枝の常緑樹を抜き取り、船首、船尾に立て、上の枝には大きな玉をかけ、中の枝には白銅鏡をかけ、下の枝には十握剣をかけて、岡の津にいる天皇を穴門引島（下関市彦島）に迎えに行った、という記述もある。これについても、山田は「ワニについでイトテもまた、岡（福岡県遠賀川口）を出立して西に来るのを、岡よりずっと東の穴門引島（下関市彦島）まで行って出迎えている」と、同様の疑問を発している（以上、山田編、一九九二、二二四―二二五頁）。

「仲哀紀」の叙述をそのまま受け止めると、作者は地理的感覚に異常がある、ということになる。しかし山田はそこに『日本書紀』のほころびを見出して、『日本書紀』が元にした原テキストを再構成してみせる。すなわち、天皇はここで記述とは逆に、岡の津から豊浦、佐波へとすすんで行ったのであり、その際イトテは彦島まで見送り、ワニは佐波まで見送ったのだ、というのである。そしてこの叙述は、「仲哀紀」の前におかれた「景行紀」一二年九月条の「景行が沙麼に着いた」という部分へとつながる、とみる。つまり、本来一続きの文章を二つに分割し、「景行紀」に利用し、また逆さにして「仲哀紀」に利用した、というわけである。確かにこれで、記述の整合性はとれる。そしてまた、玉、鏡、剣を使って貴人を出迎える儀礼が北部九州に固有のものだった（玉、鏡、剣が一括して出土するのは北部九州の弥生甕棺墓からのみだという）と考えれば、『日本書紀』の元になった原文は大和王権以前の北部九州王権の文章だということになって、ここで利用されている『日本書紀』の原テキストが北部九州の倭人の国のものだということも明らかになるのである（山田、一九九九、三七―八一頁）。

ここにみられるように、山田の研究は『日本書紀』の批判的検討から、国家イデオロギーを部族や民俗の次元に解体していく試みだと位置づけることができる[3]。つまり『日本書紀』の矛盾点を鋭く抉り出して、表面上の体系性を内側から解体していこうとする試みである。

■産鉄族と国家イデオロギー

次に、王権支配が鉄生産に基づくという観点から、『日本書紀』の騙りごとの世界を解き明かした吉野裕の『風土記世界と鉄王神話』（吉野、一九七二）について、再度触れておくことにしよう。

吉野は自らの問題関心を次のように提示している。

「鉄文明形成以前の諸王はみずからを穀霊などとして顕現させたかもしれないが、国家統一の始祖たるものは自分の剣の権化・鉄の化身として武装せざるをえない。

それぞれの神話を〈語りごと〉という古代特有の文学的言語活動の次元でとらえると、そういうことにならざるをえない。たとえば有名なオホナムチとスクナビコの国作りの話も、カンナ（鉄穴）の主としての鉱山師と製鉄材料となる砂鉄の微粒子が共同して国を作り固めたという話であり、そして〈国譲り神話〉なるものも、オホナムチ傘下の鍛冶屋が大和朝廷御用の武器製造人として奉仕することを語ったものにほかならない。

そして一方〈天孫系神話〉では天孫降臨につながる話としてしばしば繰り返される〈火中出生譚〉なるものは、砂鉄が溶鉱炉なる母の胎内に抱かれて熱火によって鉄と生まれ変わり、それが鍛えられて太刀や剣となるという神秘を伝えた語りごとだったのである。そしてこの宝剣が天下を周遊して賊どもを平定して都を建設する。……ここから記紀は神話的世界から離れて人代史に入るのだが、履中天皇が剣太刀太子王（つるぎたちひつぎのみこ）と呼ばれたように、歴代の天皇は剣太刀の化身として王位を保有することになる」（吉野、一九七二、八頁）。

この記述は問題の設定であると同時に、研究の結論をも含むものとなっている。その基本的な論点を確認しておくことにしたい。まず、記紀神話は農耕の論理では十全のものとして把握できない、ということ。それは帝王の論理で構成されている以上、「鉄によって世界を統一したものの論理」にほかならない、ということである。ここから、鉄の発見が神話の形成に果たした役割を追究していく、という一大テーマが定立することになる。そして、このテーマに立ち向かうための視点が、神話に顕現した「語りごと」に対する批判をつうじての「産鉄族」伝承の発掘なのであった[4]。ただし吉野の独自性は、それを性急な記紀研究によって果たそうとしたのではなく、「民衆の古典」たる風土記から記紀へと至る「下からの神話学」によって果たそうとしたことにある。この吉野の試みは、産鉄族の統合としての統一国家の形成過程を明らかにしようとしたものといえるだろう。

■神の国論の破綻

以上の論点をまとめておくことにしよう。両者に共通するのは、古代国家の存在が無前提なものではないことを論証する、という問題関心である。山田はそれを国家の神話における一つの亀裂を手がかりにして、国家の部族的世界への解体を試みた。また吉野は、王権による支配の根源を鉄という物的な力に基づく「語りごと」の解明によってみていこうとした。これらの試みに代表されるように、少なくとも学問（科学）の次元で考えれば、国家イデオロギーはすでに解体している。だがわれわれを取り巻く日常性の次元ではさしたるためらいもなしに、「万世一系」の天皇が語られ、また「神の国」のごとき突出した発言が公人によって行なわれる。それは、国家の本質が日常性の次元では必ずしもはっきりとは見極められていない、というのが一つの理由であるはずである。

5　国家の主意主義的な把握に向けて

■文化の改変可能性と権力の問題

ここでの議論のはじめに、国家を自然なもの、改変不可能なものとみなす考え方について触れた。そしてそのうえで、社会学における国家論研究の成果の一つとして国家イデオロギーが宗教的な性格をもつことを確認した。国家の自然性も宗教性も、今日の社会科学研究の前では説得力をもっていない。国家の様相は科学的研究の前で、文字どおり「脱魔術化」「脱神格化」されたのである。

このような状況のなかで、国家の自然性を説くことへとつながっていく「文化はそのまま受け入れよ」という主張はどの程度の妥当性をもつのか。例えば、埼玉県立所沢高校における入学式のやり方をめぐって、作家・曽野綾子は次のようにいう。

「四月九日に行われた埼玉県立所沢高等学校の入学式の騒ぎは、最近の日本の縮図のように見える。学習指導要領通りに国旗を飾り、国歌を歌う卒業式をボイコットしようとした生徒たちが、生徒主催の『入学を祝う会』を計画し、それに生徒会、教職員、PTAが同調した、という風に報じられている。新入学生徒三九八人のうち『六割強が出席した』と産経新聞は書き、他の多くの新聞は、NHKともども『四割がボイコット』という表現の仕方をした。六割が実数なら、民主主義の論理では多数が受け入れたことになる。

その記事を読んでいると、どうしてこんなつまらないことが騒ぎになるのだろう、と思う。昔から式などというものは、別に楽しいものではなかった。窮屈で形式通りで緊張していた。しかしそれを受け入れることで、私たちは『浮世の義理』を知り、『些細なことにもめくじら立てずに従う大人気』も学んだのである」（曽野、一九九八、二三〇頁）。

わたしはこの記述に出会ったのと同じ時期に、たまたま文庫本で再刊されたばかりのビートたけし『たけしの20世紀日本史』を読んでいた。そのなかには、第二次世界大戦における日本の戦争責任の取り方をめぐって、「いつまで謝っているんだ」という項目に次のような一節がある。

「本当は歴代の総理や政治家がびしっとけじめをつけなきゃいけないんだよ。それを、ずっと先送りしてきた。というのも、会社の労働組合の委員長が、委員長を終えた後、出世コースに上がるみたいな、段取り形式の一環になってるからなんだね。

オウムの修行みたいな段取りがちゃんとできている。総理大臣もそう。総理が代われば、戦争責任だとか、靖国参拝だとかを必ず質問される。

靖国参拝の資格は公人でか、私人でかとかさ。質問はいつも同じ。それも本当に聞いているんじゃなくて、ただの段取り。相撲取りが大関になるときには、『大関の名を汚さないように稽古にはげみます』とかいつも協会の使者に決まり文句を答えている。それと同じなんだ。

結局はお茶を濁しているだけ。知らない人が死んだ時のお通夜みたいなもの。焼香はしたけど、別に悲しいとか何とかの気持ちはない。ただ形どおりにやる。戦争のこと、戦後のことをちゃんと考えずに、日本の賠償だとか、戦争責任とかの話が出てきても、その場のごまかしですませてきた。そのツケが回ってきたわけだよ」（ビートたけし、一九九八、一七五頁）。

ここでいわれているのは、あらかじめ決められた段取りどおりで、決着をつけるべきときにそれをしないで先送りしていく日本の政治家の体質に対する批判である。そしてこの批判は、曽野綾子のいう「形式どおりやればいいのだ」という主張に対しても、当然向けられるべきものである。「式」とはこういうものだ、とか、昔からそうなっているのだからつべこべいうな、とか、あるいは前例にならって、とかいういい方で、思考や判断を停止してはならない、ということなのである。結局、文化は人間がつくったものであり、人間によって受け継がれていくものである。文化の中心にいるのはその時々の人間にほかならない。だから、ある文化が原型のまま世代を超えて受け継がれていくといった保証はどこにもない。もちろん、ある文化を受け継がなければならない、と判断されれば、それは受け継がれていくだろう。だがそうは考えられないとき、あっというまにすたれてしまう。文化とはそのような性格をもつものなのである。

このように、文化の可変性を前提とした議論でなければ、話は通用しない。実際のところこれはだれもが認めるところだろう。だからこそ、文化の自然性を主張する人々はいわば最後のあがきとして「文化とはかくかくしかじかの、（本来は）改変不可能なものなのだ」という声を発しているかにみえる。しかしその主張を異なった考えをもった人々に認めさせるには論理ではなく力に頼らざるをえない。つまり、文化とは改変不可能である、といった主張は権力によってのみ維持される、ということである。

■ベートーヴェンの第九交響曲の思想性

国家というものも人為的構成物であるから、文化の取り扱いと同様の扱いが求められる。問題は国家の本質を幻想的共同性と捉えて以後の、問題構成のあり方である。ここではこの問題に対して、ベートーヴェンの第九交響曲の終楽章（第四楽章）にみられる思想性を検討していくことで、接近してみたい。

この作品の終楽章は、疾風怒濤時代の代表的な劇作家の一人フリードリヒ・フォン・シラーの頌歌「歓喜に寄す」（一七八五年作）をベートーヴェンがアレンジするかたちで、四人の独唱と合唱を伴う形態になっている。その主旋律につけられた歌詞は、次のようなものである。

Freude, schöner Götterfunken,　　歓びよ、美しい神のきらめき、
Tochter aus Elysium,　　楽園の乙女よ、

Wir betreten feuertrunken,　われら火のように酔いしれて、
Himmlische,dein Heiligtum!　ともに天国に、汝の聖殿に入ろう！
Deine Zauber binden wieder,　汝の魔力は再び結びつける、
Was die Mode streng geteilt;　世の習わしが強く引き離したものを。
Alle Menschen werden Brüder,　すべての人間は兄弟となる、
Wo dein saufter Flügel weilt.　汝の一つの翼のなかで。

この歌詞のなかの最後、「汝の一つの翼のなかで」「すべての人間は兄弟となる」という内容は、現実にはかなりいかがわしい。「人類みな兄弟」になれるはずはない。もちろん音楽そのものを聴いてみれば、そこからもたらされる精神的高揚感は十分なものがある。だが同時にそれは、音楽が終わって三〇分ともたないものでもある。これはつまり、この音楽のもつ思想とは異質なところで、われわれの日常生活が成り立っていることを示しているのではないか。例えば、「ユダヤ年代記」[5]といった作品の演奏活動を通じて反ファシズムとヒューマニズムの姿勢を体現してみせた指揮者ヘル

ベルト・ケーゲル（一九二〇—九〇年）は生前、ペーター・ツァッヒャーに対して次のように述べていたという。

「ケーゲルの［反ファシズムとヒューマニズムの姿勢という］この注目すべき一面はまた、彼がベートーヴェンの第九を演奏する理由でもあった。彼はいつも、あまりにも多くの国々（とりわけ日本）がこの曲を演奏するために自分を招くことに驚いていた。同時にケーゲルは、フリードリヒ・シラーの『歓喜の頌』のあまりにも思い上がった意味について、いつも懐疑的だった。彼にとって、それは夢にすぎず、現実の世界とはいかなる関係ももたないものだった。彼の疑いは、この終楽章を無批判に、麻薬のように扱う傾向のあるドイツの聴衆に対しても向けられていた。かつて彼はわたしにいった。『わたしはいつか、終楽章抜きでこの交響曲を演奏してみたい。だがわたしでさえ、それはできないことだろう』」(Zacher, 1999)。

かつてこの曲の終結部分で文字どおり狂気と陶酔をつくりだしたケーゲルの演奏を知っているわたしにとってみれば、ケーゲルの本心がこのようなところにあったとは全く意外なことである。だがケーゲル自身の考え方には十分納得がいく。そして同様な考え方を指揮者ハンス・クナッパーツブッシュ（一八八八—一九六五年）が一九五〇年に書いた手紙のなかで述べていたことは、大変に興味深いことである。

「ベートーヴェンは人間の声に適った曲の作りかたを知りませんでしたから（こうしたことは、われわれより前の世代ですでに言われていたことです、たとえばハンス・フォン・ビューロー！）、第九の最終楽章はその前の三つの楽章に対してはなはだ劣っているのです。純粋に音楽的にみても最後の楽章は他の楽章と同じ水準を保ちえていません。トルコ風のマーチも、最後の合唱のプレスティッシモ（『Seid Umschlungen』の箇所）も、ほぼ毎回のように気になります。

これらの箇所を指してハンス・フォン・ビューローはかつて『ベートーヴェン・ジャズ』と名づけましたが、まさにこの偉大な指揮者が第九演奏の際、ほとんどいつも最終楽章を省略したのは、まったくもってゆえなきことではなかったのです」（奥波、一九九九、三六頁）。

マイニンゲンの宮廷管弦楽団を指導してベートーヴェンの交響曲演奏に一つの定型をつくりだした伝説的な指揮者ビューロー（一八三〇―九四年）が第四楽章を省略して第九交響曲を演奏していたというのは、貴重な証言である。また、クナッパーツブッシュによる第九の終結部分の演奏も映像として残されている。第二次大戦中にベルリン・フィルと行なったものである[6]。その映像を改めて思い起こしてみると、そこにみられるある種の超然としたテンポの設定には、彼のこのような考え方がはっきりと示されているようにも思われる。一言でいえば、クナッパーツブッシュは第九を演奏するには冷めすぎているのである。

■ブルックナーの場合

いずれにしても、人類みな兄弟、というのは幻想にしかすぎない。では現実はどうか、といえば、アントン・ブルックナーが自分の第三交響曲の第四楽章第二主題について語るところが示唆的である。そこでは、ヴァイオリンによる楽しげな舞踏の旋律の背後で金管楽器が荘重なコラールを奏でている。ブルックナーはその意味を次のように説明したという。

「ブルックナーの伝記を書いたアウグスト・ゲレリヒ［August Göllerich］がある夜、大作曲家と二人で帰宅する途中、立派な邸宅から舞踏会の音楽が聞こえ、ほど遠からぬ贖罪堂には大聖堂建築家シュミットの遺体が安置されていたのである。ブルックナーがゲレリヒに向かって言うことには、『この家では豪華な舞踏会が行なわれ、あの贖罪堂では大芸術家が遺体となって柩の中に眠っている！これが人生なのだ。私の第三交響曲のフィナーレにおける、弦のポルカは現世の楽しさと歓びを表わし、金管のコラールは人生の悲哀と苦悩を表わしている』」(宇野、一九七二＝一九八七)。

ここでは歓喜と悲哀という二元性によって、現実の人間社会の多次元性が語られている、と受け止めることができる。すべての人間が兄弟になることはできない。ある限られた範囲でしか人間は兄弟になれないのである。その意味で、ベートーヴェンの第九は理想を表現したものでしかない。ブルックナーの方がはるかに現実的である。だがブルックナーによる二元性の強調も作品としての成功を導くものではなかった。ワルター・ジークムント＝シュルツェはこの二元性という作曲技法の失敗を次のように指摘している。

「彼が選んだ二元性というモチーフを勝利の結論へとつなげていくために、運命の主題を壮観さと虚飾の炎のなかに再現することが選ばれた。彼が展開した解決は深みに欠けていた。そのため作曲家は音楽的な合理性を、引用、省略、楽器法の変更という形式のなかに与えようと試みた。

この不確定な意味は(大作曲家のなかでは唯一のものだが)彼の作品の主要部部分の実質的な削除ないし修正を帰結することになる。それは主として、彼の目的つまり彼の交響曲の社会的目的についてのある種の不確定さから立ち現われるものである。というのは、大きな政治的変動の時代にあってはもはや純粋に個人的な言明は十分なものとは感じられないからである。ブルックナーの第三交響曲は壮大かつ矛盾を含んだ作品の通例である」(Siegmund-Schultze, 1994)。

この論評は少々手厳しいかもしれない。とはいえ、ブルックナーのこの作品は全体としてみると、思い多くして響きが外面的なものになり、のちの作品と比較してみても充足感が足りないという一面があることは否定できない。その最大の理由はシュルツェがいうように、本来和解できないはずの二元性というモチーフに無理なかたちで解決を与えようとしたところにあるといってよいだろう。わたしはモチーフは妥当ではあったが、その展開と結末に問題があったと考える。

■再びベートーヴェンをめぐって

この点を踏まえてみると、もう一度ベートーヴェンの第九交響曲の思想性を検討してみる余地もありそうである。確かにベートーヴェンの第九には問題がある。だがその思想性を彼が生きた時代の文脈に位置づけてみると、相応の妥当性もみえてくるかもしれない。例えば、前田昭雄はそういった観点から、「最後の合唱のプレスティッシモ」における次の歌詞を分析している。

Seid umschlungen, Millionen!　　抱き合おう、百万の民よ!

Diesen Kuss der ganzen Welt!　　この口づけを全世界に!

一八世紀末にシラーの詩が書かれた時点で、それが意味するところは、君主制のもとで皇帝による「わが抱擁を受けよ、百万の民よ。わが口づけを全世界に」といったものだった。だがベートーヴェンの第九の初演は一八二四年のことであり、そこではすでに歌詞の意味が変容している、というのである。ベートーヴェンの真意は共和制のもとで「百万人よ、抱き合え」というものであり、これはつまり「旧体制を打倒し、人民による民主主義を」という意味合いだ、というのである（前田、一九九九）。

ベートーヴェンが復古主義者だったとは到底考えられない以上、この指摘は妥当なものといえるだろう。そしてこのように考えてみると、ベートーヴェンの意図は、人民を主権者とする新しいかたちでの国家建設の前提となる「最初の約束」の形成（つまり、国家を築くという社会契約の締結）といった次元で捉えることができる。この観点に立てば、ベートーヴェンは別に「人類みな兄弟」とする共同体主義者だったというわけではない。むしろ近代国家論の中心に位置する思想の表現者だったといってよいのである。

■近代国家の二重の性格

国家は行為当事者間の紛争調停者として、その第一義的な存在理由がある。これは、先に引用した千石好郎の「市場レベルの競争や闘争を『調停』して、法をテコに展開する国家」という命題を思い浮かべてみても了解できるだろう。「国家の死滅」というマルクス（＝レーニン主義）の命題は無政府主義者にとっては受け入れられものかもしれないが、異なった利害のもとで人間の社会関係が営まれている以上、単なる理想にしかすぎない。その意味で、国家の存立には機能的な必然性がある。その機能的な必然性に基づいて、社会の構成員が国家存立の約束をする。それがベートーヴェンの第九に込められた時代の文脈に即した意味合いである。そしてこれは、いわば国家の外枠の次元の話である。

それに対して、国家はその内実において様々な形態をとり得る。千石の命題でいえば、「国家形態も、代表民主制、ファッシズム、権威主義、コーポラティズムと可変的である」ということになる。この国家のとり得る多様な形態は国家の形成者の多様な利害関係とそれに基づく力関係によって定まる。どのような国家形態をとればいいのか、という判断は一義的には定まらない。国家形態をめぐっての対立、紛争などは十分に起こり得る。その意味で国家形態をめぐる対立はそれこそ「永久革命」のごときものといってよい。ただし、そうとはいっても国家という外枠の存続に関する「最初の約束」と合意は成立しているわけである。

このように近代国家は二重の性格をもつことになる。それはまず、国家はその構成員の相互関係上における一定の機能的必然性のもとで存立し、構成員による国家成立の「最初の約束」のもとで存続する、ということ。そして次に、国家の構成員である人民には各自が理想とする最適な国家形態の実現を求めていくという選択肢がある以上、国家のとり得る形態も多様だということである。構成員が国家形態の選択肢をもつことを保証する、ということは、国家の外枠にかかわる事項であって、国家の前提条件の一つである7。

たとえていえば、国家をめぐって、その構成員は相互に、いわばゲームを繰り広げているのである。その場合、ゲームのプレーヤーである国家の構成員に対しては、ゲームの外枠、つまりゲームをつづけていく際の最低限のルールを確認し（国家形成における「最初の約束」の次元）、ゲームの結果、いかなる国家形態がとられ、それによって自己の理想がどの程度達成されたのかを評価する、という二重の役割が求められている。この外枠は行為の構成要素でいえば望ましさにかかわる「共通価値」に相当するものであり、その共通価値に基づく様々な「規範」（選択基準）のもとで行為者が自己の理想を追求していく、という形式をもつことになる。この「一定の枠のもとでの自己利益の追求」という形式は社会学における行為理論の文脈でいえば、第1章で触れた主意主義的行為に相当する。つまり、人民を主権者とする近代以降の国家はこのような主意主義的性格をもっている、ということになる。

6　結　語――国家＝共同幻想論を超えて――

千石によって示されたように、社会学的国家論の到達点は国家＝共同幻想論（幻想的共同性論）である。ここで共同幻想論というのは、正確には「共同体であることの幻想」という意味である。だから国家＝共同幻想論というのは、国家というものは共同体であることの幻想のうえに成り立っている、というものにほかならない。国家は本当は共同体ではない。それは幻想なのである。

このようにいうと、次に、その幻想を打ち破ってみよう、という誘惑が出てくる。実際のところでは、その種の幻想は、例えば古代国家形成過程の科学的研究によってすでに打ち破られている。問題はむしろ、打ち破られて以後にある。わたしはそれを国家の主意主義的な把握に求めた。簡単にいうと、それは国家の機能的必然性を現実的な条件として、国家は多様な形態をとり得る、というものである。これを行為理論の文脈でより限定的にいえば、国家はその構成員となる行為者の相互作用上の要請とこの要請を必然とする観念の形成とによって存立している、ということである。

だがここで、注意すべき点がある。

一つは、国家は機能的必然なのか、ということの問題である。これは正しくは、国家は社会（相互作用）の存立を支えるための機能的必然性から生まれた、というべきだろう。この場合、社会とはゲゼルシャフト、つまり共同体とは異なる赤の他人から成り立っているような大規模な社会を指す。国家の実在的根拠はこのような社会のなかにある、というべきである。したがって、あくまでも社会が主であって、国家は従である。

だがその一方で、国家は社会から相対的に自立化し、肥大化してやがて社会を覆い尽くそうとする側面ももっている。こうなると国家は社会に対する規制力として作用し、国家と社会の立場は逆転する。

国家は社会の要請からつくり出された社会を超えた存在であるが、両者の利害は一致しない。だからこの両者のズレをできる限り一致させようとする社会の側からの努力も求められている。それゆえ、このようなズレの存在とそのズレを少しでも狭めていこうとする「努力」という側面もまた、国家の主意主義的な把握の一つの構成要素となる。

また理論的にみれば、国家の主意主義理論は、国家解体論と共同体的国家論という両極の中間に位置している。国家解体論というのは「国家死滅」論のように、国家を社会（もちろん、ここで社会とはゲゼルシャフトの意味である）のなかに全面的に取り込んで解消してしまおうというもので、結果としてアナーキーな状況を導こうとするものである。その論点がただちには支持することができないことは第5節のなかでも触れておいた。その一方、共同体的国家論は社会を国家によって覆い尽くし、国家を単一の共同体にしようとするものである。前者に比べて、この共同体的国家論は一定程度の影響力をもっているかにみえる。「天皇を中心とする神の国」発言はこの共同体的国家への回帰願望の表白といってよいだろう。この発言は共同体的な発想とともに、宗教や道徳を持ち出すことによって、現下の諸問題を観念論的に解決しようとする意図をもっているとみてよい。これはいわば国家の再幻想化をめざすものであるが、一旦「脱魔術化」された社会を再び魔術化することには多大な困難が伴うに違いない。その意味では、この発言の背後にある社会的勢力の動向には限界があるといってよいが、同時にそれが無視できない存在になっていることも否定することはできない。結局これは「現下の諸問題」そのものに対する処方箋をめぐる対立ということになるだろう。

それゆえ、残された課題は現下の諸問題とその観念論的解決策に対する根底的な批判に帰結する、といってよいだろう。この両者は「問題とその解決策」という体裁をとってはいるが、実は「解決策が問題を生み出している」という逆の因果連鎖をもつという側面があることは否定できない。つまり、「神の国」発言が念頭においている現下の社会問題の根源にあるものは、国家や文化の人為性を否定し、それをあたかも自然物であるかのように捉え、そういった考えを他者に強要しようとするところにある、とさえいってよいのである[8]。そうであるからこそ、社会問題に対するこの種の共同幻想的解決策は徹底的に批判され、否定されなければならない。それが問題を真に打開していくための道だからである。

【注】

1　神道政治連盟という政治団体について、当時の『朝日新聞』(二〇〇〇年五月一七日付)は次のように解説している。「戦前の国家神道解体後、それを受け継ぐ宗教法人・神社本庁がつくった政治団体。会員は全国の神社の関係者ら約八万人。『国家の伝統・文化を守る運動を推進することにより、「日本」を再認識する』ことを目的として掲げ、靖国神社公式参拝や『自主憲法』制定、皇室尊重に取り組んでいる。一九六九年結成。神道政治連盟国会議員懇談会は翌年、『連盟と連携して、神道精神を広く国政に反映させる』ことを目的に設立された。神主でもある自民党の綿貫民輔元幹事長が会長、村上正邦自民党参院議員会長が幹事長。会員は衆参の国会議員二二九人。」また、『週刊新潮』(二〇〇〇年六月八日号)は神道政治連盟の事務局に直接聞き取りをして、その歴史と活動の内容を次のように引用している。「戦後、神社本庁が旗振り役となって、建国記念日の制定運動を行いました。ところが、当時は国会対策を担当する組織もなく、法制化に繋げるまでに大変苦労した。それがきっかけで昭和四四年、政治団体をつくることになったのです。」「皇室の伝統と尊厳を守る活動を基本として、時局に応じた国民運動を展開しています。具体的には、自主憲法の制定や北方領土問題の解決にむけた運動。元号法や昨年の国旗・国歌法の成立、天皇陛下御在位一〇年記念式典の実現などにも力を尽くしました」。ここに述べられているように、自民党国会議員の約三分の二が神道政治連盟国会議員懇談会の会員であり、彼らが中心となって「神道精神の国政への反映」や「皇室の伝統と尊厳を守る活動」が行なわれているわけである。

2　この点は、『共同幻想論』の著者吉本隆明自身がのちに、次のように追加的に説明している。「わたしたちの通念では国家は眼にみえる政府機関を中心において、ピラミッドのように国土を限ったり、国境を接したりして眼の前にあるものである。けれど政府機関を中心とする政治制度のさまざまな具体的な形、それを動かしている官吏は、ただ国家の機能的な形態であり、国家の本質ではない。もとをただせば国家は、一定の集団をつくっていた人間の観念が、しだいに折離(アイソレーション)していった共同性であり、眼にみえる政府機関や、建物や政府機関の人間や法律の条文などではない」(吉本、一九八二、七頁)。

3　なお、山田の研究は『日本書紀史注』全三〇巻として計画され、現在までに、そのうちの四巻が刊行されている(山田、一九九七a、一九九七b、一九九八、一九九九a)。

4　吉野は産鉄族という用語を「日本で鉄が生産されたことに焦点」を合わせて使っている、としている。そこから、この産鉄族は鉱層にめぐまれた土地や薪炭材を提供するに足る広大な山林原野の特権的な占取者でもあった、と位置づけることができる。

そしてこれが「大国主」という名称の起源になったというのである（吉野、一九七二、一二頁）。この産鉄族、産鉄民といった用語法は沢史生、近江雅和、井口一幸、柴田弘武といった人たちの研究のなかに受け継がれている。

5　『ユダヤ年代記』はボリス・ブラッヒャー、ルドルフ・ワーグナー＝リグニイ、カール・アマデウス・ハルトマン、ハンス・ヴェルナー・ヘンツェ、パウル・デサウの合作で、一九五九年のクリスマス・イヴにはじまった西ドイツにおける反ユダヤ的、ネオ・ナチグループの活動の活発化に対抗すべく東西ドイツの作曲家が一九六〇年に合作したものである

6　この映像は「世紀の指揮者・大音楽会」という映画フィルムのなかでみることができる。ただし、演奏の正確な日時はわからない。フランスのTAHRA社のCD［TAH311-312］に収められているクナッパーツブッシュとベルリン・フィルの演奏記録をみると、この両者は第二次大戦中の一九四〇年四月二一、二二日および一九四三年四月一三日にベートーヴェンの第九を演奏している。特に、後者はヒットラーの誕生日（の前日）を記念してのコンサートであり、この時にニュース用に撮影されたフィルムが映画に転用されたのではないか、とも思われる。そう考えると、ステージ上にハーケンクロイツ旗が掲げられているのも、印象的である。

7　ここで述べた国家の外枠、国家の具体的な形態というのは、加藤典洋の用語法ではそれぞれ、「社会」と「国家」に相当している。念のため、その部分の加藤の記述を引用しておきたい。

「社会を作るのは『とにかく何らかのルールを導入しよう』という合意である。それに対し、国家は、『これこれのルールで』というそのルールの『中身』の合意があってはじめて成立する。つまり社会は、国家とは違う、その手前の、より広い概念なのである」（加藤、一九九八）。

ここに指摘されているように、社会と国家の概念上の区別は重要である。ただし、例えば古代国家の場合、諸部族（それは各々が一つの社会を構成している）の統合によって国家が形成されるという次元と、そのようにして成立した国家がいかなる形態をとるのかという次元とは区別できるわけで、わたしはこのような国家の二次元的把握も十分な理論的視角を提示するものと考えている。

8　哲学者、長谷川三千子は「これから日本がどのような理想を目指し、どのような国をつくっていったらよいのか―そういう将来の見通しを得るためにも、この『皇国史観』という言葉を、もう一度その汚名のなかから救い出して洗い直してみることが必要だと思うのです」として「皇国史観」の本来の意味について検討している。そのなかに、次のような記述がある。

「『日本書紀』の仁徳天皇の巻には、あの有名なエピソード―ある日仁徳天皇が高台に登って見渡されたところ、炊事の煙が少

しもたちのぼっていない。これは民が飢えているのに相違ないと、三年間課役を廃された、という話―がのっています。これだけなら、ただたまたまそんな名君がいた、というだけのエピソードですが、重要なのはむしろその次の話なのです。三年も課役を廃したので、宮殿がボロボロになって雨もりする始末です、とお后が訴えると、仁徳天皇はこんな風にお答えになるのです―『其れ天の君を立つるは、是百姓の為になり。然れば君は百姓を以て本とす。』…［中略―引用者］…これこそが日本の伝統的な政治道徳思想をあらわす言葉なのです。そして、こうした『愛民』『尊民』の思想があるからこそ、その恩に報いるというかたちで忠君愛国ということが語られるわけなのです」(長谷川、一九九九、五一―五二頁＝加地編、二〇〇〇、一四九頁)。

　これは政治支配者のもつべき道徳の一つとして語られているのならば、それなりの妥当性はもっているのかもしれない。だが、もしこれが歴史的現実を語るものとするならば、それは科学的妥当性を欠いているというべきだろう。そもそも、仁徳天皇の実在性すら疑わしいのである。

　『日本書紀』の同じ部分の記述に関して、山田宗睦は次のように述べている(引用文中のフリガナは省略した)。

「仁徳天皇は、私たちが子供のころ、国史の教科書ではなく、修身の教科書にあらわれていた。なんでも、自分の住むご殿の屋根がこわれて、隙間から星の光が洩れるようになっても、まだ税金を免除した、という話で、いま思い出すと、あの修身教科書は、いまの首相以下に習わせたらいいものだった…［中略―引用者］…。書紀でたしかめると、仁徳四年から十年まで、三年ずつ二度にわたって課役を免除している。そして、この話の頭で、仁徳が『朕聞ク、古ノ聖王ノ世デハ、人々ガ徳ヲ詠ウ音ヲ誦シタ、ト』(傍点は山田)、と言い、話の終わりは六年免除されて豊かになった民が、自発的に仁徳の宮室をみごとに落成させたので、『今デモ聖帝ト称ンデイル』(傍点、山田)、と閉じられている。…［中略―引用者］…この話は、紀の作者が、十分に計算して、聖帝仁徳像を描く発端においたものである。」

　仁徳紀に出てくる「課役」とは律令用語であり、律令制下ではその免除も実際に行なわれていた。それを考えれば、この話は仁徳の時代のものではなく、『日本書紀』成立直前の八世紀につくられた制度のもとでの話だということになる(以上、山田、一九九九b、一〇九―一一〇頁)。結局、仁徳紀のエピソードは『日本書紀』の作者がある意図のもとに書き上げた架空の話であり、それが戦前の修身の教科書に「美談」として採用されたということなのである。「天皇を中心とする神の国」だとか皇国史観だとかいったものは、この程度の「美談」の次元に位置するものなのだろうか。その科学性、学問性が改めて問われなければならない。

【文献】


浅田光輝、一九五九、「イデオロギー体系としての国家―『昭和史論争』によせて―」『思想』四二四、四五―五四頁。

ビートたけし、一九九八、『たけしの二〇世紀日本史』新潮文庫。

長谷川三千子、一九九九、「皇国史観とは何か」『諸君』一九九九年一一月号、四五―五三頁。

廣松渉編、一九七四、『ドイツ・イデオロギー第一巻第一篇』河出書房新社。

神山茂夫、一九四七＝一九七〇、『天皇制に関する理論的諸問題』三一書房。

加地伸行編、二〇〇〇、『日本は「神の国」ではないのですか』小学館文庫。

加藤典洋、一九九八、「深層への思考　政治と〈公共性〉――『初期化』が不十分だった日本近代のツケ」『毎日新聞』一九九八年八月四日付(夕刊)。

黒田寛一、一九五六、『社会観の探求』現代思潮社。

前田昭雄、一九九九、「また・ウィーンはウィーン二〇　ウィーンの接吻―全世界への／ベートーヴェンの『第九交響曲』に思う」『レコード芸術』一九九九年一二月号、四二―四五頁。

なだいなだ、一九九二、『民族という名の宗教』岩波新書。

岡田英弘、一九七六＝一九九四、『倭国の時代』朝日文庫。

岡田英弘、一九七七、『倭国―東アジア世界の中で』中公新書。

奥波一秀、一九九九、「ナチス政権下の政治と芸術―クナッパーツブッシュの『二重の芝居』(上)」『みすず』四六四、二七―四四頁。

千石好郎、一九七五、「日本におけるマルクス主義国家論の展開(序説)」鈴木広編『現代社会の人間的状況』アカデミア出版会、二三一―二五〇頁。

千石好郎、一九七六、「日本マルクス主義国家論における機構論からイデオロギー論への展開」『社会学研究年報』七・八、一四〇―一四七頁。

千石好郎、一九八七、「富永『社会学原理』への疑問」『社会分析』一六、二三一―二四〇頁。

千石好郎、一九八八、「国家と社会体制」金屋平三編『社会学―理論と分析』法律文化社、七九―一〇五頁。

曽野綾子、一九九八、「ESSAY 昼寝するお化け 第一五四回」『週刊ポスト』一九九八年五月八・一五日号、二三〇―二三一頁。

Siegmund-Schultze, Walther, 1994, Such is Life, in BC2515-2, Berlin Classics.

富永健一、一九八六、『社会学原理』岩波書店。

津田道夫、一九六一、『国家と革命の理論』青木書店。

宇野功芳、一九七二＝一九八七、「ブルックナーの楽譜とクナッパーツブッシュの演奏について」、MZ5091=K35Y-1013、キング・レコード。

Urry, John, 1981, The Anatomy of Capitalist Societies: The Economy, Civil Society and the State, Macmillan. ＝一九八六、清野正義監訳『経済・市民社会・国家』法律文化社。

山田宗睦、一九九七ａ、『日本書紀史注』巻第一（神代上）、風人社。

山田宗睦、一九九七ｂ、『日本書紀史注』巻第二（神代下）、風人社。

山田宗睦、一九九八、『日本書紀史注』巻第三（神日本磐余彦天皇（神武））、風人社。

山田宗睦、一九九九ａ、『日本書紀史注』巻第四（欠史八代及び日本書紀関連地図集（１））、風人社。

山田宗睦、一九九九ｂ、『古代史と日本書紀―津田史学をこえて』ニュートンプレス。

山田宗睦訳、一九九二、『日本書紀（上）』教育社新書。

吉本隆明、一九六五＝一九六九、「自立の思想的拠点」『吉本隆明全著作集』13、勁草書房、二四〇―二七四頁。

吉本隆明、一九六六＝一九六九、「情況とはなにか」『吉本隆明全著作集』13、勁草書房、三三七―四〇八頁。

吉本隆明、一九六九、「天皇および天皇制について」吉本隆明編『戦後日本思想体系５・国家の思想』筑摩書房、三―三七頁。

吉本隆明、一九七二、『共同幻想論』（『吉本隆明全著作集』13）勁草書房。

吉本隆明、一九八二、『改訂新版　共同幻想論』角川文庫。

吉野裕、一九七二、『風土記世界と鉄王神話』三一書房。

Zacher, Peter, 1999, The Life and Times of Herbert Kegel/Part III, in ODCL1010-2, ODE Classics.

第9章　郷土の研究とナショナリズム

――厚狭の寝太郎伝説などをめぐって――

1　寝太郎伝説との再会

■ある日の新聞

二〇〇四年八月のある日、新聞をみていたら、別刷に「果報は寝て待て」と題して、現代人と眠りというテーマの特集が組まれていた（『朝日新聞』二〇〇四年八月一四日付）。記事は、現代の日本人が夜更かしになっていることや、快適な睡眠を得るための方法論などが主な内容であったが、関連して山口県山陽町厚狭に伝わる「三年寝太郎」の伝説が取り上げられていた。三年ほどのあいだ寝てばかりいて、村人からは疎んじられていた若者が、一念発起して用水路を築き、水田を水で潤し、農業生産力を上昇させ、村人から感謝されるようになった、といった話である。寝ているようにみえても決して怠けているわけではないんだよ、という教訓話として理解されることが多い伝説である。そして記事は、地元で寝太郎伝説研究会が組織されて、伝説の研究が行なわれていることにも言及されていた。

実はわたしも一九九〇年代の初頭、この伝説に関心を抱いて、厚狭の町を訪ねたことがあった。旧厚狭町は西隣りの埴生町と合併して山陽町と改称されていたが、山陽本線には厚狭、埴生のそれぞれの駅名が存続している1。本州最西端の下関から山陽本線に乗ると、幡生、新下関、長府、小月、埴生、厚狭という順に駅がつづいていく。そして厚狭は、瀬戸内側と山陰の長門市を結ぶ美祢線の起点でもあり、山陽新幹線の新駅を建設するという動きもあった2。一言でいうと、厚狭は鉄道の要衝の地といった趣であり、駅前には寝太郎の銅像もあって、郷土の英雄といった姿をみせていた（写真9―1）。しかし、町内に寝太郎にまつわる「史跡」のごときもあるとはいえ、駅周辺で尋ねてみた感じでは寝太郎への関心はさほどあるとは思えなかった。もちろん、この伝説にかかわる研究会が活動していたことなど、全く知らなかった。

写真9-1　厚狭駅前の寝太郎像（1992年）

■寝太郎大使に任命される

寝太郎伝説研究会はインターネットのサイト（http://www.netaro/~tao/）をもっていて、それをみるとおおよその活動はつかむことができる。研究成果をまとめた刊行物もいくつか出されていて、郵送で購入できるとのことだった。そこで、寝太郎伝説に関心をもったいきさつなどを簡単に添えて郵送を依頼すると、届いた小包には資料とともに一枚の委嘱状が同封されていた。委嘱状には、「あなたを寝太郎大使に委嘱します」とあった。「一般に知られる寝太郎は民話の世界として受け取られ、『実在の人物』だと知る人はあまりいません。そこで、今、キャンペーンで各都道府県に一名の『寝太郎大使』を認定し、普及につとめて頂きたいとお願いしているところです。…と申しましても、あなた様にとっては『ふるさとの伝説』でもなんでもない寝太郎を広めて頂くことは、大変失礼でもありますが、寝太郎に興味をもって頂いたことが、唯一のつながりでございます」と、その経緯が説明されてあった。

寝太郎大使に任命されたことはまことに光栄なことではあるが、文中にある寝太郎を実在の人物とする説には若干の引っかかりが残った。送られてきた資料にもその旨が書かれているのだが、伝説の主人公を一度具体的な人物に特定してしまうと、もう後戻りしての修正は利かなくなってしまう。その危険性を十分承知しているのだろうか、といった危惧を感じたのである。

というわけで、寝太郎伝説研究会は地域の英雄の研究をつうじて町に活気を与えようと活動している興味深い組織だということがわかったのだが、研究の前提はわたしが抱いていた仮説とは全く別のものだったのである。

2　寝太郎伝説の原型と脚色

■『風土注進案』における寝太郎伝説

わたしが今日広く知られている寝太郎伝説に距離をおいているのは、『山陽町史』に収められている江澤能求の論稿「寝太郎物語」（江澤、一九八四）を知っていたからである。伝説というものは往々にして脚色されていくものである。だから伝説に潜む本来のリアリティを探っていくためには、それなりの〝資料批判〟を行なわなければならない。ところが郷土史の観点から行なわれる伝説の研究はそうした批判的視点をもたずに、すべてを鵜呑みにしてしまう傾向がある。下関市で「郷土の歴史を探る会」を主宰していた木村勘一郎氏はかつて、「郷土史研究が郷土愛になってしまうから駄目なのです。あなたのようなよそ者が客観的な視点でみてくれなければ…」と、わたしに語ってくれたが、この発言は伝説研究の問題点をずばりと指摘しているように思われるのである。

そして、『山陽町史』に収められた江澤の論稿はこのような難点を見事に越えて、寝太郎伝説の原型とその後の脚色について鮮やかに分析してみせてくれていたのだった。だからその論稿を踏まえてわたしがすべきことは、伝説というものがどのように変形して今日のかたちになっているのか、その代表的な事例として寝太郎伝説を取り上げて示してみることだろう、と考えていた。その考えはいまでも変わっていない。そこで、ここでは、江澤（一九八四）に依拠して、寝太郎伝説の形成史について簡単に触れておくことにしよう。

寝太郎伝説の根拠としてよく取り上げられるのは『風土注進案』「末益村」の項の記述である。そこには、およそ次のようにある。

「中古大内氏領有の頃、賎の男で生業を事とせず、寝てばかりいるので『寝太郎』と呼ばれた異翁が沓村に大きな堰をつくって厚狭川の流れを引き、千町ケ原を開いて美田とした。そこで里人はこの人物の遺績を讃え、千町ケ原の中央にある彼の墓に小さな祠を建てて、寝太郎権現と呼んで、祀りを怠ることはなかった。」

この記述は天保一三年（一八四二年）のものであるが、文中にある寝太郎権現とされる小さな祠は円応寺荒神堂跡の石祠のことで、寝太郎塚と呼ばれて現存している。寝太郎塚としての文献的な初出は、宝暦・明和の頃（一七五一―一七七二年）に画かれた有馬喜三太の『御国廻行程記』で、そこに「禰太郎塚」とある。もう一つ、この円応寺所蔵の稲荷の木像が「寝太郎稲荷大明神」といわれることもあるが、そのような名称が使われ始めたのは近年になってからのことである。これらの点を踏まえていうと、今日的な検証に耐え得る寝太郎伝説の起源は、文献のうえでは一八世紀半ばを遡るものではない、ということになる。

■寝太郎伝説の脚色化

ところが、文献に書き記されると伝説は固定化し、さらに様々な脚色が加えられたり（つまり創作に近い）、時には脚色に基づいて遺跡があとから作られる（つまり捏造される）といったこともある。寝太郎伝説の場合、今日一般に流布している内容は、『朝日新聞』「民話めぐり」（一九五三年二月二日付）に掲載された山口県広報課長・岡不可止の寝太郎伝説がもとになっている。そこでは、寝太郎は庄屋の息子で、三年三カ月のあいだ寝てばかりいたとされ、さらに水田開発の資金は佐渡金山の人夫が使っていたわらじを新品のわらじと交換して、どろの付いたわらじを水洗いして砂金をえり分けて得た、といった話になっている。「金坑や銀坑では、坑夫が坑口から出るときは、その着物や草履を脱がして、それらについている金粒、銀粉をはたいたことは鉱山の物語りによく出ており、…」（若尾、一九九四、三五頁）という指摘を考えても、佐渡金山の話は現実にはあり得ない空想としかいいようがないのだが。

■寝太郎私文書は怪しい

最後に、寝太郎伝説を語る私的な文書があることに注目しておきたい。

一つは、千町ケ原の東北に位置する鴨庄に在住する縄田家に伝わる文書で、弘治三年（一五五七年）三月に書かれたとされている。その内容は大略次のようなものである。

——信濃国縄田庄の平賀成頼の息子・清恒は山口の大内義隆を頼って三千石の領地を与えられるのだが、領主・大内義隆は天文二〇年（一五五一年）陶晴賢の反逆に遭う。その際、清恒は落ち延びて百姓となり、縄田四郎兵衛清恒と名前を変えた。そして昼は寝て夜に諸計画をすすめ、ついに大萱原を開拓して、そこを千町ケ原と命名した——。

もう一つは、千町ケ原の西南端の石丸に在住する藤本家に伝わる文書で、永禄元年（一五五八年）以降に書かれたとみられるもので、次のような内容になっている。

——宇多天皇の御世（八八九–八九七年）、鴨之庄に太良という人物がいた。父は異人で「保食」を名乗り、水田用水をもくろんでいる、といって白狐になった。太良は昼夜となく寝ていたので、厚狭の寝太良といわれ、千町ケ原に水を引いた——。

はっきりいって、どちらの文書も作成年代に関しては怪しいものがある。『風土注進案』の記述に基づいて、のちに創作されたのではないか、という疑いは消えない。特に、縄田氏の文書に関していうと、縄田氏の系譜を記した文書に当時流布していた寝太郎伝説を書き加えたのではないか、といった疑いをもつほど、寝太郎への言及部分は唐突な感じがするのである。

3　寝太郎伝説の新たな展開

■寝太郎伝説研究会の成果を追う

現在寝太郎伝説として広く流布している話は、ほとんどが岡不可止による脚色に基づいている。それに対して、一九九〇年代にはいってから、寝太郎伝説研究会による新たな展開がみられるようになった。そこでの主張を一言でいうと、寝太郎は実在の人物であり、縄田氏文書から平賀清恒に比定できる、といったことになるだろう。その結論に至るまでの経過を簡単にみていくことにしたい。

まず『寝太郎落ち武者伝説』(田尾編、一九九三)では、縄田氏文書に創作が加えられたことを認めている。そのうえで、寝太郎が佐渡へわたって鉱(坑)夫の使っていたワラジに付着していた砂金を新しいワラジの交換によって手に入れる、という部分について、「この奇想天外な話は多少、創作じみているようだが昭和初期に、某高校の教諭が古文書をみて大ゲサに書きたてたのが始まりともいわれる。しかし大ゲサにというからには、多少はそれらしき史実があったのではないだろうか」(田尾編、一九九三、三二頁)と注釈をつけている。

そして、『寝太郎伝説ゆかりの地』(田尾、一九九五)になると、このワラジの話の扱いはさらに発展する。すなわち、それは史実ではないかもしれないが、史実だとしたら、船出した港はおそらくここで、持ち帰ったワラジはここに陸揚げしたのだろう、などといった想像が登場してくるのである。そして、そういった想像に「ロマンを感じる」ということになる。ここでは、伝説に基づいて史跡が創作される、といった事態につながっていこうとしている。

つづく『寝太郎と大内氏系譜』(田尾、一九九六)では、百済聖明王の第三子・琳聖太子を先祖にもつという大内氏の系譜を取り上げている。それは、寝太郎こと平賀清恒が大内の一族だからである。そして『寝太郎伝書のナゾ』（田尾、一九九七）では、縄田氏文書に記載されている寝太郎と比定される平賀清恒の実在性が別の文献から確認される。しかし縄田氏文書は先にも触れたように、文章の終わりのところで寝太郎伝説が唐突に登場するという構成が奇妙であるし、内容的にみても、武士から百姓になった人物が「かくれ人」として、昼寝て、夜計画を練る、というのも、筋の通らない話である。そのうえ、田尾（一九九七）を注意深く読むと、この文書が幾度か書き写され、その過程で、誤字や脱字が生じたり、さらには「多少は所蔵者の独断で加筆された向きもある」（田尾、一九九七、二七頁）とまで指摘されている。つまり、この文書の内容はそのまま受け取ることはできない、と解説者自身が認めているかのようにも受け取ることができるのである。

■寝太郎伝説研究会の意図

だが、それにもかかわらず、寝太郎は平賀清恒なのである。それは、なぜか。「今、寝太郎崇拝に最も重要とするアイデンティティを打ち立てるには生活、階層、または思想や、信条を異にする立場の人たちが、共通のベースに位置して、寝太郎一色に染まらなければならない。そのための常識、社会通念など、クビカセとなりえるものは一切無視？してもいい。すなわち真の活性化とは〝爽やかなルール違反〟を演じながらこの伝説化された寝太郎を史実に戻していくことである」（田尾、一九九七、六頁）からである。率直にいって、わたしはこの文章の内容のすべてを理解できるわけではない。しかしここで著者がいいたいことは、地域（郷土）の活性化のためには単なる空想の産物と考えられてきた寝太郎の存在を史実のなかにみなければならない、ということなのだろう。それは、寝太郎神社の祭主が「経済成長は心の活性化という課題を残して終わりを遂げた。寝太郎研究が単なる歴史の回顧となるのではなく、先人の遺徳を尊ぶことのできる豊かな心づくりのための起爆剤とならんことを切望してやまない」（幡生、一九九七、一頁）というのと同種の主張である。

寝太郎伝説を単なる伝説から史実にすることによって、郷土を活性化させよう、というのが、ここでのねらいなのである。しかしそこには、とんでもない落とし穴がある。それを見極める前に、寝太郎伝説をどのように捉えるべきか、わたし自身の考えを述べておくことにしよう。

4　寝太郎伝説の深層を探る

■寝太郎伝説の初出は『地下上申』

歴史というものは遺跡や文献から語られるものであり、伝説がただちに歴史になるわけではない。その反面、伝説は単なる伝説であって、歴史とは何のかかわりもない、とするわけにもいかない。ある特定の場所で伝説が語り継がれてきたことには、何らかの歴史的な意味があるはずである。

そこで寝太郎の伝説だが、実は『風土注進案』より百年ほど前（寛保二年（一七四二年））の『地下上申』によると、「一右広瀬村と申も格別由緒無御座、尤此沖千町畔と申所有之、往古荒地ニて候所ニ厚狭之禰太郎と申者吟味ニて田地ニ相成候由地下人申伝候」とあって、これが今日の寝太郎伝説の原型というべきものなのであった。そしてここでは、昼間寝ていたから寝太郎という、などという話にはなっておらず、この伝説の核心は、荒れ地を田地に変えた人物が「厚狭之禰太郎」だということなのである。

■地域の開拓者・寝太郎

では、寝太郎伝説の深層には、一体何があるのだろうか。それは確かに、開拓の話である。この地域の開拓は何回にもわたって営々と行なわれてきたものだろう。江戸時代にこの地域を支配していた毛利氏の開拓地は「開作」という名称が与えられることが多いが、「開作」地名は寝太郎伝説とはかかわりがない。ということは、寝太郎伝説はそれよりも溯ることになると考えてよい。そうだとすると、中世の大内氏支配の頃か、あるいはさらに溯って、古代にまで至るかもしれない。

開拓という文脈でもう少し考えてみると、古代末から中世の開拓には寺社がかかわっていることが多い。村をつくるということはその生産基盤である水田をつくるということなのだが、そのためには水路をつくらなければならないし、農耕具も用意しなければならない。そして村を統合するために神社を建立し神を祀ることになる。これらすべての中心にあったのが寺社勢力である3。

■百済の王子

このような観点からみるとき、まず考慮すべきは、鴨之庄の由来となった鴨神社の創建事情だろう。『鴨神社略縁起』によると、この神社は延暦七年（七七八年）に久津（沓）に百済の聖明王妃を祀ったのがその起源とされている。聖明王は朝鮮側の文献では聖王といい、日本に仏教をもたらしたとされる歴史上の人物である。その第三子とされる琳聖太子は『大内多々良氏譜牒』（成立年不明）において大内氏の祖とされ、妙見信仰をもたらしたとされてはいるものの、実在の人物かどうかについては疑問の余地がある（古川、一九七四、一三頁）。その琳聖太子の上陸地点として、防府市多々良、山陽小野田市江尻、山口市陶、岩国市装束の浜などの場所が伝承されているのだが、おそらくそのような一連の伝承の一つとして、琳聖太子の母親である聖明王妃の上陸場所は厚狭の梶浦だとされているのである（金、一九九一、二四〇頁）。そして王妃は厚狭に定住し、この地で亡くなったという。その没後一世紀半のちに、その霊をこの地に祀ることになり、それが鴨神社の創建事情だというのである。ところが、この神社は大同三年（八〇八年）に、京都の下鴨・上賀茂神社を迎えることになった。その経緯は、「白い鴨が二羽、雲間から飛来して社に入り、農民たちが射おとそうとして騒ぐうちに、姿を消してしまった。ところがその夜、王妃に供奉した家々のものが一様に悪夢を蒙り、我は京都の下・上鴨大明神なり云々のお告げがあり、ここにその分霊を勧請するに至った」（金、一九九一、二六二頁）からだという。

これらの伝承は、この地域の開拓の歴史を語っている。王妃が本当に渡来したかどうかは別にして、百済の王子（琳聖太子）を自己のアイデンティティとする百済系の渡来人たちがこの地域を開いたということだろう。そこに京都・賀茂神社由来の宗教者たちが入り込んできた。「二羽の白い鴨」とは下鴨・上賀茂社ゆかりの製鉄民の到来を示している4。その結果、聖明王妃を祀る神社は鴨神社となり、祭神は下・上鴨大明神を主神として、聖明王、聖明王妃、北辰妙見（琳聖太子）、琳聖太子妃、十一面観音を祀ることになった。先行する土着の神は新参の神とともに継続して祭祀されているが、これは宗教による地域支配の形態を示すものだろう。また、北辰妙見が琳聖太子とされているのは、琳聖太子が妙見（北極星）信仰をもたらした人物とされていることとかかわっており、その妙見信仰は製鉄民ゆかりの信仰であり、琳聖太子や聖明王も製鉄の一族であることにも注意を払っておきたい。さらに、十一面観音などの変化観音は製鉄民にゆかりの信仰対象である5。

中世の大内氏が多々良姓を名乗り、琳聖太子を始祖として挙げているのも、このような事情を考慮しないと理解することはできないだろう。なお、鴨神社はその後、寛治四年（一〇九〇年）に、厚狭庄公田三〇町歩を京都・下鴨（賀茂御祖）神社に寄進している（大日本史料「賀茂社古代荘園御厨」）。

■寝太郎はだれ？

以上の点を踏まえていえば、水田開発を含めたこの地域の開発は百済系渡来人の定着以来継続的に行なわれているのであって、必ずしも大内氏や毛利氏の時代に限定して考える必要はないのである。そのことを確認したうえで、寝太郎伝説の核心は何かといえば、伝説の原型には「寝てばかりいる」という意味での寝太郎は存在しなかった、という点である。寝太郎は禰太郎であって、「ネ」という読みが重要なのである。この点については江澤(一九八四)もこだわりをみせているが、突っ込んだ考察はしていない。わたしにいわせれば、第5章でみたとおり、「ネ」とは「子」であり、「子の星」につうじるものだ。「子の星」とは北極星、すなわち妙見にほかならない。そして「太郎」というのは「タタラオ」、すなわち「タタラを操る男」という意味である。このように考えるならば、寝太郎伝説はこの地域に色濃く残る琳聖太子の一族にまつわる古代百済系の伝説と結びついていく。

しかしわたしは、古代百済からの渡来人の伝承がそのままのかたちで江戸時代まで継承されてきたのかどうかについては、慎重に考えたい。というのも、古代採鉱部族・加茂氏の系譜を引く京都・賀茂神社の宗教者ゆかりの伝説のフィルターをかいくぐっている可能性もあるし、さらには同じく製鉄の担い手でもあった熊野系修験道の影響も考えられるからである6。

■金属の視点

だがいずれにしても、寝太郎伝説の背景には、この厚狭の地が古代以来製鉄と深くかかわっていたという事情があることは間違いない。そもそも厚狭とは、『和名抄』において「アズサ」(安都佐ないし阿豆佐)の読みが当てられてはいるが、「サ」の音に注目すれば、それは砂鉄の採取地を意味するものであっただろう。また琳聖太子の母后の上陸地点とされる梶浦の梶も鍛冶の意味であって、砂鉄の採取とかかわっている。『風土注進案』によると、かつて鴨神社から梶浦まで神幸が行なわれていたというが、それは浜砂鉄の採取とその精錬地とのあいだの往復を示すものだろう。

その一方、山口県教育委員会の採鉱・冶金にかかわる調査報告書によれば、「金属鉱山で、発見および採掘の時期が江戸時代かそれ以前にさかのぼるもののうち、所在不明の遺跡」として、厚狭村の「鴨庄」鉱山の名前が挙げられているし、また同報告書に収められている「近世防長銅山分布表」には厚狭郡鴨庄「沓嶽山」鉱山の名前が挙げられている(山口県教育委員会、一九八二、一四、九七頁)。さらに、貞和五年(一三四九年)一一月二一日付「安尾文書」には長門国金屋の一つとして「厚狭新金屋」が挙げられていて(竹内編、一九八八、八五―八六頁)、この地域と金属生産とのかかわりの一端が示されているのである。

以上を踏まえていえば、寝太郎は妙見信仰を担う製鉄民だということになる。

5　歪んだ地域情報とナショナリズム

■伝説の歪み

伝説をどのように扱うのか、視点が変わればその取り扱いも変わる。寝太郎伝説研究会の学術的な意図は、寝太郎とされる人物を歴史的に特定化することだった。それに対して、わたしも寝太郎伝説の始原を考えてはいたのだが、寝太郎を特定の個人に当てはめるのは限られた資料では不可能だと判断していた。そこで周辺的な事情も考慮しつつ、いくつかの可能性を考えてみた。伝説から歴史へ、という視点は、寝太郎伝説研究会もわたしも共有している。そのとき、そこには一つの作法が求められるはずである。それは、様々な可能性を見極めて、解釈や推測の余地を残しておく、ということである。限られた資(史)料によって断定的な結論を導いてしまうと、結論が単純化されてわかりやすくはなるが、あとで訂正が利かなくなってしまうからである。

寝太郎伝説に関して断定的な結論が導かれた背景には、先にも触れたように、地域の活性化という目的があった。寝太郎伝説は地域活性化のために新たに創作されていった、といってもいいかもしれない(この研究会の活動には、寝太郎にかかわる研究書の刊行のみならず、紙芝居の上演や寝太郎関連の商品の開発や販売などが含まれている)。しかしそのような活動が、他方で歴史の創作(いい換えれば偽造と同義)にもつながってしまうのである。歪んだかたちでの地域文化の高揚には、やはり慎重であるべきだろう。

だが地域の活性化は至上命令なのである。戦後の高度経済成長期、農村地域は都会志向であった。単に人が都会に流出するということのほかに、農村を都市化しようと企てたのだった。農業の機械化、大規模化もそうだし、企業誘致もまた然り。しかし都市と農村の格差は拡大し、単純な都会志向にも反省が生まれる。その流れは、一九七〇年代の終わりに提唱された「一村一品運動」にはじまって、一九八〇年代には「村おこし」から「ふるさと創生」事業へと展開していく。特に「ふるさと創生」の影響は大きなものがあり、それによって日本列島の各市町村は自分たちの地域文化の発掘へと向い、自前の観光資源として「伝統」が見直されていく。しかしそれは、いびつなかたちで地域情報を発信することにもつながっていった。

■旧石器発掘捏造の真の背景

その最たるものは、旧石器発掘の捏造事件であっただろう。一九九三年、宮城県築館町（現栗原市）の高森遺跡が「日本最古の五〇万年前の遺跡」と発表されたのを契機として、「原人ブーム」が起こった。築館町は「原人の里」として遺跡周辺の観光地化をすすめ、その過程で、原人饅頭や日本酒「高森原人」、原人ラーメンなど原人にあやかった商品が発売された。その後、二〇〇〇年二月には埼玉県秩父市の小鹿坂遺跡が「五〇万年前の住居跡」と発表され、ここでも「秩父原人」の町として、原人祭りが開かれたり、「秩父原人酒」、「秩父原人サブレ」、「秩父原人パン」などが商品化された。だが『毎日新聞』（同年一一月五日付）が旧石器発掘捏造の現場を記事にして掲載したことで、原人ブームはあっけなく消えた。旧石器捏造は発掘に携わった民間団体・東北旧石器文化研究所の副理事長による個人的な行為とされたが、不透明な点はいまなお多い。それは捏造旧石器に対して、文化庁や大学、博物館、研究所の研究者がいわば「お墨付き」を与えていたからである。この点を奥野（二〇〇四）は厳しく糾弾し、発掘の費用を負担し、騙された自治体や住民は被害者であるから、彼らを告発せよ、と訴えている。

それに対して奥野の主張を一定程度評価しつつも、問題の核心に届いていないとする指摘がある（嶋、二〇〇五）。嶋はすでに捏造発覚の時点で「『旧石器発掘ねつ造』問題の思想的・政治的背景などを考えることも、必要なように思わされていますが」（嶋、二〇〇〇、三二頁）と述べていたのだが、奥野（二〇〇四）にかかわらせても、「奥野氏が『旧石器発掘ねつ造』問題の思想的・政治的背景にまったくふれずにいるため、『考古学界に対する文部科学省・文化庁官僚の介入』の意図、つまり問題の核心が抉られずにいるのに歯がゆさをおぼえるのです」（嶋、二〇〇五、五一頁）と再度指摘している。

では、この思想的・政治的背景とは一体どのようなものなのだろうか。その答えをわたしなりにいえば、日本人は旧石器時代から今日まで連綿として継続、発展してきた稀な民族だった、とする一種の優位性の主張ではなかったか。この最古の人類・日本人を意識すれば、当然、全人類に対する優位性を主張できるというわけである。

このような思想的・政治的背景には、地域の伝説を歪んだかたちで発信し郷土愛を煽る行為とつうじるものはないのだろうか。一見したところ、両者は直接的に結びつくことはないようにみえるかもしれない。しかし「『郷土研究』とは『郷土を』研究するのではなく、『郷土』で『日本人』『民俗』の研究をすることである」（大塚、二〇〇七、一二九頁）という指摘を挟んで考えてみれば、この両者は根本的なところでつうじていることがわかる。つまり、歪んだ地域情報の発信はナショナリズム（民族主義、国家主義）の高揚の一形態にほかならないのである。

6　おわりに―公民の民俗学へ―

今日、地域社会は自立して存在しているわけではない。そこから、地域発展という場合も、地域を超えて国家社会を志向するものとなる。そのことはまた、地域を超える偉大な英雄伝説が欲せられる根拠にもなる。否、正確にいえば、地域社会の国家社会への一体化という文脈は、第8章でみたように、「部族から民族へ」という日本古代国家の成立事情においてもまた同類のものなのであった(岡田、一九七六＝一九九四、なだ、一九九二)。

しかし現代の社会にあって、地域社会の国家社会への統合の手段が歪んだ地域情報(共同幻想といってもよい)に端を発するものであってはならないだろう。おそらく寝太郎伝説研究会の立場からすれば、ここでの「寝太郎は妙見信仰を担う製鉄民で、その系譜は古代朝鮮の百済に連なる」などという主張は、受け入れ難いものかもしれない。しかし、「だからこそ」、金属に依拠した民俗の本質への探究の存在意義は際立つのであり、それは「世間の民俗学」に対抗する「公民の民俗学」(大塚、二〇〇七)につうじていくものとなるのである[7]。

【注】

1　両町の合併は一九五六年、そして二〇〇五年三月に山陽町は小野田市と合併して、山陽小野田市となった。

2　山陽新幹線・厚狭駅は、一九九九年三月一三日に開業している。

3　この点ともかかわって、鉱山と社寺の関係を念頭においた若尾五雄の「今までの歴史家は、社寺を宗教的な面ばかりから見ようとし、それらの社寺のはじめが産業と関係していたことには目を向けることを好まず、社寺の精神面の強調のみに終わっていた」という指摘に注目したい(若尾、一九九四、三三頁)。

4　「色が白い鳥」という意味での白鳥伝説と製鉄とのかかわりについては、吉野(一九七二、特に、二〇〇頁、二六一―二六四頁)、谷川(一九八六)、を参照。

5　この両者の結びつきは、鉄穴(かんな)と観音の音の類似性によるともいわれる。

6　厚狭の地で熊野信仰の拠点となったのは、松岳山の中腹に位置する正法寺である。源平壇ノ浦合戦の折りの火災によって焼失したためこの寺の詳しい来歴は不明だが、熊野権現の勧請に由来するという。本尊は十一面観音で、山内や山中に六二坊を有し、周防長門の宗たる寺院の一つとされたこともあるという。以上、平凡社地方資料センター編(一九八〇、三八五頁)、を参照。

7　大塚の意図をわたしなりにいうと、本来だれかがつくった「日本の伝統」なるものを自明の前提とすることなく、「日本」のつくりを見極めよう、ということになる。ここでいう「公民」とは自分の言葉、自分の思考をもつ個人のことであり、そうした個人が民主主義システムのなかで相互に築きあげるのが公共性である。それはもちろん、前近代ともムラともナショナリズムとも異なるものだ(大塚、二〇〇七、一一六頁)。以上を踏まえて、公民の民俗学は次のように定義される。「『伝統』の成立する過程を検証しその上で『伝統』という事象ではなく、『公民』＝『選挙民』によってもたらされる公共性の模索のための前提となる技術にこそその現在学としての可能性があると考える」(大塚、二〇〇七、二〇四頁)民俗学を公民の民俗学という。

【文献】

江澤能求、一九八四、「寝太郎物語」山陽町史編集委員会『山陽町史』、九五一―九六二頁。

幡生正隆、一九九七、「序文」田尾進『寝太郎伝書のナゾ』寝太郎伝説研究会、1頁。

古川薫、一九七四、『大内氏の興亡―西海の守護大名』創元社。

金達寿、一九九一、『日本の中の朝鮮文化』8(因幡・出雲・隠岐・長門ほか)、講談社文庫。

なだいなだ、一九九二、『民族という名の宗教―人をまとめる原理・排除する原理―』岩波新書。

岡田英弘、一九七六＝一九九四、『倭国の時代』朝日文庫。

奥野正男、二〇〇四、『神々の汚れた手―旧石器捏造・誰も書かなかった真相』梓書院。

大塚英志、二〇〇七、『公民の民俗学』作品社。

嶋祐三、二〇〇〇、「宛名のない白神山地からの手紙」第六一信『白神山地通信』二一号、二八―三二頁。

嶋祐三、二〇〇五、「宛名のない白神山地からの手紙」第九三信『白神山地通信』三二号、四九―五一頁。

平凡社地方資料センター編、一九八〇、『山口県の地名』(日本歴史地名大系36)、平凡社。

竹内理三編、一九八八、『山口県』(角川日本地名大辞典35)、角川書店。

谷川健一、一九八六、『白鳥伝説』集英社。

田尾進編、一九九三、『寝太郎落ち武者伝説』寝太郎伝説研究会。

田尾進、一九九五、『寝太郎伝説ゆかりの地』寝太郎伝説研究会。
田尾進、一九九六、『寝太郎と大内氏系譜』寝太郎伝説研究会。
田尾進、一九九七、『寝太郎伝書のナゾ』寝太郎伝説研究会。
若尾五雄、一九九四、『黄金と百足―鉱山民俗学への道』人文書院。
山口県教育委員会、一九八二、『生産遺跡分布調査報告書（採鉱・冶金）』。
吉野裕、一九七二、『風土記世界と鉄王神話』三一書房。

あとがき

一般に、伝説は事実とは異なるつくりごと、と考えられている。つまり、軽んじられている。そしてこの軽視が、伝説にさまざまな脚色をつけ加えて、道徳的な教訓話につくり変えていくことにつながっていく。結果、子供だましの話になり、軽薄な物いいと化す。

その一方で、伝説は集団をまとめ上げるのに好都合な役割を果たしている。とりわけ、地域社会の一体感を提供してくれたりもする。さらに、その延長で、国家をまとめ上げる重要な要素の一つにもなっている。そうなると、伝説は神話と化す。

それはさておき、ここでは、伝説の始原の姿を見極めて、そこに込められた「語り」に虚心に耳を傾けてみようとした。伝説解読のデコーダーの役割は、鉄をはじめとする金属に担ってもらった。それをつうじて、資源探査を兼ねて各地を移動し、自然と格闘しながら、地域社会の礎を築いていった人々の存在がおぼろげながらもみえてきた。もちろん、彼らが果たした役割は時と場所によってもっと多面的で多様だったわけだが。

自明の前提を改めて問い直してみたい。そのために、方法と視点が求められる。人間もまた自然界の一員であり、自然から物質を取り入れないことには生存できないわけだから、物質的生産と文化の形成は相携えてすすんでいく、という主意主義的な視点は一定の有効性をもつことだろう。そしてその結果、自明の前提のからくりがみえたとき、独善的で観念的な物いいや打算的でその場しのぎの挑発に惑わされることなく、一定の距離をおいて落ち着いていられるのである。

地域に残された伝説の謎解きを始めてから三〇年以上の年月が経過してしまった。それは実に遅々とした歩みであり、先のみえない行程であった。だが途中で一区切りしなければ今後の行方も怪しくなるだろう、との思いもあり、これまでの拙稿のなかからまとめたのが本書ということになる。

念のため、各章の出自について触れておくことにしたい。

第1章　金属と伝説にかかわって、若尾五雄の一連の論稿は欠かすことの出来ない意義をもっている。それを読みながら、ある時、気がついた。ここにあるのは、タルコット・パーソンズや池田清彦の方法と同一ではないか、と。その勢いで若尾の主要著作を検討し、「若尾五雄論」と題する三つの小論（副題はそれぞれ、「山伏と鉱山をめぐって」「河童論の方法をめぐって」「型の理論と本質論をめぐって」）をつづけて、『白神山地通信』二二号、二三号、二〇〇一年、に投稿した。そのうえで、全体の統一性をはかりながらまとめ直したのが「民俗社会学の視点――若尾民俗学の検討をつうじて――」（『千葉大学教育学部研究紀要』五〇巻、二〇〇二年）であり、今回、さらに加筆修正のうえ、方法論として最初におくことにした。

第2章　「西津軽地域の民俗調査――製鉄遺跡と鬼伝説を中心に――」（『法政大学大学院紀要』二四号、一九九〇年）と「長門国鬼ケ城伝説の研究」（『梅光女学院大学地域文化研究所紀要』八号、一九九三年）という鬼にちなんだ二つの小論をもとに再構成した。併せて、冒頭の河童論は「カッパはなぜキュウリを好むのか」(『白神山地・屏風山通信』四一号、二〇一〇年)による。「西津軽地域の民俗調査」はかなり以前の小論だが、嶋祐三氏(当時、西津軽郡教職員組合書記長)に案内していただいて、製鉄関連地をめぐった際の成果ということになる。当時、原稿は手書きだったが、すらすらとまとめることができたような記憶がある。一方の「長門国鬼ケ城伝説の研究」は、鬼ケ城を取り囲むようにして実中ゆかりの観音寺院があることに注目してまとめたもので、この山を間近に望む梅光女学院大学地域文化研究所の紀要に掲載していただいた(その頃、研究所は山陰本線の梅ケ峠という無人駅のそばにあった)。この小論と「下関地域の基層文化」、「古代採鉱民族の構成」の三篇を郷土研究家・野村武史氏にお見せしたところ、『鬼ケ城』が一番おもしろかったと評価していただいたことが記憶に残っている。

第3章　「古代採鉱民族の構成――長門・周防・豊前を中心に――」(『下関市立大学論集』三六巻一・二号、一九九三年)と、「白神山地・マタギの神『常徳』について」(『白神山地通信』一九号、一九九九年)、「尾太岳の由来について」(『白神山地・屏風山通信』四三号、二〇一一年)をもとに再構成したもの。

第4章　「房総・弘文天皇伝説の研究」(『千葉大学教育学部研究紀要』五二巻、二〇〇四年)が初出だが、内容的に不満足なところもあり、再考のうえ「房総・弘文天皇伝説の背景的世界」(『環境社会学研究』一九集、千葉大学教育学部社会学研究室、二〇一二年)としてまとめ直した小論に基づいている。なお、房総・弘文天皇伝説は史実である、とする論稿に、江畑耕作『考証　壬申の乱と山部赤人』(東京文芸館、二〇〇三年)があるが、その成果について、ここでは取り上げなかった。

第5章　「畠山重忠と鉄の伝説」(『千葉大学教育学部研究紀要』四八巻、二〇〇〇年)が初出だが、忌部氏との関連についての記述は削除している。旧名栗村の製鉄については谷有二『日本山岳伝承の謎』をつうじて知っていたが、一九九〇年頃、この村にゴルフ場建設問題が起こったのを契機に、役場や森林組合から聞き取りを行なった。その際、製鉄にかかわる伝説についても詳しく教えていただいた。その後、谷氏の続編として『モリ地名と金属伝承』が刊行され、同書から「名栗川金属文化の会」や清水寿氏（医師）の研究を知ることとなって、谷氏に紹介していただいた。この小論は、こうした方々の研究と重複したり、また足りない面もあるが、ここでは初出にこだわって新たな加筆は行なわないことにした。「非協力」での研究によって、裏づけを得たと判断したことも理由の一つである。谷氏の研究（『日本山岳伝承の謎』）に触発されるかたちで、同時期に同じようなテーマでの研究が協力関係なしに進行し、谷氏のその後の研究成果（『モリ地名と金属伝承』）をつうじて結びついたことになる。

第6章　「鹿踊りの起源をめぐる伝説について――宮沢賢治を超えて――」（『千葉大学教育学部研究紀要』五三巻、二〇〇五年）が初出。清水寿氏より、「日蓮は畠山重忠の孫にあたる」との指摘をいただいて浮かび上がってきたテーマであった。宮沢賢治に対する疑念は現代詩作家・荒川洋治によっても指摘されていたが、吉田司『宮沢賢治殺人事件』が痛快で、「畠山重忠・日蓮・宮沢賢治」の三題話というかたちになったのである。

第7章　『逆川』の由来について」（『白神山地通信』二五号、二〇〇二年四月）および「『嘉瀬の奴踊り』の原像を求めて」（『白神山地通信』二六号、二〇〇二年九月）と題する二つの小論をもとに、「逆川伝説の研究」（『千葉大学教育学部研究紀要』五一巻、二〇〇三年）として発表した。ここでは、谷有二説を踏まえて何気なく書いた小論が、嶋祐三氏の指摘によって大きく発展することになった。清水寿氏や加藤伊介氏（名栗川金属文化の会）からは賛同のコメントをいただいたが、青森県在住の文献史学の方からの反応は嶋氏によると、「即物的に過ぎる」というものだったらしい。観念的な世界に浸っている人からすると、この種の議論は味気ないものとして拒絶されるのだろう。

第8章「国家の主意主義的理論」(『千葉大学教育学部研究紀要』四九巻、二〇〇一年)が初出。松山大学の千石好郎氏からは一九八〇年代から御論稿をお送りいただいていたが、ここではその国家論の成果を踏まえている。後半、余計とも思われる部分があるが、敢えて初出の意気込みの結果をそのままのかたちで再録してみた。

第9章「地域情報と歪みとナショナリズム——厚狭の寝太郎伝説をめぐって——」(『地球情報社会と社会運動』ハーベスト社、二〇〇六年)が初出で、題名が奇妙なのは収録先の論文集の書名に合わせたからである。同じ時期に、「寝太郎伝説の深層構造」(『千葉大学社会文化科学研究』一二号、二〇〇六年)もまとめているが、こちらは「寝太郎伝説の始原」を求めることを中心にしている。なお、寝太郎伝説に関心を持っている人は少なからずいるようで、『朝日新聞』山口支局の記者から連絡を受けたことがあった。夕方の五時から三時間ほど講釈する羽目になったが、その後、何の音沙汰もなく終わった。あれは一体何だったのか、と不思議な経験だった。

本書の考察は多くの先行研究に負っている。そして、嶋祐三さん、木村勘一郎さん、野村武史さん、谷有二さん、清水寿さん、加藤伊介さんからは直接、間接に様々な示唆を受けた。特に、嶋さんは『白神山地通信』(創刊時は『青い森のお話——白神山地通信』、その後『白神山地通信』となり、さらに『白神山地・屏風山通信』と改題された)の編集・発行者であり、既刊四八冊中四七回にわたって拙稿を掲載していただいた。そこから論点が予期しない方向に発展していくこともたびたびあり、「研究」のおもしろさを実感するところとなったのだった。改めて、これらの方々に感謝したい。併せて、もちろん、本書の内容については全て著者の個人的な見解であることもつけ加えておきたい。

最後に、今回も著書の刊行をお引き受けいただいた下田勝司氏をはじめとする東信堂の方々にも感謝したい。

二〇一八年一月

著者

人名索引

事項索引

著者紹介

井上孝夫（いのうえ　たかお）

1957年生まれ。現在、千葉大学教育学部教授。社会学専攻。
［主な著書］『白神山地と青秋林道―地域開発と環境保全の社会学―』（東信堂、1996年）、『白神山地の入山規制を考える』（緑風出版、1997年）、『現代環境問題論－理論と方法の再定置のために－』（東信堂、2001年）、『房総の伝説を「鉄」で読む』（千葉日報社、2008年）、『海岸環境の保全と利用－千葉県の事例から－』（千葉大学教育学部社会学研究室、2012年）、『河川環境の保全と利用－都市河川と平地ダムの事例から－』（千葉大学教育学部社会学研究室、2017年）

金属伝説で日本を読む

2018年4月30日　初版 第1刷発行　〔検印省略〕

定価はカバーに表示してあります。

著者©井上孝夫／発行者：下田勝司　印刷・製本／中央精版印刷

東京都文京区向丘1-20-6　郵便振替00110-6-37828
〒113-0023　TEL (03) 3818-5521　FAX (03) 3818-5514

発行所 株式会社 東信堂

Published by TOSHINDO PUBLISHING CO., LTD.
1-20-6, Mukougaoka, Bunkyo-ku, Tokyo, 113-0023, Japan
E-mail : tk203444@fsinet.or.jp　http://www.toshindo-pub.com

ISBN978-4-7989-1443-5 C3036

東信堂

放射能汚染はなぜくりかえされるのか—地域の経験をつなぐ	藤川賢・除本理史 編著	二〇〇〇円
原発災害と地元コミュニティ—福島県川内村奮闘記	鳥越皓之 編著	三六〇〇円
東京は世界最悪の災害危険都市—日本の主要都市の自然災害リスク	水谷武司	二〇〇〇円
故郷喪失と再生への時間—新潟県への原発避難と支援の社会学	松井克浩	三二〇〇円
被災と避難の社会学	関礼子 編著	二三〇〇円
多層性とダイナミズム—沖縄・石垣島の社会学	関礼子・高木恒一 編著	二四〇〇円
豊田とトヨタ—産業グローバル化先進地域の現在	丹辺宣彦・岡村徹也・山口博史 編著	四六〇〇円
社会階層と集団形成の変容—集合行為と「物象化」のメカニズム	丹辺宣彦	六五〇〇円

〔アーバン・ソーシャル・プランニングを考える・全2巻〕

都市社会計画の思想と展開	橋本和孝・藤田弘夫・吉原直樹 編著	二三〇〇円
世界の都市社会計画—グローバル時代の都市社会計画	橋本和孝・藤田弘夫・吉原直樹 編著	二三〇〇円

〔現代社会学叢書より〕

現代大都市社会論—分極化する都市?	園部雅久	三八〇〇円
インナーシティのコミュニティ形成—神戸市真野住民のまちづくり	今野裕昭	五四〇〇円

〔地域社会学講座　全3巻〕

地域社会学の視座と方法	似田貝香門 監修	二五〇〇円
グローバリゼーション/ポスト・モダンと地域社会	古城利明 監修	二五〇〇円
地域社会の政策とガバナンス	岩崎信彦・矢澤澄子 監修	二七〇〇円

〔シリーズ防災を考える・全6巻〕

防災の社会学〔第二版〕	吉原直樹 編	三八〇〇円
防災の心理学—ほんとうの安心とは何か	仁平義明 編	三二〇〇円
防災の法と仕組み	生田長人 編	三二〇〇円
防災教育の展開	今村文彦 編	三二〇〇円
防災と都市・地域計画	増田聡 編	続刊
防災の歴史と文化	平川新 編	続刊

〒113-0023　東京都文京区向丘 1-20-6　TEL 03-3818-5521　FAX03-3818-5514　振替 00110-6-37828
Email tk203444@fsinet.or.jp　URL:http://www.toshindo-pub.com/

※定価：表示価格（本体）＋税

東信堂

〔シリーズ　社会学のアクチュアリティ：批判と創造　全12巻〕

- クリティークとしての社会学―現代を批判的に見る眼　西原和久・宇都宮京子 編　一八〇〇円
- 都市社会とリスク―豊かな生活をもとめて　藤田弘夫・浦野正樹 編　二〇〇〇円
- 言説分析の可能性―社会学的方法の迷宮から　佐藤俊樹・友枝敏雄 編　二〇〇〇円
- グローバル化とアジア社会―ポストコロニアルの地平　新津晃一・吉原直樹 編　二三〇〇円
- 公共政策の社会学―社会的現実との格闘　武川正吾・三重野卓 編　二〇〇〇円
- 社会学のアリーナへ―21世紀社会を読み解く　友枝敏雄・厚東洋輔 編　二二〇〇円
- モダニティと空間の物語―社会学のフロンティア　吉原直樹・斉藤日出治 編　二六〇〇円
- 戦後日本社会学のリアリティ―せめぎあうパラダイム　池岡義孝・西原和久 編　二六〇〇円

〔地域社会学講座　全3巻〕

- 地域社会学の視座と方法　似田貝香門 監修　二五〇〇円
- グローバリゼーション／ポスト・モダンと地域社会　古城利明 監修　二五〇〇円
- 地域社会の政策とガバナンス　岩崎信彦・矢澤澄子 監修　二七〇〇円

〔シリーズ世界の社会学・日本の社会学〕

- タルコット・パーソンズ―最後の近代主義者　中野秀一郎　一八〇〇円
- ゲオルグ・ジンメル―現代分化社会における個人と社会　居安　正　一八〇〇円
- ジョージ・H・ミード―社会的自我論の展開　船津　衛　一八〇〇円
- アラン・トゥーレーヌ―現代社会のゆくえと新しい社会運動　杉山光信　一八〇〇円
- アルフレッド・シュッツ―主観的時間と社会的空間　森　元孝　一八〇〇円
- エミール・デュルケム―社会の道徳的再建と社会学　中島道男　一八〇〇円
- レイモン・アロン―危機の時代の透徹した警世家　岩城完之　一八〇〇円
- フェルディナンド・テンニエス―ゲマインシャフトとゲゼルシャフト　吉田　浩　一八〇〇円
- カール・マンハイム―時代を診断する亡命者　澤井　敦　一八〇〇円
- ロバート・リンド―アメリカ文化の内省的批判者　園部雅久　一八〇〇円
- アントニオ・グラムシ―『獄中ノート』と批判社会学の生成　鈴木富久　一八〇〇円
- 費孝通―民族自省の社会学　佐々木衞　一八〇〇円
- 奥井復太郎―都市社会学と生活論の創始者　藤田弘夫　一八〇〇円
- 新明正道―綜合社会学の探究　山本鎭雄　一八〇〇円
- 米田庄太郎―新総合社会学の先駆者　中　久郎　一八〇〇円
- 高田保馬―理論と政策の無媒介的統一　北島　滋　一八〇〇円
- 戸田貞三―家族研究・実証社会学の軌跡　川合隆男　一八〇〇円
- 福武直―民主化と社会学の現実化を推進　蓮見音彦　一八〇〇円

〒113-0023　東京都文京区向丘 1-20-6　TEL 03-3818-5521　FAX03-3818-5514　振替 00110-6-37828
Email tk203444@fsinet.or.jp　URL:http://www.toshindo-pub.com/

※定価：表示価格（本体）＋税